长江大学人文社会科学研究发展基金资助

农业创业理论与实践研究

汪发元 罗 昆 陈 钧 著

科学出版社

北 京

内 容 简 介

农业创业是随着改革开放的深入发展，以及农村劳动力外出打工的增加而诞生的一种农业生产经营方式。它以新型农业经营主体为形态，以规模化经营为显著特征，以提高农业劳动生产率为效果，以带动周边农民创业为效应，有效地推动了农村土地的流转，扩大了农民在市场上的话语权。农业创业代表了中国农业的未来，是推动城乡一体化发展的重要措施。本书全面深刻系统地揭示了农业创业的机制和奥秘，完整地剖析了创业必须经历的每个环节的理论基础、运作机制和方法。同时，选择农业领域的 8 个创业典型，对他们的创业经历进行了全面介绍，在此基础上，专门请专家对每个人创业的经验、教训进行了点评，有利于每位读者从中学习和借鉴。作者诚恳地希望本书能给每位读者以帮助，能引导每位有志农业创业的人员成功创业。

本书适合有志于农业创业的人员、农业创业培训教师和学员、农业经营管理人员及大学毕业生创业学习使用。

图书在版编目（CIP）数据

农业创业理论与实践研究 / 汪发元，罗昆，陈钧著. —北京：科学出版社，2014.12

ISBN 978-7-03-042858-5

Ⅰ. ①农⋯　Ⅱ. ①汪⋯　②罗⋯　③陈⋯　Ⅲ. ①农业经营学
Ⅳ. ①F306

中国版本图书馆 CIP 数据核字（2014）第 304355 号

责任编辑：刘　畅 / 责任校对：郑金红
责任印制：师艳茹 / 封面设计：迷底书装

科 学 出 版 社 出版
北京东黄城根北街 16 号
邮政编码：100717
http://www.sciencep.com

三河市荣展印务有限公司 印刷
科学出版社发行　各地新华书店经销

*

2015 年 1 月第　一　版　开本：720×1000 1/16
2018 年 6 月第四次印刷　印张：17 1/4
字数：342 000

定价：39.00 元

（如有印装质量问题，我社负责调换）

作 者 简 介

汪发元：男，1961年9月生，湖北省天门市人，先后就读于湖北农学院农学专业，华中师范大学行政管理专业，获法学硕士学位。先后从事过农业技术推广工作、行政执法办案工作。现任长江大学管理学院教授、高级经济师。先后出版专著2部，主编教材3部，发表论文50多篇，其中CSSCI论文7篇，获湖北省科技进步二等奖1项，湖北省高等学校教学研究成果二等奖1项。主要从事现代农业经济管理法制化研究。

罗　昆：男，1972年9月生，湖北省监利县人，正高职高级农艺师。华中农业大学农业经济管理专业硕士研究生毕业，获管理学硕士学位。现任湖北省农业科技人才办公室主任。出版专著1部，发表过多篇关于农业经济管理和农民创业培训的论文。

陈　钧：男，1968年11月生，湖北省武汉市人，研究生。现任湖北省农业科技人才办公室副主任。长期从事农民职业教育理论研究和实践工作，积累了丰富的实践经验，培养了大批新型职业农民。

序　言

农业创业是农民致富的重要途径，农业创业更是复杂的系统工程。农业创业从项目选择到主体培育，从品牌打造到市场开拓，从依法经营理念树立到低碳环保经营策略确定，从诚信文化打造到创业团队组建，每一个过程、每一个环节既需要系统的理论指导，更体现操作层面的技巧性和实践性。《农业创业理论与实践研究》正是一部系统探讨农业创业规律并为有志从事农业创业实践的创业者提供指导和借鉴的专著。该书深刻揭示了农业创业的运行机理，综合阐述了农业创业的操作步骤，系统介绍了农业创业的技能技巧，客观总结了农业创业的经验教训。该书的主要贡献如下。

一是辨析了企业人员的新型合作关系。该书从财富增长的规律出发，分析了劳动者和企业家的关系是新型的合作关系。在这种合作中，劳动者获得劳动报酬，企业家通过对企业发展的设计获得超额劳动报酬，通过资本增值实现企业发展。劳动者所从事的劳动是一般性劳动，具有简单性、重复性，因此，获得的报酬有限。而企业家所从事的劳动具有综合性、复杂性、变化性，因此，可以获得超额报酬。

二是揭示了项目选择的科学机制。作者提出创业既是体力劳动又是复杂的脑力劳动。创业是通过复杂的脑力劳动，利用现有资源和信息获取财富的过程。创业者在选择创业项目时，既需要对创业的必要性、可能性、可行性进行系统分析，更需要自己亲身感受；既需要发现、掌握和分析各种信息和资源，更需要充分有效利用这种信息和资源来服务创业，创造财富。

三是探讨了资本运作的核心方法。作者提出解决创业中的资金困难，关键是找到解决的办法和途径。而这些办法和途径"只有想不到，没有做不到"。因此，解决创业资本的关键在于敢想。当然，敢想是用慎密的思维和科学的方法，去寻找事物的内在联系和发展规律，并从中找到解决的办法和途径。一个合理合法的创意，可以让你在资金有限的情况下，通过整合资源、利用时空差异获得滚滚财源。

四是解构了诚信文化建设的关键作用。作者提出企业只有建立诚信文化，才能得到社会认可，才能在同行中立于不败之地。从企业内部建设来看，只有诚信，才能在企业内部形成实事求是的作风，才能形成上下一心的良好氛围。

从企业开拓外部市场来看，只有诚信才能赢得客户，才能不断开拓市场，才能吸引人才，从而推动企业的发展壮大。而且企业诚信文化在企业发展的不同阶段，需要有不同的内容。诚信是促进企业内外有效沟通的桥梁，也是企业实现可持续发展的基础。

五是提出了市场进入与开拓的路径选择。作者提出在创业中要生产与众不同的独特产品，凭借产品的独特性，凭借人无我有的优势快速进入市场；通过挖掘商品的独特性做到不和同类商品竞争，实行独家代理；在创业初期，企业可以选择贴牌生产的方式，解决企业初创存在的困难，实现先期占领市场的目的，待有了强大的市场后，再创立自己的品牌，即采取借船出海的策略和办法。

该书凝聚了作者多年从事农业创业理论研究和实战的心血，表现了作者高度的责任心和使命感，展示了作者对农业创业的深刻领悟和对其核心点的把握。

该书作者有多年农业创业理论教学和跟踪服务农业创业的经验，在繁忙的工作中，他们将所思、所想、所干进行总结、提炼、升华，体现了作者的三农情结和创业情怀。我相信，该书的出版对于丰富我国农业创业理论，推动农业创业实践，提升农业创业成功率，进而对加快培育新型农业经营主体，加快发展现代农业必将起到重要作用。

中南财经政法大学工商管理学院院长、博士生导师

2015 年 1 月 18 日

前　　言

农业创业是随着改革开放的深入发展，随着农村劳动力外出打工的增加而诞生的一种农业生产经营方式。它以新型农业经营主体为形态，以规模化经营为显著特征，以提高农业劳动生产率为效果，以带动周边农民创业为效应，有效地推动了农村土地的流转，扩大了农民在市场上的话语权。农业创业代表了中国农业的未来，是推动城乡一体化发展的重要措施。

本书共分为三篇，其中，第一篇为农业创业理论分析。在这部分，共用 10 章的篇幅阐述了农业创业从项目选择到创业团队打造的全部过程和其中的奥秘。第一章从财富增长的规律出发，分析了为什么必须开展农业创业；第二章从国家支持农业创业的政策上分析了农业创业所处的背景；第三章从创业项目的特点分析了农业创业项目选择的技巧；第四章从经济法的理论规定讲授了设立农业经营主体的知识；第五章从资本流动的特点分析了资本运营的技巧；第六章从市场的特点分析了市场开拓的技巧；第七章从法制化的要求分析了必须守法经营的道理；第八章从低碳环保的历史要求分析了必须走低碳环保发展的道路；第九章从企业诚信的重要性分析了企业管理的奥秘；第十章从企业未来的发展趋势分析了组建创业团队的技巧。

理论部分的逻辑构成如下图：

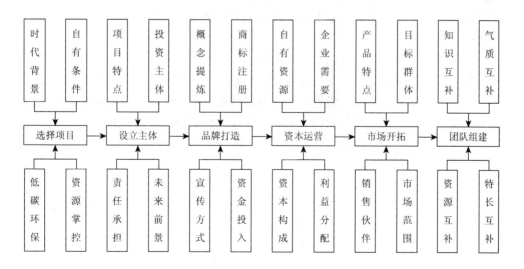

　　第二篇为农业创业模式总结。在这部分，作者结合湖北省农业创业的典型经验，共总结了 5 种创业模式。作者剖析了每种创业模式的特点、机制、关键点、措施和优缺点，力求使每位创业者能从中得到启发，找到自己的优势，从而顺利地开展自己的创业。

　　第三篇为农业创业典型剖析。在这部分，共选择了 8 个农业创业的典型进行了剖析。既讲述了他们创业的复杂经历，又深刻揭示了每位创业人员成功的经验与失败的教训。第 1 位创业典型陈松，放弃国家事业单位工作人员的身份下海经商，经历了短期的选择，在理性思考下，依靠科学的判断，步步为营，打造了湖北最为强大的生猪繁育、养殖基地；第 2 位创业典型周明，凭着对财富的敏锐性，从事多项创业项目，最终建成了标准化农业科技园，组建了江汉平原最大的集种植、育苗、加工、销售于一体的蔬菜专业合作社；第 3 位创业典型熊孝陵，有着一颗强烈的事业心，由于在项目选择中缺乏孵化实践锻炼，走了很多弯路，但凭着不怕失败的精神，终于走出了立体农业的成功道路；第 4 位创业典型王广生，凭着特有的敏锐性，率先承包集体林场，却由于缺乏应有的技术，经历了很多失败，但他凭着坚韧不拔的毅力，打造出了湖北的名优绿茶，走上了稳步发展的成功之路；第 5 位创业典型汪泽林，凭着天生的敏锐性，在创业项目上不断扩展延伸，形成了产、销、娱一体化的农业产业链；第 6 位创业典型许德清，读过书打过工，几经周折，凭着年轻时读书的知识选择了淡水养殖业进行创业，由于有科学知识作支撑，农民专业合作社稳步扩大，经济效益不断提升，打造出了淡水养殖的一片蓝天；第 7 位创业典型邓和川，从城市走回农村，创建了江汉平原最大的种植、养殖一体化的农民专业合作社；第 8 位创业典型屈官平，阴差阳错承包果园，虚心请教行家里手得以发展，探索出了独树一帜的果树种植和土鸡养殖一体化的发展之路。

　　为了启发广大读者和有志于农业创业的人员学习和思考，在分析每位农业创业典型事迹的基础上，由专家从专业的角度对每个人创业的经验、教训进行了点评，有利于读者从中学习和借鉴。作者诚恳地希望本书能给每位读者以帮助，能引导和提示每位有志农业创业的人员走向成功。作者期待每位农业创业人员的喜讯，大家创业的成功就是我们最大的安慰和满足！

汪发元　罗　昆　陈　钧
2014 年 12 月

目　录

第二篇　农业创业模式总结

第一篇 农业创业理论分析

第一章　创业：现代农民的必然选择

人们都很渴望财富，不同的人采取不同的方法进行着自己的追逐，虽然大家深知，在追逐财富的道路上永无止境，但财富仍然吸引着人们为之奋斗！纵观追逐财富的方法，可谓丰富多彩。有人凭着聪明的头脑，成为亿万富翁；有人凭着独有的资源，成为富甲一方的土豪；也有人凭着权势的杠杆，贪得亿万财富而身陷囹圄。那么，我们应当怎么去获得财富呢？特别是身处农村的人们，凭什么去获得财富呢？开展农业创业，是既能勤劳致富，又能奉献社会的最佳选择。

创业，作为人类最基本的实践活动，是人类谋求生存、开启致富之门的金钥匙，是实现自我价值、服务人类社会的有效途径，农业创业已经成为推动农村经济发展的强大引擎。党中央十分重视"三农"问题，特别是农民收入问题。为促进农民增收致富，近年来，党中央陆续出台和实施了一系列促进农民增收的政策措施，使亿万农民走上了勤劳致富、自主创业之路。特别是中央提出了实现新型工业化、信息化、城镇化、农业现代化同步发展的重大战略，为农业创业提供了千载难逢的机会。那么，我们为什么要开展农业创业呢？

一、世上没有救世主：必须创业

国际歌是国际共产主义运动中最著名的一首歌，歌词早就告诫世界上的无产者，"要创造人类的幸福，全靠我们自己"。作为新一代的农民阶级，如何获得财富而取得幸福？成功的道路可能有多种，但比较现实的选择仍然是，依靠自强不息的勇气、自力更生的精神，用自己的智慧和勤劳的双手去创业。农民创业，顺应了时代发展的潮流，可以获得国家和政府的大力扶持，是农民实现自我发展、体现自我价值的重要途径；农民创业，是实现农民致富、促进家庭和谐的最佳选择；农民创业，是促进社会经济发展、统筹城乡就业的长远之举。

（一）创业是时代潮流的要求

1. 国家大力鼓励创业

自 2009 年以来，国家财政拨出大量资金，对有志从事农业创业的人员进行专门免费培训。这体现了国家对农业创业的重视，也正是农民创业的机会和背景。

当然，很多农民看到创业的困难，选择打工。但随着现代化建设进程的不断推进，企业发展的现代化水平越来越高，对员工的数量需求逐渐减少，而对其专业技术技能要求却愈来愈高，不少企业为应对升级换代压力和日趋激烈的市场竞争，大幅减少非技术型、非专业型员工的数量，劳动力市场上的需求较为有限。同时，随着现代农业生产技术与装备的广泛使用，大批农村剩余劳动力从传统的农业生产中解放出来；加之，各类高校应往届毕业生数量庞大，工作岗位的需求量巨大，劳动力市场的供给迅速增大，供需矛盾已经相当突出，城市就业形势十分严峻。相反，农村留下了大量土地、山林和水面，正是创业的大好时机。如何有效利用国家鼓励创业的大好政策，利用好国家提供的这一时机，兴办起自己的农业企业或家庭农场，不仅关系到个人的前途，而且关系到整个家族的未来。

2. 政府大力扶持创业

国家不仅鼓励创业，而且从国家层面对农民创业进行了制度设计，大力扶持农民创业。在粮食生产方面，国家每年实行支持种植粮食作物的各种补贴，如粮食直补、农机购置补贴、农资综合补贴、良种补贴等。政府不断增加补贴资金规模，加快让农业生产者获得合理利润；在农业扶持政策方面，国家鼓励创新农业经营主体，提倡成立农民专业合作社、家庭农场、农业产业化龙头企业，为农业创业提供了配套的政策保障；在创业资金支持方面，地方政府建立农业投资担保公司，协助农民创业贷款，为农业创业克服资金困难提供了机会；在农村土地规模经营方面，国家鼓励多种形式的土地流转，鼓励适度规模经营，为农业创业提供了生产要素整合的保障；在创业技能提升方面，国家一以贯之地实施农村劳动力培训阳光工程、新型职业农民培训工程。对培训对象进行系统培训、跟踪服务、政策扶持，为促进创业成功提供了有效的服务。特别是国家通过完善《中华人民共和国公司法》（以下简称《公司法》），改革了注册资本审批制度，实行公司注册资本登记制度，办理登记手续简化，对市场主体准入条件放宽，为农民创业提供了便利条件。

同时，各级地方政府也出台了针对农民创业的优惠政策，营造了良好的创业软环境。谁抓住了这一时代机遇，善于利用各级政府大力扶持农民创业的各项政策，科学大胆地开展自己的农业创业事业，谁可能就是未来的新型富翁。

3. 时代大力提倡创业

时代正在从勤劳致富向知识经济转变，毫不夸张地说，靠打工致富的年代已经久远，靠创业致富的时代正在到来。市场经济是靠市场配置资源的经济，是靠智慧发家致富的经济，市场经济实行优胜劣汰。因此，在市场经济条件下，希望靠社会同情弱者而生存那是不现实的想法。在市场经济体系不断完善，市场公平正义秩序逐步建立的今天，正是创业致富的好时机。审时度势，利用广阔的农业资源兴办农业企业，追求自我价值的实现和社会地位的提升，逐渐成为越来越多青年人的共同梦想。自主创业正是实现自我价值，贡献回报社会的有效方式，如果辜负了时代的期望，那必将是终生的遗憾。成就事业是有志者的追求，而创业将为有志者提供更加广阔的人生舞台。在创业中，不仅可以发挥聪明才智，为社会创造财富，而且可以创造机会，为个人的发展提供空间和舞台。机遇为有志者而准备，时代为奋发者而服务。为此，每个有理想的人都应当抓住时代的机遇，投身到创业的伟大实践中，通过创业，谱写自己的华丽篇章，实现自己的人生梦想。

（二）创业是自我发展的需要

1. 创业是改变自我命运的手段

农民为什么穷？原因可能有很多种。但要改变这种面貌，必须抓住时代的机遇，立志自我奋斗。那么，该如何奋斗呢？如果你身处国家机关，那你就全心全意做好自己的本职工作，清正廉洁为人民服务好；如果你身为学生，那你就勤奋学习，向学术的顶峰攀登；如果你身在工厂，那你就成为你岗位的能手；如果你身在农村，身为农民，就应该分析自己的优势，设计好自己的企业，开展农业创业。唯有如此，才能改变自己的命运，提升自己的地位，赢得更多的尊重，不负时代的重托！

2. 创业是实现自我价值的桥梁

按照著名心理学家马斯洛的心理需求层次论，人生的最高追求境界是自我实现。那么，如何才能做到自我实现呢？当然，不同的人有不同的选择，自我实现的表现形式也不相同。但作为一个农民，作为一个从农村出来的青年，自我实现的表现形式是什么，又应当如何做到自我实现呢？

也许你会说，我通过打工赚钱自我实现。事实证明，打工赚钱只能维持生计，而不能自我实现。那么，怎么自我实现呢？作为农民，开展农业创业不失为一种明智的选择。虽然创业的载体大小可能不同，最终的成就也不相同，但是在市场经济的社会大背景下，只要尽到你最大的努力，发挥出你所有的能力，而创出自己的企业，无论你赚钱多少，无论你企业多大，你做到了自我实现，你终生也就没有任何遗憾了。做到这种自我实现，身处不同位置的人，桥梁不同。作为农民或农村人，最熟悉的是农业，最有条件的是农村，最朴素的是农民。因此，农业创业已然成为农民实现自我价值的桥梁。农业创业不但可以有效锻炼和增强农民的财富创造能力，为农民带来丰厚的经济效益，而且有利于展示农民的才华，更可以通过带动农民致富、努力奉献社会、服务社会而增强自我认同感与成就感，最终实现人生的社会价值。

3. 创业是实现宏伟理想的途径

理想是催人不断奋进的动力之源，是照亮人生道路的指路明灯，没有理想的人生是毫无方向、黯淡无光的。当然，人生理想的实现需要选择正确的途径，需要付出艰辛的劳动，需要坚持不懈的努力。作为一个普通的农民，理想在哪里？应当如何去奋斗呢？

答案仍然是开展农业创业。也许你认为种点薄田、打点小工，生活过得安安稳稳，既无奋斗之痛苦，又无创业之风险。这些确实是客观的，也是现实的想法。但也许当你回首往事，回顾人生的时候，你会感慨荒芜了人生，荒废了青春！诚然，开展农业创业确实有风险，但在战胜风险中却可以获得快乐，而且这种快乐是震撼人心的感受，是很多人孜孜以求的奋斗目标。如果你终生没有经历过这种感受，那你就一定荒芜了人生。被称为电子游戏之父的美国著名企业家诺兰·布什内尔曾经说过："如果你在30岁之前，既没有成为百万富翁，也没有破产的话，那你一定不曾真正努力过"①。随着城乡收入差距的不断增大，打工赚钱的有限性与致富希望的客观要求相矛盾，导致很多人丧失信心。如何克服这一矛盾呢？答案仍然还是只有一个：开展农业创业。开展农业创业是帮助农民实现宏伟理想的重要途径，开展农业创业是改变命运的重要机会，开展农业创业是获得社会尊重的重要手段。

（三）创业是家庭致富的选择

1. 创业是壮大家庭经济实力的有效途径

由于受农业产业比较效益低下、农村经济发展相对滞后的影响，尽管农民家庭收入状况有所改善，但农民家庭经济实力仍然不强，收入水平仍然普遍偏低，与城市居民收入间的差距日益拉大。据统计，2013年我国城镇居民收入是农村居民收入的3.03倍②。同时，从农民家庭收入来源构成分析，近年来，农民家庭经营性收入在农民收入中所占比例迅速下降，而其他收入特别是工资性收入所占比例迅速增加③。这充分说明农业创业增加家庭收入有很大的空间。农民要实现家庭

---

① 李文忠.创业管理[M].北京：化学工业出版社，2011.
② 负菲菲，薛蒙林. 中国城乡收入差距问题分析[J]. 河南社会科学，2014，（3）：95-100.
③ 汪发元，罗昆，熊娜. 农民创业对其收入和支出的影响及政策建议[J]. 广西民族大学学报（哲学社会科学版），2014，（2）：155.

收入增收，缩小与城市居民的收入差距，除了政府部门给予正确引导和有效扶持外，关键是农民必须开展农业创业。农业创业采用的是全新的经营理念，采取的是前沿的现代农业生产技术，根据的是市场需求信息，实现的是集约经营的办法。因而，有较好的经济效益，是壮大家庭经济实力的有效途径。

2. 创业是促进家庭团结和谐的有效办法

"家和万事兴"，家庭团结和谐是幸福人生的重要保障，也是成就辉煌人生的有力支撑。尽管家庭和谐与诸多因素紧密相连，既有精神上的，也有物质上的；既有家庭内部的因素，也有外部环境的影响，但家庭和谐不是空中楼阁，它离不开一定的物质基础。俗话说，"贫贱夫妻百事哀"。这句话从某种程度上道明了财富与家庭和谐的真谛。在现代市场经济社会，这句话的深刻含义得到了进一步深化。那么，如何促进家庭和谐呢？可以通过农业创业有效增加财富。创业是提高家庭收入水平，壮大家庭经济实力的有效途径；创业是丰富生活内容，激发聪明才智的有效措施；创业是提高人的精神境界，改变人生理想信念的有效办法。农民创业不仅是考验创业者个体人格修炼的问题，更是考验创业者团队特别是家庭支持系统的问题，创业行动可以使整个家庭成员的所思所想都朝向为之所奋斗的事业，大家心往一处想、劲往一处使，能有效增强家庭凝聚力。那么，我们还有什么理由不去创业？我们还有什么困难不能克服？我们还有什么缘由不去奋斗？为了实现人生的理想，去努力吧，为了人生的信念，去奋斗吧！

3. 创业是提高家庭社会地位的有效方法

人是社会的人，人既需要物质财富，也需要受到人们的尊重，即有人们常说的相应的社会地位。那么，社会地位怎么体现？如何才能提高人的社会地位呢？不同的人有不同的方法，作为农民，家庭的社会地位通常取决于家庭对社会的贡献。一个家庭对社会的贡献越大，则这个家庭的社会地位越高。那么，农民家庭如何才能提高对社会的贡献呢？只能是提高贡献社会的商品数量和质量，而商品来源于创业。因此，成功创业是提高家庭社会地位的有效途径。成功的创业者通过自强不息、持之以恒的精神感召力，成为人们思想的标杆，赢得人们的尊重，获得社会认可；成功的创业者通过诚实守信、言行一致的品质感召力，成为人们道德的楷模，赢得人们的敬重，获得社会认可；成功的创业者通过勇于创业、大胆开拓的行为感召力，成为人们行动的引导，赢得人们的崇尚，获得社会认可；成功的创业者通过自身的典型示范、引领带动的责任感召力，成为人们创业的指南，赢得人们的崇尚，获得社会认可。

总之，农业创业是促进农民增收、壮大家庭经济实力的有效途径，也是锻炼农民综合能力、提升农民整体素质的重要方式，更是提高农民家庭社会地位的有效方法，成功创业的农民可以赢得更多的社会尊重与认可。

二、财富增长有规律：只能创业

在社会经济生活中，有一个奇特的现象：往往打工者不能致富，而创业当老板却可以致富。那么，这种现象是如何造成的呢？其实，这是由资本的增值性所决定的。劳动和资本构成了企业发展的两大要素。在资本主义条件下，马克思认为资本家无偿占有工人的劳动，获取剩余价值而获得财富的增加。在社会主义条件下，工人和老板的关系是新型的合作关系。在这种合作中，劳动者获得劳动报酬，老板通过对企业发展的设计获得超额劳动报酬，通过资本的增值性获得企业发展。但工人所从事的劳动是一般性劳动，具有简单性、重复性，因此，获得的报酬是有限的。而老板所从事的劳动具有综合性、复杂性、变化性，因此，可以获得超额的报酬。在整个企业发展过程中，员工和老板形成一种新型的合作关系，员工获得自己打工的劳动报酬，老板获得超额的管理报酬和资本增值额。这就是我国实行的按资分配与按劳分配相结合的劳动分配体制。因此，只有开展创业，自己成为老板，才有可能获得比单纯打工更高的报酬。

（一）创业是获取超额报酬的最佳选择

1. 创业可以取得超额报酬

人们在不同领域扮演着不同的社会角色，其中，老板与打工者是商品经济时代中最普遍、最重要的角色，雇佣关系也是诸多社会关系中最为常见、极为重要的关系。在一般情况下，老板拥有资金、技术、设备等生产要素，获得按劳分配和按资分配的双重权利；而打工者拥有劳动力，获得按劳分配的权利。彼此合作，各取所需。老板的企业不断发展壮大，而打工者也维持着生计。那么，打工者如何才能改变这种现状呢？这就是自己创业，自己做老板。这样自己在获得按劳分配权利的同时，也获得了按资分配的权利。按资分配的那部分作为企业盈余，成为扩大再生产的资本。而资本继续获得增值，这就是企业为什么越做越大的道理。

农民如果一辈子打工，虽然获取了按劳分配的权利，获取了打工工资，但仅凭打工的工资收入是难以致富的。因此，农民要提高自己的收入水平，只能是自主创业当老板，从而有效获取超额的劳动报酬。如果创业企业做起来了，同样可以雇佣一些农民参与创业，从而获取按资分配的权利，进入创业的良性循环。

2. 创业可以实现财富积累

　　农业创业是农民从打工者转变为老板的开始，也是农民从只创造财富到积累财富的转变。如果你永远只是做一个打工者，那么你永远没有机会积累财富。而如果你选择了开始创业，则选择了创造并获取财富的机会。从长远的发展来看，只要你能获取按资分配的权利，你就一定可以把获取的财富通过扩大投资的办法积累下来，而企业就可以越做越大，创造的财富就会越来越多，你对社会的贡献也会越来越大。那么，这种创造财富是不是剥削呢？其实你不用担心。因为，我们实行的社会主义市场经济，其实质是一种合作制经济。老板通过贡献智慧获得按资分配的权利，打工者贡献体力，获得按劳分配的权利。这就是一种新型的合作关系，当你获得按资分配的权利时，你就从一个农民真正转变成了老板。这就是创业可以致富的理论基础，也是创业致富的全部秘密。

3. 创业可以实现财富的扩大

　　经典的经济学原理告诉我们，财富的扩大必须依靠采用先进技术与设备，运用现代管理理念与方法，不断提高生产经营管理效率。那么，作为新时代的创业者怎样才能扩大财富呢？分析财富的增长方式，只能是创业者通过自身不断地学习，在各类培训班不断获得新的信息和知识，提升创业理念，提高创业水平，建立先进的创业模式，打造自己产品的品牌，开拓自己的市场，从而达到扩大财富的目的。这些都只能在创业实践中才可能实现，离开了创业活动，人们只能从事简单的重复劳动，不可能获取提升财富的理念和方法。因此，必须投身到农业创业活动之中，通过不断增加农产品的附加值，达到扩大企业生产规模，创造更多财富的目的。

（二）创业是掌握自己命运的根本手段

1. 创业可以掌握劳动的主动权

　　劳动是人们生存的必备手段，离开了劳动人们将无法生存。但问题的关键是为谁劳动，是主动去劳动还是被动去劳动？打工者虽然从劳动中获取了工资报酬，仿佛是主动地为自己劳动，但劳动的时间、方式、报酬等，都不是自己所能决定的，因此，应当说是一种被动的劳动。从这种意义上讲，可以说打工就是为他人而劳动，是缺乏劳动主动权的劳动。

　　那么，怎么样才能掌握劳动的主动权呢？答案只有一个，那就是为自己劳动。

为自己劳动就必须创业，成为自己掌握自己命运的主人。为自己劳动就可以激发出创造性、主动性，人的潜能可以得到极大的发挥。开展农业创业不仅可以根据创业需要灵活地安排自己的劳动，还可以更加有效地将创业团队成员的劳动组织起来，集中发挥其团队优势，创造出令人难以想象的奇迹。

2. 创业可以掌握选择的主动权

在社会生活中，常常听到人们抱怨工作的无聊。这是为什么？应当说工作为我们每个人带来工资收入，丰富我们的人生经历和生活，是一件令人愉悦的事情。然而，很多人都抱怨工作的无聊。分析其中的原因，关键在于抱怨的人做的是自己不愿意的工作，把工作当成了负担。而在工作中愉悦的人，都是做自己喜欢的工作，把工作当事业做，从事业的成功中享受工作的快乐。

那么，我们何不选择一份自己喜欢的工作呢？因为很多人受知识的限制，受能力的束缚，无法自主地选择自己喜欢的工作，为了生存只能去做自己不喜欢的事情，从而使自己失去了选择的自主权。那么，如何找回选择的自主权呢？

那就是创业。通过自主创业，实现从农民向老板的转变，可以自己安排自己的工作，自己选择喜爱的项目，实现了工作上的自主选择，从而实现了从被动工作到主动工作的转变。因此，在工作中，可以根据创业需要灵活选择具体的发展思路、发展模式与发展策略等；同时，在创业过程中，个人的综合能力将得到较好锻炼，手中所掌握的资源也日益增多，经济实力也随之大为增强，对社会的贡献随之增大，对事业的选择空间将进一步拓展，选择将更加主动、更加灵活多变、更加明智。

3. 创业可以掌握发展的主动权

发展与进步是人类的共同理想，由于城乡差距的客观存在，农民谋求发展的愿望十分迫切。但由于受到诸多因素的综合影响，作为传统的农民，无论是到城市打工还是在农村种地，发展和致富的机遇十分有限，仍然难以有效地掌握发展的主动权，在激烈的市场竞争中依然处于弱势、被动地位。那么，如何有效掌握自身发展的主动权呢？答案是根据市场需要和个人潜能，实行自主创业。只有自主创业，才有可能根据市场的变化，凭借自己的眼光和能力，寻求自己创办的农业企业的发展道路。诚然，在创业的过程中一定会有曲折，甚至失败。但这并不可怕，因为主动权仍然在自己手上，曲折可以积累经验，失败可以积累教训。但请相信，曲折过后就是坦途，失败过后就是成功。

在人生的道路上，谁没有过曲折，谁没有过失败！只不过遇到的曲折难易程度不同，遭遇的失败损失程度不同！但只要你掌握了主动权，就必然可以从曲折走向坦途，从失败走向成功！这就是辩证法，这就是人生的真理！

（三）创业是增强竞争实力的有效途径

人生就是一场综合性的马拉松长跑竞赛，获胜既有多种衡量标准，又要看最终结果。虽然成功的表现形式有多种多样，但无论是哪一方面的成功，都必须依靠竞争实力。如何才能提高竞争实力呢？仍然还要创业。创业可以全面提高人的素质，创业可以扩展人脉资源，创业可以积累财富，创业全面增强人的竞争实力。

1. 创业可以增加资本的积累

创业从零起步，可能是借用生产要素，也可能是借用机遇，还可能是借用创业者的智慧，总之，这些因素都可以转化为资本，都可以帮助你创业，但只要开始了创业，资本就可以逐步积累。因为，在创业的过程中，创业者可以通过知识、智慧将农业产品的价值进行提升，还可以通过提高农业生产经营效率，降低农业生产成本，获得个人劳动时间和社会平均劳动时间的比较优势，从而提高经营产品的附加值。这样，创业者就可以获得一定的剩余价值。而剩余价值又不断转化为资本，经过长期的积累、转化，再积累、再转化，创业项目就必然发展壮大起来。反过来资本的积累又可以促进创业者提升产业层次，扩展创业领域。这一切只有在创业中才能实现，只有在创业中才能发展。因此，创业的过程就是创业者做大做强创业项目的过程，也是资本不断积累的过程。

2. 创业可以增加技术的积累

创业不仅可以积累资本，也可以积累技术。如果通过创业，人的技术水平获得质的进步和飞跃，那也是一种成功。因为，技术是提高企业生产效率的关键所在，谁掌握了先进的生产工艺和技术，谁就可能在市场经济中获得主动，占据先机。那么，创业又是如何增加技术积累的呢？在创业的过程中，一定会遇到许多困难，既有管理上的，也会有技术上的。遇到困难总要想办法去解决，而且不可能完全依赖他人去解决，创业者必须亲自参与、亲自决策。这样，每解决一个困难的过程，就是创业者水平和能力，包括技术积累的过程。

在创业过程中，为了有效提高农业生产效率，降低生产经营成本，获得市场竞争中的更大优势，创业者必然采用现代先进发展模式、现代先进生产技术，生产出更具竞争力的产品，从而更好地满足市场需求，使自己获取更大的经济效益。那么，创业者不断运用农业生产新模式、新技术、新方法和新设备的过程，就是农业技术水平不断积累提升的过程。在这一过程中，农民创业者的农业科技意识与运用能力可以得到有效增强，反过来又推动农业科技的更广泛运用，促进创业者农业生产技术和知识的积累，从而为农业创业项目的发展、完善提供更有力的支持。这样循环往复的过程就是增加技术和知识积累的过程。

3. 创业可以增加人脉的积累

人脉关系是创业必不可少的条件，人脉关系的广泛程度、层次高低，甚至也成为事业发展的资本。理性地分析社会的构成，社会就像一张网，而每个人只不过是网上的一个结点。这个结点联结的其他结点越多，那么，通达的范围就会越广，人生和事业成功的机遇就越大。否则，如果只是一个独立的结点，即使这个结点再大，也只是孤零零的一个结点，俗称死结。既无法通向外界，也无法将外界的信息、资源引入。因此，缺乏联结的结点是没有作用的，缺乏人脉关系的人是难以成就事业的。俗话说，"一个篱笆三个桩，一个好汉三个帮"，仅凭单打独斗、个人奋斗的时代已经一去不复返了。那么，如何发展人脉关系呢？

也许有人会说，靠送礼、吃请等办法同样可以获得广泛的人脉关系。如果仅仅是建立在吃请、送礼层面上的人脉关系，那是一种低层次的人脉关系，也是一种短暂的人脉关系，不可能对人生、对事业有所帮助。要建立有利于人生发展、事业成功的人脉关系，必须开展创业。因为创业本身就是一种事业，事业是永恒的，在创业中建立起来的人脉关系，以理想和事业为纽带，是一种健康的长期的人脉关系。建立起了这种良好的人脉关系，反过来又可以为创业提供及时有效的帮助，提高创业的成功率，实现朋友间相互帮助、相互促进的双赢或多赢结局。

三、市场经济展宏图：勇敢创业

市场经济是一种法制、自主、平等、竞争、开放的经济，市场自动调节、优化着资源配置。市场经济为创业提供了公平的竞争机会，市场经济为发挥智慧的作用提供了展示的宽广舞台，市场经济为有志创业的人员提供了科学致富的广阔前景。那么，在市场经济的大背景下，你还有什么理由不去开拓进取、自主创业呢？只要你及时抓住历史发展的机遇，勇于融入市场经济发展的潮流，充分依靠农业产业及自身的优势，合理运用农民创业扶持政策，积极遵循市场经济运行的规律，你就有机会争取获得创业成功，你就有可能充分展示自己的才华。

（一）市场经济提供了创业机会

1. 市场经济提供了产业发展的机会

有志创业者心中都有自己的梦想，希望在某一个产业上作出一番成就。而成就事业需要个人的努力，同样需要事业发展的机遇。没有好的发展机遇是不可能成就事业的，这正是所谓时代造英雄。那么，到哪里去寻找这样的机会呢？市场经济正是这样的机会。

市场经济以市场配置资源为手段，以市场需求为导向，以资本的自由流动为特征。在市场经济条件下，市场在资源配置中起着决定性、基础性作用，技术、设备、人力等生产要素可以在市场上进行自由流通，从而为产业发展提供较为充分的基础性条件。同时，市场经济强调公平竞争，市场主体参与市场竞争时地位平等、机会均等，任何违反市场经济秩序的行为也必将受到市场经济的制裁和相关法律法规的惩处，市场经济为产业发展营造出了良好的外部环境。虽然在现有条件下，仍然存在个别贪腐人员利用手中权力寻租的现象，但随着中央反腐败力度的加大，随着中央巡视工作的常态化，权力寻租的问题已经得到有效遏制，而且随着法制化建设的规范化，这种现象会逐步淡出。那么，资源的配置只能依靠市场经济的手段，在这种环境下，只要创业者有眼光、有能力、有追求，就会有成功的希望。这种机会是难得的机会，如果抓住了这一轮机会，则创业事业有望成功，创业能力可以得到展示，人生价值能够得到体现。那么，我们还有什么理由不去创业呢？

2. 市场经济提供了产品销售的机会

也许你会担心虽然市场经济提供了创业的机会，但创业的产品又如何销售呢？其实，市场经济同样提供了产品销售的机会。因为在市场经济条件下，市场运行的机制不断健全，市场运行的法制化程度不断提高，法律规范不断完善，各类商品的市场营销网络得以健全和发展，商品流通的范围不断扩大，销售渠道不断拓展，销售的手段不断增加。因此，只要你的产品技术含量高，价格合适、品质优良、品牌打造有力，那么，就一定可以畅销世界。

也许你担心市场出现供求平衡而达到饱和状态。其实，市场是不可能达到真正意义上的或绝对的供求平衡的，因为在市场经济背景下，人们的消费需求呈现出多样化的特点，任何产品都不可能绝对永远满足消费者的需要。随着人们收入水平的提高，人们的消费观念一定会发生变化，时时刻刻都可能出现新的消费热点。这种新的或潜在的市场消费需求必将为相应的产品销售提供新的机会，创业者只要用心去发现这些消费需求，就能找到创业致富的商业机会。

此外，市场经济既充满竞争又彰显活力，市场经济的"优胜劣汰"运行机制和自动调节机制，可以推动企业优化创新，有利于促进企业提升产品品质，改善营销理念，提高营销技巧，从而为创业者提供更广阔的市场营销机遇。

3. 市场经济提供了团队合作的机会

可以说人的潜力是无限的，但任何个人的能力都是有限的。那么，怎么才能用有限的能力将无限的潜力激发出来呢？这既是一道难题，又并不是一道难题。聪明的人都懂得合作共赢的道理，因此，在市场经济条件下，人们为了适应市场和驾驭市场，必然会通过组建团队把无限的潜力激发出来。这既是为市场经济所迫，也是因为市场经济提供了团队合作的机会。

从企业内部来看，市场经济优胜劣汰的竞争机制，对企业发展与员工进步形成强有力的外在压力，为了迎接日益激烈的市场竞争，维护共同的经济利益，企业及其员工往往会自发团结起来，形成强有效的团队合作，确保企业有足够的能力克服困难，战胜挑战，进而最终实现持续发展。

从企业外部来看，市场经济条件下的市场竞争机制，对企业造成较大的风险，为了规避这些风险，企业必然要注重与外部的合作，形成企业团队联盟，抱团发展，从而有效抵御市场风险，确保企业更好发展。因此，市场经济的竞争压力、风险压力等在很大程度上有效推动了企业与员工的团队合作，促进了企业之间的团队合作。通过团队合作可以克服个人能力不足的缺陷，通过团队合作可以将无限的潜力激发出来。为此，我们还有什么理由不去创业？我们还担心什么困难不能克服？

（二）市场经济创造了创业条件

1. 市场经济可以自主选择创业项目

创业项目是创业的切入点，创业项目的选择直接影响到创业的成败。一个好的创业项目，就有可能为创业者带来丰厚的经济效益，有利于激发创业者的创业激情；如果你被迫只能选择自己并不喜欢的项目，那么，即使投入再多的人力、资金也难以实现创业的目的。因此，创业项目的选择对创业成功起到至关重要的作用。在市场经济条件下，国家鼓励农村土地流转，允许并鼓励创业者自主选择创业项目，给创业者提供了成功的基础。

而农村是一个真正广阔的创业天地，农业项目无穷无尽。既可以做传统的种植、养殖产业，也可以做农业观光、生态旅游产业，还可以做特殊的农产品生产、加工产业。可以说，创业者在农村享有自由的选择权，而农业产业丰富多彩的特征，农村资源的广阔性又为创业者提供了可供自由选择的可能。因此，创业者可以选择自己喜欢且与众不同、发展潜力巨大的创业项目，从而为实现自己的创业理想奠定基础。

2. 市场经济可以自主选择企业形式

企业组织形式不同则意味着企业的运作方式、分配方法、运行效率不同，那么，到底应当建立什么形式的企业呢？其实，并没有完全优越的企业形式，不同形式的企业有不同的优势和特点，适合不同的人员所选用。在市场经济条件下，我国法律提供了多种形式的企业形态。既有农民专业合作社，也有家庭农场，还有农业有限责任公司。只要适合你，你就可以自由选择。

这种宽松的市场经济条件，为有志创业者提供了发展的空间和制度保障，只要你准确分析出自己的特点，作出正确的选择，就为你发挥自己在创业上的优势，避开条件上的不足提供了条件，为你成功创业增加了砝码。有这么好的制度保障，有自主选择、自主决策、自主经营的创业背景，我们还有什么理由不去创业呢？

3. 市场经济可以自主选择融资方式

创业既离不开智慧也离不开资金，在华尔街有一句流传甚广的名言："失败起因于资本不足和智慧不足"[①]。可以说，资金是企业生存和发展的核心资源。聪明的创业者不怕没有资金，只怕没有融资的渠道。那么，分析现有的创业环境，融资的渠道究竟如何呢？在国家鼓励创业的大背景下，加强了对农业项目的资金扶持，允许创业者自主地开展融资。创业者既可以通过金融行业组织创业资金，也可以通过土地入股、知识产权入股、资源入股等多种方式，开展融资；既可以通过组建农民专业合作社开展融资，也可以通过地方政府组建的担保公司实行信用融资。因此，可以说市场经济为创业提供了自主融资的条件，有利于创业者根据发展的需要自主选择融资方式，化解创业资金不足的难题。

当然，虽然市场经济为创业者提供了可供选择的多种融资方式，但具体的融资操作仍然需要遵循市场经济的规则。因此，有志创业者既不要担心资金而不敢选择创业，也不要对融资问题简单、盲目地乐观对待，必须实事求是地看待创业融资，智慧地依法解决创业融资问题，为自己的创业事业开拓进取。

（三）市场经济展示了创业前景

1. 市场经济实行优胜劣汰

市场经济是一种最公平的经济，在市场经济条件下，竞争按照优胜劣汰的法则进行。只要你是一个真正智慧的人，拥有创业的胆略和智慧，你就可以在市场

---

① 吴晓义.创业基础[M]. 北京：中国人民大学出版社，2014：168.

经济的机制作用下，使自己的事业不断发展壮大，获得创业的成功。

优胜劣汰是市场竞争的必然结果。优胜劣汰也同时为创业者营造出了一个积极健康的创业环境，并时刻提醒创业者必须始终具备忧患意识、竞争意识，积极采用先进技术、设备，采取现代高效的经营管理方法，不断提升企业核心竞争力，以确保在优胜劣汰的激烈竞争中发展壮大。因此，优胜劣汰展示了创业的美好前景。从宏观上看，优胜劣汰的竞争促进了创业水平的提高，促进了科学技术的普及，促进了城乡一体化的发展，促进了农业现代化的实现。从微观上看，优胜劣汰的竞争促进了农业创业者创业和管理水平的提升。在技术的选择上，能把科技发展的前沿性与市场需求的前瞻性准确地对接起来；在产品的打造上，能把满足消费者的个性化需求与开辟新型广阔的市场结合起来；在产业的发展上，能把传统的农业产业与高科技的新兴产业结合起来。所以说优胜劣汰的市场经济体制，为农业创业展示了广阔的创业前景。

2. 市场经济激发聪明才智

虽然我国在经济、管理等多方面与发达国家还有差距，但我国创业人员的聪明才智的潜力是无限的，只是需要不断激发而已。而市场经济是一种竞争经济，竞争成为市场经济的核心特征。在市场经济的背景下，我国农业创业人员必然会主动适应市场发展的需要，提高创业的竞争能力。在市场经济的竞争中，新的创业模式、新的创业技术、新的农业产业等必将被创造出来。

市场经济提供的这种公平、有序的竞争环境，保证了创业发展的公平有序，为农业创业提供了千载难逢的机会。因此，市场经济的激烈竞争可以激发创业者的聪明才智，可以促进农业创业队伍结构的不断优化，可以促进创业团队的组建，可以促进农业产业的不断优化，可以促进现代农业的发展，展示了创业的美好前景。

3. 市场经济鼓励自我发展

我国各级政府积极扶持农业创业，既从经济上对标准化的创业项目实行补贴，又努力维护市场经济的公平公正，为创业者保驾护航。因此说我国实行的市场经济鼓励创业者自我发展，这种鼓励表现在多个方面。市场经济为创业者创造了自我发展的机会，创业者只要敏锐地抓住机遇，发挥优势，就可以通过创业达到人生的最高境界——自我实现；市场经济为创业者提供了自我发展的信息条件，报纸、广播、电视和网络都向社会提供各类市场信息，创业者只要善于筛选、科学分析和准确判断，就有可能凭借有用的信息实现成功创业；市场经济为创业者提供了广阔的自我发展空间，市场主体可以凭借自身的实力在市场经济中不断发展壮大，成为农业发展的龙头企业。

　　当然，我国实行的市场经济是社会主义的市场经济。社会主义的市场经济和资本主义的市场经济仍然有着本质的区别。资本主义的市场经济只强调效率，满足少数人致富的需要，而我国的市场经济在强调效率的同时，兼顾全社会的公平，既鼓励有能力的人通过大胆创业先富起来，又号召先富起来的人带动广大农民共同致富。我国实行的这种市场经济体制，鼓励农民自主创业，鼓励有能力的人自我发展，为我们展示了广阔的创业前景。

第二章　背景："四化同步"的客观要求

我国正处在社会主义现代化建设的关键时期，"三农"问题直接关系到现代化建设的全局，促进农民增收、农业增效和农村发展成为党和政府工作的重中之重。中国共产党第十八次全国代表大会（以下简称党的十八大）提出："坚持走中国特色新型工业化、信息化、城镇化、农业现代化道路，推动信息化和工业化深度融合、工业化和城镇化良性互动、城镇化和农业现代化相互协调，促进工业化、信息化、城镇化、农业现代化同步发展"[①]。党中央提出的"四化同步"发展战略为我国经济发展指明了方向，为我国农业创业提供了极好的机遇。农业创业不仅促进农民增收，而且具有较强的辐射带动作用，对搞活农村经济、促进农业产业发展、促进农村土地流转有显著作用。随着我国农村城镇化的稳步推进和土地流转的不断规范，加之国家辅以优惠政策与支持，农业创业时机日益成熟；只要抓住时机、巧借扶持，坚持规模化、集约化和产业化经营方向，农民就一定可以在农业产业领域大显身手。

一、农村城镇化：创业背景

农村城镇化是我国社会主义现代化建设的重要内容，也是促进城乡一体化和推动社会经济协调发展的关键举措。党的十八届三中全会指出，城乡二元结构是制约城乡发展一体化的主要障碍。必须健全体制机制，形成以工促农、以城带乡、工农互惠、城乡一体的新型工业城乡关系，让广大农民平等参与现代化进程、共同分享现代化成果[②]。党中央的这一重大决策，促进了农村城镇化建设的开展，促进中小城镇的稳步发展，给农民创业提供了难得的市场机遇、充足的土地资源和强有力的政策保障，为农民创业营造了有利的外部环境。至此，我国农业创业蓬勃开展起来，一大批新型农业经营主体成立并发展起来，显示出强大的生命力和活力。

（一）农村城镇化为创业提供了市场机遇

1. 农村城镇化提供了商品销售机遇

销售是商品实现其价值的关键环节，及时捕捉商品销售机遇顺利实现商品成

---

① 胡锦涛.坚定不移沿着中国特色社会主义道路前进 为全面建成小康社会而奋斗[N].人民日报,2012-11-18.
② 中共中央.关于全面深化改革若干重大问题的决定[N].人民日报,2013-11-13.

功营销，成为企业在市场竞争中获得成功的关键措施，也是企业实现经济利益最大化的重要保障。农村城镇化促进了农村劳动力向城镇转移，有效减少了农业人口，促进了城镇消费需求的不断扩大，为农业企业商品销售提供了良好的机遇。一方面，随着从事农业生产的人员减少，城镇居民的增加，消费量随之增加，这势必要通过发展现代农业，提高土地资源的利用效率才能保障新型城镇化的平稳有序发展[①]。农村城镇化促使农村城镇人口不断增加，城镇的数量及规模持续扩大，市场总体需求规模将进一步扩大；另一方面，农村城镇化在将农村人口转化为城镇人口的同时，也推动了其消费观念和生活方式的转变，人们逐渐从"自给自足"的小农思想意识中解放出来积极消费，快速融入到丰富多彩的现代城镇生活之中，在一定程度上促进了商品市场需求的增加。此外，农村城镇化也促进了相关配套产业的快速发展，创造出了不少新的消费需求点，为商品销售提供了新的难得的发展机会。

2. 农村城镇化提供了原材料供给机遇

农村城镇化建设需要以充足的原材料供应为支撑，原材料供应状况在一定程度上关系着农村城镇化建设的进程。随着农村城镇化建设的不断展开，各类原材料的需求量将不断增加，农民创业迎来了原料供给的大好机遇，为农民创造出了新的收入增长点。首先，居民住房及配套基础设施建设是农村城镇化发展中的重要内容，其间需要以大量的原材料为依托，如需要大量的木材、竹材、钢筋、水泥、绿化植被等，为农民创业提供了良好的原料供给机遇，有利于农民及时找准创业突破口。其次，在农村城镇化发展过程中，其他配套产业如餐饮服务业、食品加工业等也随之迅速发展，需要大量的农副产品及原材料，为农民创业提供了难得的原材料供给机遇。

3. 农村城镇化提供了人才引进机遇

随着知识经济时代的来临，人才资源在社会经济中的突出作用不言而喻，人才资源成为企业获取市场竞争优势的关键所在。农村城镇化建设是一项系统工程，需要以充足的人才资源为支撑，需要处理好人才引进与人才开发之间的关系，需要充分调动各类人才的积极性与创造性，进而形成人才攻坚合力，及时解决突出问题。农村城镇化建设在充分利用当地人才资源优势的同时，也促进了对外人才的引进与开发，将外地的各类优秀人才吸引到当地社会经济建设中，以充分发挥人才的巨大作用与功效。随着农村城镇化的不断推进，农业创业迎来了宝贵的人

---

① 王楠. 依靠发展现代农业推进县域城镇化[J].中国国情国力，2014，(6)：6-7.

才引进机遇，有利于凭借优秀人才战略及时化解创业过程中的疑难问题，在很大程度上可以促进农民成功创业。

（二）农村城镇化为创业提供了土地资源

1. 农村城镇化促进农村人员转移

"人多地少"的矛盾长期困扰着我国农村社会经济发展，这一矛盾的化解关系到农村经济工作的进程，成为各地政府重点考虑的问题。农村城镇化建设促进了"两个转移"，即农业人口向非农人口转移，农业产业向非农产业转移，对化解我国"人多地少"的矛盾意义重大，也为农业创业创造了较为有利的条件。一方面，通过农村城镇化建设，实现了农业人口向非农人口转变，使得农村人口不断减少、城镇人口不断增加，在某种程度上能缓解农村人口多、可耕种的土地少的突出矛盾。另一方面，农村城镇化带动了相关配套产业发展，能够为农村剩余劳动力的就地和就近转移提供更多的机会，促进农民朝着非农产业方向就地转移，在一定程度上拓宽了农民增收的途径与机会，也有利于缓解城市就业压力，维护社会经济的持续稳定。特别是为留在农村创业的农民提供了扩大土地规模的机遇和可能。

2. 农村城镇化加速农村土地流转

土地是农民的"命根子"，是农民长期赖以生存的基本保障。随着社会经济的不断进步，传统的自给自足的"小农经济"发展模式已不能满足现代社会经济的发展需要，农民单靠几亩①薄田难以在激烈的市场竞争中占据一席之地，规模化、专业化、集约化生产经营成为农业发展的大势所趋，土地的合理流转变得尤为迫切。农村城镇化建设为农民增收提供了新路径，有利于促进农村土地的合理流转。一方面，农村城镇化建设变农村居民为城镇居民，减少了农民的总体数量，也减少了农业从业人员，为农村土地流转提供了可能；另一方面，农村城镇化为农民创造了新的非农就业机会，增加了农民致富的路径，为农村土地流转提供了动力与支撑。此外，农村城镇化本身需要占用部分土地，也主要需要通过流转的方式来获取，这些都在不同程度上加速了农村土地的合理流转，为农民创业提供了较为充足的土地资源。

3. 农村城镇化提供规模经营机会

规模化经营是现代农业的发展方向，也是促进农民增收的有效路径。农业转

---

① 1 亩≈666.7m².

移人口进入城市不但有助于城市经济的发展，而且有利于农村经济发展。长期以来，中国的农业一直处于分散经营状态，农民因此难以获得规模利润，整个农业也难以实现跨越发展。大量农业转移人口进入城市能够缓解人地矛盾，实现农业的规模化和集约化生产[①]，为农业创业人员提供了规模经营的机会和条件。同时，随着农村城镇化建设的不断推进，农民的思想观念也正在逐步发生着变化，农民非农就业的积极性明显增强，也更愿意将自己的闲置土地流转出来，有利于集中土地搞规模化经营。此外，随着农村城镇化的不断发展，对农副产品的消费需求会大幅增长，为农业产业的大规模、集约化经营提供了强有力的动力支撑，有利于调动农民规模化经营的积极性与创造性，从而加快城郊农业与现代农业的发展步伐。

（三）农村城镇化为创业提供了政策保障

1. 农村城镇化过程中国家加大扶持农业力度

农村城镇化必须建立在农业产业持续发展的基础上，没有农业产业的依托和支持，农村城镇化建设将举步维艰、收效甚微，农村城镇化建设与农业产业发展相互促进、共同发展。为了大力推进农村城镇化建设，促进农村社会经济协调发展，国家进一步加大农业扶持力度，陆续出台和实施了一系列惠农政策措施，如税收政策、贷款政策、土地政策等，并配以较充足的扶持资金和技术支持，且均随着农业发展需要而不断加大，确保我国农业产业早日实现持续快速健康发展的目标。特别是农民自主创业在确保农民收入增加的同时，也搞活了农村经济，从而带动农村整个经济社会的发展，对农村城镇化建设产生着颇为显著的积极影响。为此，国家在推进城镇化建设的过程中，高度重视农民创业的突出作用，采取有效政策措施促进农民成功创业，以充分发挥农民创业在搞活农村经济、促进农村城镇化发展中的重要作用。

2. 农村城镇化过程中国家加强公共设施建设

公共设施建设是农村城镇化建设的重要组成部分，在很大程度上直接关系到当地居民生产与生活条件的改善。近些年来，国家高度重视农村城镇化建设，陆续投入大量的人力、资金来搞好农村公共设施建设，如不断完善农村道路交通设施、电力设施、供排水设施等。农村公共设施建设的不断增强，在给当地居民日常生活带来更大方便的同时，也为农业产业发展和农业创业提供了更完善的公共设施，有利于农业生产条件的更大改善，为农副产品品质的提升创造了更加有利的条件；与此同时，也有利于农副产品及时投放市场，有效满足人们的消费需要，

---

① 赵铁锁，殷一博. 关于农业转移人口市民化的制度探究[J].经济问题，2014，（6）：2.

快速实现农副产品的价值，确保创业者获取更大的经济收益。国家在加强公共设施建设、推进农村城镇化发展的过程中，也为农民创业提供了更完善的发展条件与更优越的外部环境，为此，农民朋友应该对这些便利条件加以充分运用，以最大限度地为农业创业服务。

3. 国家促进农村城镇化产业转型升级

农村城镇化建设必须以农业产业的转型升级为依托，国家在促进农村城镇化发展的过程中，高度重视农业产业的转型升级，并采取有效政策措施进一步推动农业产业升级，以更充分地发挥产业升级的突出作用。农业产业转型升级在促进农业产业化、农村工业化等方面发挥着突出作用，从而有利于加快农村城镇化建设进程。农业产业化，有利于促进农业生产专业化与服务社会化，推动农副产品加工业及配套服务业快速发展，进而为农村城镇化发展提供物质基础。同时，不断优化农村产业结构，选对主导产业并发挥其辐射、带动作用，实行规模化、集约化经营，搞活农村社会经济，有助于进一步加快农村城镇化进程。此外，产业转型升级，还有利于提升农村城镇化建设水平与层次，进一步增强其在促进城乡经济一体化中的作用。

二、国家扶持化：创业机遇

农民创业在化解我国"三农"难题方面具有重要意义，为此，党和国家出台了一系列优惠政策给予大力扶持。在土地流转上，国家鼓励流转；在创业知识扶持上，国家全面开展了"阳光工程"培训；在资金扶持上，实行了多种类型的补贴；在化解创业资金难题上，正在探索农地抵押、地方财政担保公司担保等多种形式的贷款融资制度；在信息建设上，国家强化了农民创业配套公共服务，为农民创业搭建孵化基地和信息平台。国家的大力扶持，为农民创业提供了极好的发展机遇。

（一）国家提供创业优惠政策

1. 实行优惠的税收征收政策

税收是政府财政收入的重要来源，一方面有利于国家集中力量"办大事"；另一方面，政府通过税收可以对企业的生产经营活动进行适当引导和调节，对企业发展产生较深刻的影响。为了鼓励农民自主创业，"以创业带动就业"，搞活农村社会经济，中央政府给予农民创业以优惠的税收政策。例如，2011 年《西部地区农民创业促进工程试点工作指导意见》明确指出，"农民创业享受与其他创业者相同税收优惠政策"，意味着农民创业者可以和其他创业者一样，依照相关法律、法规及政策的有关规定，享受到税收减免、税收返还等优惠政策，这在一定程度上可以减轻农民创业者的负担，有利于激发农民创业者的创业积极性与创造性，从而促进农民创业发挥新的更大的作用。

2. 给予优惠的土地流转政策

土地资源是农业创业的基础性条件，国家在土地方面给予农民创业者优惠政策，以有效促进农民成功创业。例如，《西部地区农民创业促进工程试点工作指导意见》规定："通过村庄整治等方式盘活的存量集体建设用地，可优先用于农民创业；新办农民创业工业企业实行优惠地价，原则上以成本价格出让或不高于国家规定的该地区工业用地最低出让价出让；利用住房周边建设用地和现有住房创办家庭式企业，由当地国土所出具说明，县级国土、建设（房地产）主管部门审核后，视为有固定的生产场地，并减免利用自有宅基地进行改扩建的建设规费；在从严控制农用地转为非农用途前提下，培育农村建设用地使用权流转市场。"优惠的土地政策，为农民创业提供了创业最必需的条件，从而能带动农业现代化的全面发展。一方面为农业创业的规模化、集约化经营提供可能，有利于农民创业者从中获取规模效益，带动农村社会经济发展；另一方面，也有利于提高现有土地的利用效率，实现资源的优化配置，进一步挖掘土地巨大的潜在价值。

3. 执行优惠的贷款融资政策

为了有效解决农民创业贷款难、融资难等问题，国家出台实施了一系列农民创业贷款融资优惠政策，并取得了初步成效，农民创业贷款难、融资难问题有所改善。例如，鼓励大型金融机构积极开展对农民创业的服务；在有效控制风险的前提下创新金融产品，加大对农民创业个体、经济合作组织或创办中小企业的创业农民的信贷支持力度，依据实际积极开展小额担保贷款；农民创业企业证照齐全的，依法登记的房屋、机器设备、大件耐用消费品和有价证券及注册商标、发明专利等无形资产均可作为抵押或质押品，向金融机构申请贷款；大力发展农户小额信用贷款和农户联保贷款，扎实推进信用镇、村建设等。除此之外，为了帮助农民创业者获得及时贷款融资，根据法律、法规及政策的有关规定，对农业创业项目贷款实行放宽贷款条件、减少贷款程序、增加贷款数额、改进服务质量，甚至实行贴息、无息贷款等优惠政策，为农民成功创业提供有力的贷款扶持。

（二）国家实施创业培训工程

1. 国家提供农业创业培训

　　针对当前农民综合素质偏低、专业技术水平缺乏，自主创业经验不足和创业风险更大等客观现实，为有效鼓励农民自主创业，搞活农村社会经济，促进农民增产增收，国家投入大量人力资金实施农业创业培训工程。自 2004 年以来，在国务院领导下，国家农业部、财政部、劳动和社会保障部、教育部、科技部和建设部共同启动实施，由国家财政支持的农村劳动力转移培训"阳光工程"项目①。"阳光工程"项目中的农业创业培训，实行免费培训且提供一定的生活补助，重点针对农业生产经营技术、现代经营管理模式、创业理念与方法等内容进行全方位系统化培训；同时，农业创业培训的参训门槛低、入选要求少，为大多数农民提供了及时有效的创业学习机遇，是有创业意愿的农民学习、提升、交流的平台，也为其成功创业创造了颇为有利的外部条件。近年来，在各方面的共同努力下，农业创业培训取得了显著成效，促进了农业和农村经济的持续健康发展，大幅增加了农民的收入，在一定程度上缩小了城乡差距，有利于维护我国经济社会和谐安定②。而且参训农民的科学文化素质大幅提升，专业技术技能水平不断改进，创业思想观念迅速更新，生产经营模式也在逐渐优化，市场适应能力与竞争实力大为增强，农民创业的成功率与收入均大为增加。

2. 国家鼓励农业建立联合

　　公平竞争是现代市场经济的显著特征，也是市场经济的活力所在。为了进一步增强农业、农民的市场适应能力，有效应对更为激烈的市场竞争，国家积极鼓励和引导建立农民专业合作组织，实行农业产业的联合生产与经营，从而增强农民创业的市场话语权。为此，党和政府出台实施了一系列针对性的政策措施，确保农业整体竞争实力迅速提升，促进农民增产增收。2013 年中央一号文件《中共中央、国务院关于加快发展现代农业，进一步增强农村发展活力的若干意见》明确指出，"大力支持发展多种形式的新型农民合作组织。……鼓励农民兴办专业合作和股份合作等多元化、多类型合作社。……增加农民合作社发展资金，支持合作社改善生产经营条件、增强发展能力。……培育壮大龙头企业。……推动龙头企业与农户建立紧密型利益联结机制"③。2014 年中央一号

---

① 汪发元，邓娜，孙文学，等."阳光工程"对农民经济增长的效应分析[J].湖北农业科学，2013，（10）：2458.
② 汪发元，邓娜，孙文学，等."阳光工程"对农民经济增长的效应分析[J].湖北农业科学，2013，（10）：2463.
③ 中共中央、国务院.关于加快发展现代农业，进一步增强农村发展活力的若干意见[N].2013-02-01.

文件《关于全面深化农村改革加快推进农业现代化的若干意见》指出，"扶持发展新型农业经营主体。鼓励发展专业合作、股份合作等多种形式的农民合作社，引导规范运行，着力加强能力建设。允许财政项目资金直接投向符合条件的合作社，允许财政补助形成的资产转交合作社持有和管护，有关部门要建立规范透明的管理制度。推进财政支持农民合作社创新试点，引导发展农民专业合作社联合社"[①]。2012 年国务院印发的《全国现代农业发展规划（2011—2015 年）》指出，要"鼓励农民专业合作社开展信用合作，在自愿基础上组建联合社，提高生产经营和市场开拓能力"。这些文件及规划的出台与实施，为农业联合发展提供了充分的政策依据和支撑，也为农业创业的健康发展指出了明确方向，对我国现代农业发展产生着深远影响。

3. 职能部门实行跟踪服务

国家不仅为农业创业提供免费培训，而且为农业创业提供一系列配套服务。包括创业基地孵化实践，专家跟踪指导服务，这些都是决定农业创业培训效果的关键。在对农业创业跟踪服务中，创业培训机构经常应创业人员的请求，组织各类专家针对创业农民遇到的实际困难，深入到农民创业基地现场调查、现场指导、现场解决问题，为创业提供了及时可靠的关于创业方法、具体技术、综合管理等方面的支持和保障。而且跟踪服务的资金完全由国家投入，创业者可以坐享优质服务。创业培训机构受国家农业管理部门的委托，承担着农业创业组织、培训、服务的具体工作，他们对农民创业充满了热情，组织跟踪服务及时周到。这些条件可以有效地为农民创业提供支持，减少创业中的损失和风险。

（三）国家完善创业公共服务

1. 政府提供农业创业孵化基地

农业创业孵化基地是培育涉农企业和涉农企业家的摇篮，对农民创业活动的成功具有至关重要的作用。为了增强农民的自主创业能力，提高农民创业成功率，湖北省农业厅科技发展中心在全省建立了一批农业创业孵化基地。这些孵化基地本身是农民创业学员创办的，而且获得了巨大的成功。这些孵化基地的建立对准备开展创业的农民具有重要的示范作用、启示作用、孵化作用。这些农业创业孵化基地为农民创业提供优越的创业学习环境，提供优质的农业创业实践配套设施与服务，能有效指导农民成功创业。而且随着农业创业的发展和需要，农业创业孵化基地数量还会不断增多，规模也会不断扩大，创业孵化作用必然会不断增强，

---

① 中共中央、国务院. 关于全面深化农村改革加快推进农业现代化的若干意见[N].2014-01-20.

必定会成功孵化出一大批优秀的农业企业和农民企业家，可望达到"孵化一批，带动一片，造福一方"的预期效果。在此背景下，开展农业创业，可以起到事半功倍的效果。

2. 政府搭建农业创业信息平台

在现代市场经济条件下，信息资源成为关系企业生死存亡的关键。如果缺乏及时有效的信息资源，企业生产经营将会失去方向，就无法对市场供求变化作出及时准确判断，终将因信息缺失被市场经济无情淘汰。农民在创业中，因为受科学文化素质和资金设备等方面的局限，在信息捕捉、分析、判断和运用等方面都存在着明显的不足。党和国家正视这一现实，为了帮助农民创业，投入充足的人力、资金和技术设备搭建起了农业创业信息平台，为农民在创业中准确地捕捉、分析、处理信息提供了强有力的支持。各种经济信息、市场信息的及时发布，可以为农民创业提供及时有效的决策参考，这在很大程度上能够有效弥补农民信息处理与应用上的不足，推动农民成功创业。这样一个大的背景，为农民创业提供了条件支持，如果农民能正确利用这一平台，注重收集农业创业信息，并抓住这一有利时机，就能在创业中做到事半功倍。

3. 政府提供农业创业信用担保

资金是创业的关键，俗话说：巧妇难为无米之炊。而农业创业最大的困难在于缺乏资金，加之农民缺乏完全产权资产，靠银行贷款基本上成了一个难以逾越的难题，极大地制约了农民创业的发展。党和国家充分考虑到农民创业的这一难题，为了充分调动农民创业的积极性，帮助农民成功创业，提高农民创业成功率，国家专门出台了一系列克服创业资金困难的政策。党的十八届三中全会提出，要"鼓励金融创新，丰富金融市场层次和产品"。并且进一步提出，要"在坚持和完善最严格的耕地保护制度前提下，赋予农民对承包地占有、使用、收益、流转及承包经营权抵押、担保权能"，"慎重稳妥推进农民住房财产权抵押、担保、转让，探索农民增加财产性收入渠道"[①]。同时，各地政府正在积极探索对农民的信用担保制度。许多地方的政府财政部门建立起了信用担保公司，专门为符合创业条件的农业创业项目提供一定的信用担保，帮助创业农民及时解决信贷难题，为农民创业提供了可靠保障。农民创业者可以充分抓住这一政策条件，积极选择政府可以提供信用担保的农业创业项目，争取成为政府信用担保的受惠者。

---

① 中共中央、国务院. 关于全面深化农村改革加快推进农业现代化的若干意见[N].2014-01-20.

三、土地流转化：创业基础

土地是农民创业的基础性资源，农业产业的规模化、集约化经营必须以充足的土地资源为支撑。而土地流转一直以来是阻碍农业生产规模化经营的重要因素。但随着农村经济改革的不断深入，中央出台了一系列鼓励农村土地流转的政策。而且农村土地合理流转已在一定程度上发展起来，并有逐步扩大的趋势。这样，农村土地的合理流转就可以为农民创业提供较充足的土地资源，有利于促进农业产业的规模化、集约化经营，从而为创业者带来农业生产的规模效应。因此，土地流转为规模化、集约化经营提供了可能，为农民创业奠定了坚实基础。

（一）土地流转为创业提供了基础资源条件

1. 创业可以借用集体土地

《中华人民共和国土地管理法》明确规定，"农民集体所有的土地由本集体经济组织的成员承包经营，从事种植业、林业、畜牧业、渔业生产"，为农民承包农村集体土地用于农业创业提供了充分的法律依据。同时，《中华人民共和国农村土地承包法》也规定，"通过家庭承包取得的土地承包经营权可以依法采取转包、出租、互换、转让或者其他方式流转"，为农村土地流转提供了有效的法律依据。此外，一些地方为解决人地矛盾，减少土地承包次数等，由村集体经济组织在按户发包之外依法预留了一部分机动地。因此，农民在农业创业过程中，除了充分利用自家承包的土地外，还可以通过土地流转或者承包等方式依法使用其他农村集体土地，能够为创业提供较为充足的基础性资源条件，有助于农民实现成功创业的目标。

2. 创业可以实行规模经营

土地是农民创业非常珍贵的基础性资源，而农村土地的合理流转又为农业产业的规模化经营提供了可能。一方面，农民创业用地的可选择余地增加，有利于农民充分利用土地资源为其创业服务；另一方面，土地流转的合法化意味着农民创业者能够在现有经营土地的基础上获取更多所需土地，减少土地的使用成本，有利于促进农民创业的规模化经营。为了适应现代市场经济的发展需要，获取现代市场竞争中的主动权，实行规模化生产与经营是大多数企业的追求和梦想。因为规模化经营能减少经营成本，整体提升生产经营效率及产品品质，能有效获取规模经营效应。而国家的土地流转政策，正好为农民创业实现规模化经营提供了条件。顺应现代社会经济的发展趋势，抓住有利的政策条件，及时抓住土地流转的大好机遇，顺利走上规模化生产经营的道路，积极扩大农业产业的生产经营规模，获取更多更大的规模效益，正是农业创业成功的秘密所在。

3. 创业可以实行产业发展

在农业创业中，走农业产业化的道路是获取较高经济效益、降低生产经营成本的关键措施。农业产业化是以市场为导向，以经济效益为中心，以主导产业、产品为重点，优化组合各种生产要素，实行区域化布局、专业化生产、规模化建设、系列化加工、社会化服务、企业化管理，形成种养加、产供销、贸工农、农工商、农科教一体化经营体系。而在现有条件下，产业化的这些特点和要求，只要经过创业者的努力都完全可以实现。也就是说具备了实现产业化经营发展的条件。因为，从实现产业化的基础条件上讲，我们具备了土地流转的政策，可以实现规模化经营；从产业链发展的技术条件上讲，我们能享有国家提供的免费技术服务和指导，可以实现产业链发展；从实现产业化的市场条件上讲，我们具备充分竞争的市场，可以实现优质优价。总之，国家政策为农业产业化经营提供了多方面的有利条件。特别是充足的土地资源，有利于农民创业的全面展开与及时调整，使农业创业者拥有足够的资源空间，能够根据市场需求变化对农业创业项目及规模作出及时调整，以占据更大的市场份额，获取更多的经济收益，发挥出更大的辐射带动作用，从而有利于农业创业不断发展壮大自己的产业。

（二）土地流转为创业提供了集约经营机会

1. 土地流转提供了集约经营条件

农业的集约化经营需要以良好的生产条件为基础，需要以先进的农业生产技术为支撑，需要以较高的机械化作业为手段。在现有条件下，创业者大多拥有一定的资金实力与技术设备，也具有敏锐且长远的发展眼光，但制约他们开展集约化经营的关键因素是规模化经营所需土地和集约化经营所需技术。这两个制约因素如何克服呢？国家近年来出台的一系列政策，为农业创业开展规模化经营所需土地和集约化经营所需技术提供了配套服务。因为，国家出台政策，大力鼓励土地的合理流转，创业者可以通过互换、流转等多种方式，将原来分散的零星小块土地集中起来，实现规模化经营；国家开展农业创业免费培训，创业者可以通过参加创业培训学习，获取集约化经营所需的成套技术。湖北省农业创业培训基地既可以向学员提供农业经营管理知识，也可以提供高产栽培技术、水产养殖技术，特别是可以提供农业立体发展集成技术。从而为农业创业集约化经营提供了所需的成套集成技术。而且土地流转可以实现集中连片开发，有利于农业机械的广泛应用，为农业产业的集约化经营提供有利条件。此外，土地流转还有利于农业优良品种与先进技术的广泛应用，有利于加快农业集约化经营步伐。

2. 土地流转提供了集约经营压力

纵观人们成功的经验，都是在机遇和压力的作用下所取得。因此，农业创业也一样，不仅需要机遇，而且需要有压力。因为没有压力就没有动力，没有动力不可能取得任何成功。那么，农业创业的压力从哪里来呢？来自于经营成本和经营风险。随着生产经营规模的不断扩大，需要投入更多的人力、资金来进行生产经营，加上集约化经营会遇到许多新理念、新技术、新困难，产品市场也会出现许多不确定因素。所以，创业者所承担的经营风险、市场风险相对更大，也面临着更大的经营压力和市场竞争压力。这种压力正是我们从事农业创业必须运用新理论、新知识进行集约化经营的动力所在。同时，在通过土地流转，实现规模经营的过程中，需要调动更多的资金，承担更多的土地流转投资风险。加之土地流转使创业者与土地原承包户之间关系变得更加复杂，需要处理的社会关系的维度更多，决策时要考虑的因素也更多。因此，通过土地流转实现经营既是机遇也是挑战，既是压力也是动力。创业者需要正确认识、慎重对待、科学谋划，将这种机遇抓住，变压力为动力，乘机把创业事业做强做大。

3. 土地流转提供了集约经营可能

集约经营最基本的条件是需要有成片的土地，中央的农村土地流转政策正好为农业创业提供了这种条件。创业者可以通过土地流转将分散的零星小块土地集中连片，一方面，有利于增加创业者的土地总体规模，形成规模效益，为集约化经营奠定基础；另一方面，也有利于农业生产基础条件的有效改善，有助于农业机械的大力推广，有益于农业技术的广泛运用，为农业集约化经营提供了更为有利的实施条件。同时，土地流转在扩大创业者经营规模的同时，增加了生产经营的投入成本与市场风险，需要进行集约化生产与经营才有可能进一步提高生产效率，减少风险损失，为创业者带来更为丰厚的经济回报，土地流转为创业者提供了集约化经营的外在压力，也激发了其集约化生产经营的内在动力。此外，土地流转使越来越多的农村剩余劳动力从农业生产中解放出来，为农业集约化经营提供了更为广阔的发展空间，在某种程度上也促进了人们农业生产经营理念的转变，集约化经营的巨大潜力正在为越来越多的创业者所接受、所挖掘，集约化经营也逐步成为农业创业者的成功秘诀。

（三）土地流转为创业提供了经济效益可能

1. 规模经营可以降低经营成本

经营成本对企业利润产生直接影响，成本因素是创业者必须深入考虑的重要方面，"成本最小化、利润最大化"一直是所有企业共同追寻的目标。经济学的基本常识告诉我们，经营规模越大，经营成本就越低。因此，规模经营可以降低经营成本。创业者通过土地流转不断扩大生产经营规模，一是可以避免基础设施的重复建设，减少基础设施建设成本投入。农业生产经营必须以一定的基础设施为依托，基础设施建设投入构成农业成本投入的重要方面，实行规模化经营某种程度上可以避免基础设施的重复建设，节省农业生产建设成本。二是可以提高农业生产效率，减少农业生产投入成本。实行规模化经营可以统一购买农业生产资料，可以实行大规模的机械化作业，从而有效提高农业的生产效率，减少农业生产中昂贵的人力资本投入，节省农业生产投入成本。三是可以统一投放市场，减少农产品销售成本。规模化经营增强了农产品生产者的谈判力，可以直接与超市、商场等大中型销售载体长期订立销售合同，逐步实行农产品的统一销售，有利于克服农产品分散销售环节多、费用大的缺陷，从而使得农产品的销售成本大幅降低。

2. 规模经营可以打造商品品牌

商品品牌是企业的无形资产，可以转化为企业的宝贵财富。随着市场经济的不断发展，品牌的功效越发突出，品牌战略成为商家获取竞争优势的重要手段。一方面，创业者实行规模化经营可以提升产品的整体品质，为打造品牌奠定坚实基础。农业规模化经营大多实行机械化、标准化生产，具有小规模生产经营不可比拟的资源优势与技术优势，也更有能力生产出品质更高的农副产品，从而在打造产品品牌过程中也更具有优势。另一方面，规模经营者对商品品牌的依赖更大，塑造与维护农产品品牌的积极性也更高。实行规模化经营，意味着将生产出更多的农副产品，也承担着更大的市场风险，倘若销售不畅将会对农业创业者产生极为不利的后果；而良好的商品品牌与口碑具有促进销售的神奇效果。因此，商品品牌的塑造对规模经营者而言具有更深远的意义，打造优秀商品品牌的积极性也更高。此外，规模经营可以为品牌打造提供物质保障，有利于打造出更响亮的商品品牌。商品品牌的塑造与维护需要大量的资金投入，而规模化经营为创业者带来了较为丰厚的经济回报，创业者也就更有实力进行品牌塑造与维护，也能够打造更响亮、更知名的商品品牌。

3. 规模经营可以获得经济效益

企业经济利润主要受到总产值与投入成本两个因素的影响。控制生产经营成本，提高产品生产效率是生产企业增加经济效益的基本思路。规模化经营在减少成本投入、提高生产效率等方面具有显著成效，成为创业者获取更多经济效益的重要手段。创业者实行规模化经营，一方面有利于提高农业生产资料的使用效率，减少农业生产经营的成本投入，提高农业生产经营效率，从而在激烈的市场竞争中获取价格优势；另一方面有利于改善农副产品品质，有效增加其使用价值，满足消费者的多样化需求，从而在市场经济条件下逐步占据品牌优势。在现代市场经济条件下，规模化经营既可以帮助创业者获取价格优势，又可以促使其获得品牌优势，成为现代企业普遍采用的经营方式。凭借这两大突出优势，创业者便有机会占据更大的市场份额，获取更多的经济效益。

四、农业产业化：创业前景

农业产业化是现代农业的发展目标，是发达国家发展现代农业的经验。农业产业化代表着我国农业的发展方向，有利于增强农业产业的整体竞争实力，成为实现"农民增收、农业增效和农村发展"目标的有效路径。如何实现这一目标？唯有通过组织农民创业，推动农村劳动力的大规模转移，才有可能实现工业化、信息化、城镇化、农业现代化同步发展。农民创业者应该沿着农业产业化的发展方向，根据现代农业的发展要求，立志在农业产业领域实现自身的创业梦想，并带动其他相关产业发展，推动社会经济顺利转型。

（一）创业可以成就人生一番事业

1. 创业可以实现人生理想

人生理想是人不断前进、不懈奋斗的不竭动力。随着市场经济的深入发展，人们的学习、工作和生活都变得丰富多彩。人生的理想虽然千差万别，但追求卓越是人生的共同理想。作为一个特殊的群体，大多数农民具有最朴实、最本真的人生理想，那就是让全家人过上安定、富裕、充实的幸福生活。近年来，党和政府高度重视农民增收问题，采取多项政策措施促进农民成功创业，创业时机已经逐步显现。通过农业创业，一方面，农民朋友可以逐步实现增收的目的，收入水平将随之大幅提高，能够为幸福生活的到来奠定坚实的物质基础；另一方面，农民朋友也可以在创业中磨炼意志、锻炼能力、转变观点等，从而使自己的综合素质与能力得到全方位锻炼与提升，将促进自己人生理想的实现。此外，创业能够帮助农民朋友改变经济地位，从而有效提高其社会、政治地位。

2. 创业可以实现人生价值

人生价值主要包括社会价值和自我价值两个方面，一是个人对社会的责任与贡献，二是社会对个人的尊重与满足。人生价值的大小有多种衡量标准，但人生价值的实现需要以一定的物质基础作支撑，离开物质空谈人生价值无异于画饼充饥、望梅止渴。农民通过创业可以提高收入水平，改变生活观念，改善生活质量，在某种程度上可以获得社会更多的尊重与认可，才能更积极、更主动地履行社会责任、奉献社会，从而为农民人生价值的实现奠定坚实的物质基础。同时，农业创业在一定程度上也可以改善农民的思想观念，增强其社会责任意识与奉献精神，也使其更有能力、更有激情为社会多作贡献，从而有利于其人生更高价值的实现。

3. 创业可以奉献社会公众

人生的真正价值在于对社会的奉献，社会奉献精神乃是促使社会温暖和谐的一剂良方，是推动社会持续进步的宝贵财富。当然，奉献社会公众需要一定的物质基础，经济基础决定上层建筑，"泥菩萨过河"式的生存状态是难以为社会作出多大贡献的，给予社会的更多是一种负担与累赘。因此，只有首先让自身具备奉献社会的实力，才有可能为社会大众作出应有的贡献。首先，农业创业可以大幅提高农民的收入水平，为其奉献社会大众提供最基本的物质保证；其次，物质决定意识，农民创业在促进农民增收的同时，在一定程度上也增强了农民的奉献精神和奉献意识，为其奉献社会大众创造了有利条件；此外，农民创业可以为农村剩余劳动力转移提供更多的就业机会，有利于缓解整个社会的就业压力，充分发挥辐射带动作用，促进周边农民增产增收，从另一个角度实现了奉献社会大众的目的。

（二）创业可以带动相关产业发展

1. 创业可以带动市场销售

农民创业作为农村建设与发展的内生性增长动力源泉，在促进现代农业发展和农村产业结构升级、实现农民稳定持续增收、带动农村富余劳动力就地就近转移、加快县域经济发展与城镇化进程、促使生产要素在城乡间双向流动与优化配置、建立公平合理的农村社会分化机制等方面发挥了积极的作用，是从根本上解

决"三农"问题的关键[①]。具体来讲，农民创业可以带动市场销售。市场销售环节
是企业生产经营过程中一个极为重要的环节，也是各市场主体高度关注的关键环
节。创业过程始终离不开原料采购与产品销售环节，农民创业将对带动市场销售
产生积极影响。一方面，生产资料采购有利于带动相关企业市场销售。农民创业
首先需要从市场上采购大量化肥、农药、种子、地膜等生产资料，为农业创业活
动做好充分准备，从而有利于带动生产资料等相关企业的产品销售，促进相关企
业持续发展。另一方面，农业创业过程中会生产出一系列农副产品，需要在市场
上进行销售，而农副产品销售有多种销售模式和渠道，会或多或少地涉及不少中
间营销环节，催生一部分相关营销主体。从该角度而言，创业过程中的产品销售
也带动了市场销售，促进了相关企业的不断发展。此外，在农业创业过程中，农
民的市场销售技巧、整体实力不断增强，销售渠道日益多样，在一定程度上也带
动了农民的市场销售。

2. 创业可以促进深化加工

农副产品深加工程度低成为农民增收困难的重要原因，也是我国农业产业转
型过程中必须重点解决的问题。深加工可以大幅增加农副产品的附加值，为相关
加工企业带来较丰厚的经济效益。一方面，深加工所带来的高附加值对创业者具
有很强的诱惑力。随着人们消费水平与消费观念的不断提高，对深加工的农副产
品需求迅速增加，相关加工企业市场前景广阔，加上深加工所带来的高附加值，
农副产品深加工项目对创业者具有较强的诱惑力。另一方面，创业能为深加工提
供条件，促进农副产品深加工快速发展。实现利益最大化是创业者的基本目标，
农业创业可以大幅增加农民收入，增加其创业资本积累，从而使其有能力购买相
关的先进加工设备与技术，为农副产品深加工项目的实施提供资本保证；同时，
农民在创业过程中会逐步加深对深加工的正确认识，从而形成农副产品深加工的
相关意识理念，对农副产品深加工项目的深入实施将产生深远影响。此外，农业创
业还可以为农副产品的深加工提供优质原材料，确保深加工产品价值的顺利实现。

3. 创业可以推动第三产业发展

农民创业的社会作用具有综合性。一是创业可以选择服务业发展，直接促进
第三产业发展。随着现代社会经济的不断进步，人们对服务业的需求逐年增加，
服务业发展迎来了新的历史发展机遇。因此，从市场需求而言，农民可以选择性
地以服务业作为创业项目，根据当地的资源优势和地域特色，积极发展休闲农庄、

---

① 周菁华，谢洲. 自身素质、政策激励与农民创业机理[J]. 改革，2012，(6)：88.

观光农业、餐饮娱乐等。通过这种特色化服务，不断提升服务质量，为广大消费者提供优质服务，满足城市人群放松的需要，最终实现效益最大化的目标。二是创业可以促进农民增收，带动第三产业的发展。农民收入增加后，必然会增加消费的投入，还会逐步增加消费的档次，这就可以直接带动第三产业的发展。三是创业可以为第三产业提供优质原料，推动第三产业发展。农民创业大多依托农业产业，实行集约化、规模化和标准化生产经营，从而从源头上确保了农副产品的良好品质，有利于为服务业提供优质的原材料，推动第三产业持续健康发展。

（三）创业可以推动社会进步转型

1. 创业可以促进农民转移

尽管随着城镇化建设的稳步推进，农业人口数量逐年减少，但农民在总人口中依然占据着相当大的比例，农民问题仍然是关系到我国社会长治久安的核心问题。随着城市就业压力的不断增加，农民工的处境更为艰难，如何有效帮助农民工顺利就业，实现农村剩余劳动力的就地、就近转移，成为各级政府需要重点考虑和着力解决的关键问题，而农民创业在促进农民转移方面显现出突出成效。农民创业有利于搞活农村经济，促进乡镇企业不断发展壮大，可以为农村剩余劳动力的就地、就近转移提供可能，也可以为返乡农民工提供新的就业机会，在一定程度上可以缓解城市就业压力。同时，农民创业常常会涉及非农产业，有利于促使其向非农产业逐步转移，对周边农户转移也具有一定的辐射和带动作用。此外，创业在增加农民收入的同时，也促使其思想观念与生活方式的逐渐转变，城乡之间的生活方式、思想观念等差距将进一步缩小，为农村居民向城镇居民的转化创造了条件，提供了可能。

2. 创业可以促进集约经营

实践已经证明，传统的、粗放式的农业经营方式具有投入成本高、产品质量差、生产效率低等明显不足，已不能适应现代社会经济的发展需要，无法从根本上改变农业产业的弱势地位，也难以有效增强农民的市场竞争实力。农业产业发展与农民增收的出路在集约化经营。而农民创业为了有效应对日益激烈的市场竞争，获取更大的市场份额，获取更多的经济收益，创业者必须走集约经营的道路。因为只有通过集约经营，在生产经营中采用现代管理模式、先进技术和设备，不断提高产品的生产效率与品质，才能获得价格优势与品质优势。集约化经营成为现代创业者立于不败之地的法宝。在现代市场经济条件下，集约化经营是现代创业者必然选择的方式，是创业获得成功必须选择的方式。因此，农业创业可以促进农业产业的集约化经营，从而加快现代农业的发展步伐。

3. 创业可以促进观念转变

一是竞争激烈的市场环境促使创业者转变观念。我国实行的是社会主义市场经济，市场在资源配置中起着基础性和决定性作用，创业者只有根据市场供求变化来组织生产经营活动，才有可能在激烈的市场竞争中占据一席之地。竞争是市场经济的基本特征，也是市场经济的活力所在。为了迎接日益激烈的市场竞争，获取更多更大的经济利益，创业者必须转变思想观念，积极接受、采用先进的生产经营与管理理念及运营模式，从而有效增强其市场综合竞争实力。竞争激烈的市场环境为创业者的观念转变提供了外在动力，必然促进创业者积极采用新观念、新思维。二是快速增长的财富促使创业者转变观念。物质决定意识，在创业中，创业者的收入水平必然会大幅增加，为思想观念的转变提供了物质基础。实现收入增长是农民创业的基本目标，一般而言，农业创业会为农民带来较为丰厚的经济回报，其收入水平与生活质量将会随之明显改善，一系列生活与生产观念也会随之发生较大改变，与城市居民之间的观念差距将逐步缩小，在很大程度上有利于推进城乡一体化建设进程。三是创业中不断扩大的交际圈加速创业者转变观念。农民在创业过程中交往范围不断扩大，随着打交道人员的增加，交往对象素质的提升，自己的眼界就会不断开阔，思想观念也随之逐步转变。创业的过程就是与外界不断交往、交流的过程，也是逐步认识新事物、接受新观念的过程。创业使农民的交际范围不断扩大，诸多观念交织在一起，为创业者的观念转变创造有利的外部条件。

第三章 项目：成功创业的灵魂所在

　　创业不能凭一时的冲动，更不能凭一时的热情，而是必须凭自己的综合知识和能力，结合自己准备创业所在地经济发展的实际，准确地找到创业的项目。我们往往看到一些成功人士做什么项目都赚钱，因此，认为选择什么样的项目关系不大。但等到我们亲自去做的时候，情况却和我们想象的完全不同，要么，因困难重重做不下去；要么，虽然坚持做下来了，但根本就赚不到钱。这是为什么呢？这充分说明我们在创业时没有找准项目，这个项目可能适合于别人来做，但并不适合于我们自己做。项目是创业的灵魂所在，是创业成功的基础。也就是说只有找到了可以用来创业的项目，才可以开始自己的创业，而绝不是看到别人赚钱了，就凭一时的冲动，盲目地跟着别人去干。

一、为什么要开始创业：找到项目

（一）开始创业的诸多误区

　　当每一个人开始创业时，一定有自己的考虑和主张，可能各自的理由都不尽相同，但确实有很多人因此而陷入误区，以致创业失败而不能自拔。那么一般情况下有哪些误区呢？按照一般的常理分析，人们创业的理由主要有以下几种。

1. 我穷怕了，我想开始创业

　　在长期的计划经济年代中，一切资产都是国家或集体所有，个人是不能拥有财富的，拥有财富就意味着你走了资本主义道路，是不能被社会所接纳和容忍的，而且会成为全社会的公敌。自改革开放以来，历史进入到了市场经济的时代，国家鼓励勤劳致富，并制定了保护私有财产的法律法规。从此，人们的自我意识开始觉醒，勤劳致富的人不仅私有财产受到法律保护，还充分得到社会的尊重。在这种鼓励勤劳致富的环境下，一些头脑反应快的人开始创业。人们开动脑筋，在创业致富的路上各显神通。一些拥有资源的人自然不会放过机会，把自己的资源充分利用起来，为自己创业所用；一些资源缺乏的人，充分唤醒、挖掘或创造资源，变隐性资源为显性，在创业的大潮中尽显风流；也有一些人利用手中的权力寻租，大搞钱权交易，使得社会腐败越来越严重。

在创业致富的大潮中，有不少人确实或多或少地发财了，有了自己的楼房、小轿车，有些人拥有了自己的企业。这些成功者自然招来人们的羡慕，并受到社会的称赞。然而发财的人毕竟只是极少数，绝大多数人仍然生活在小康乃至贫穷之中。因此，有些人看到别人创业发财了，也必然会萌发创业的念头。但对于为什么要创业，人们并没有多想，因此，很多人觉得我穷怕了，要摆脱贫穷，只有创业，因此，我就开始创业吧。这其实是一种误区，试问谁不想拥有财富？穷怕了就去创业吗？那我问你，你做好创业的准备了吗？如果你认为创业不需要做什么准备，穷怕了就可以去创业，那么，我告诉你，你的创业一定会陷入失败。

2. 别人创业发财了，我想开始创业

关于人的本性有多种理论。市场经济的鼻祖亚当·斯密认为，人就是经济的人，即人就是以完全追求物质利益为目的而进行经济活动的主体，人都希望以尽可能少的付出，获得最大限度的收获，并为此可不择手段。在管理学家大卫·李嘉图眼中，人是经济的人，即人是天生爱财，爱财是人的天性。正是这种天性造就了一个又一个亿万富翁。当然，这种观点并不为所有人接受。著名管理学家梅奥认为人是社会的人，即人们的行为并不单纯出自追求金钱的动机，还有社会方面的、心理方面的需要，即追求人与人之间的友情、安全感、归属感和受人尊敬等，而后者更为重要。

上述两种理论都有自己的依据和道理，并都得到了实践的检验。只不过是在不同的事件中，人的本性表现不同而已。当然，无论人是经济的人还是社会的人，创造财富都难免要经历艰难曲折的打拼。很多人只看到了别人打拼成功的结果，而忽视了别人打拼的过程。因此，有些人仅仅看到别人成功就想开始创业，希望通过一番打拼成为千万富翁。然而成功是很难完全复制的，况且我们并不了解别人是如何成功的，更不了解别人成功的背后又经历了怎样的策划、决策和艰辛的打拼。很多人只是盲目羡慕别人的成功，并没有研究别人成功的秘诀，因而看到别人创业发财了，而急忙开始自己的创业。显然这种创业往往因为准备不足，可能创业会陷入因为盲目而导致的失败。

3. 手头有点积蓄，我想开始创业

随着市场经济的发展，人们手头的积蓄也变得越来越多。由于在现有条件下，人们的投资渠道有限，加之信息不对称，人们手头上的钱难以找到合适的投资渠道。很多人觉得钱放在手上会遭遇通货膨胀和货币贬值的压力。那么，怎么办呢？只有投资出去，自己心里才踏实。从经济学的角度上说，这种想法显然是非常正

确的，但问题的关键是投资做什么呢？我们自己又能做什么呢？对于这些问题，很少有人认真考虑。很多人只是觉得我自己有了点积蓄，年龄也不算太大，正是创业拼搏的时候。即使创业运气不好亏损了，仍然可以再出去打工。如果说年龄大了，当然会瞻前顾后，畏首畏尾。那么，这种想法是否正确呢？其实这种想法也是一种误区，我们打工赚钱是一个很艰难的过程，我们赚的那点钱用于投资是十分有限的，只是一种星星之火。当我们用自己辛苦赚来的一点钱投资创业时，一定是抱着十二分的希望。希望借助这点火种，在创业中能很快燎原起来。如果投资不慎，就会被巨大的市场风险所熄灭。因此，真正成功的投资是在经过科学的规划和设计后，经过科学地评估而在理性支配下采取的行动。为此，在真正投资前必须谨慎行事，一旦投资付诸实施，那么，就必须义无反顾地走下去。

4. 随便干点什么都发财，我想开始创业

中国有句俗话，叫做"千个师傅万个法"，就是说每个成功的人都有自己的做法，成功的路并非只有一条。当然中国俗话还说，"三百六十行，行行出状元"，也就是说从事什么行业都可以获得成功。那么，是不是意味着在创业的路上随便选择去做什么都可以呢？笔者常听人说，"炒盒饭、擦皮鞋的人都大发了，做点什么不发财！"这种话粗听起来貌似很有道理，其实事实完全不是这样。

人们常说成功只属于那些有准备的人。这句俗语准确道出了成功的真谛。因此，在农业创业活动中，并不是随便从事什么项目都可以获得成功。这是因为每个人的资源是不一样的，个人的特长、所具备的知识也是不一样的。因此，不同的人选择同样的创业项目，其结果是完全不同的。正是因为每个人具有不同的资源、不同的特长、不同的知识、不同的个人气质，在社会实践中，每个人所选择的创业项目也不可能完全相同。别人干起来能成功的，你干起来不一定能成功，适合别人的不一定适合于你。就像一双看似漂亮的鞋，别人穿着舒适满意，但换个人来穿很难说一定舒适。

5. 职位混到头了，我想开始创业

在市场经济条件下，人们习惯了外出打工，而且有些人打工获得了成功，不但有了积蓄，还做到了一定的职位。眼看着没有了上升的空间，便纷纷辞职准备自己创业。应该说，这种勇气和胆识着实是令人钦佩的。但问题的关键是在什么条件下辞职下海自己创业。我常听朋友讲，我干得再好老板也不可能让我当总经理，在现有职位上，工资还会再涨多少呢？既然如此，再干下去就没有什么意义了，此时不创业更待何时？这话不无道理，但是我们一定要问清楚自己，我选择好了创业的项目吗？我准备创业做什么？我创业又能做什么？可能很多人下海创

业前并没有认真思考过这些。我可以负责任地告诉你，如果你选择好了适合你自己的创业项目，我恭喜你，你创业已经成功了一半。如果你没有考虑这些，只是觉得打工前途渺茫，就决定去创业，那我不妨告诉你，你离成功创业可能还有很远的距离。

6. 物价太高了，我想开始创业

很多人都明确地感受到，现在物价快速上涨，要想过上好生活，光靠打工可能是不行了。特别是房价快速增长，靠打工可能这辈子都买不起房，于是乎下决心自己创业。这种想法应当说是正确的，靠自己辛勤的劳动获得收获本身就是一种幸福，是一种成就，是自己人生价值的体现。但是我要问的是你做好了创业的各项准备工作吗？如果仅仅是因为物价过高而下决心创业，我认为这只是一种勇气，这种勇气虽然是难能可贵的，但要想获得创业的成功仅凭这一点是远远不够的。

上述观念是绝大多数缺乏创业知识的人心中的想法，可以说是一种创业的勇气，也是难能可贵的一种创业精神。如果你仅仅是出于上述精神，那么请你千万记住，你的创业是否能够成功，应当说还是一个悬念！因为创业本身就面临着很多不确定的因素，而你仅仅凭一种勇气去创业，那离成功的距离就更远。可能还要走很多弯路，经受很多挫折，更为严重的是还要交很多学费。只有经过挫折的磨砺，补上了该补的课才能获得成功。

（二）开始创业的重要条件

那么，我们到底应当具备什么条件，才可以开始创业呢？总结成功创业者的经验，大凡成功创业必须具备以下三个条件。

1. 要具备足够的创业勇气

创业必须要有破釜沉舟的决心，因为人是有惰性的，如果没有足够的决心和勇气，难以把一件本来就很难的事做到底。再加上，创业必然会遇到许多想象不到的困难，如果创业者没有下定足够的决心，在遇到困难时就会绕道走。怎么绕？有一定收入的人就会放弃创业，维持低收入的安稳生活。其实，任何困难都是有办法克服的，只是在于我们找到克服的办法没有。在创业中有一句行话，就是说"世界上的事只有想不到，没有做不到"。这句话告诉我们，只有从内心深处下定了创业的决心，具备了破釜沉舟的创业勇气，下定了不创出一条路誓不回头的决心，才能获得创业的成功。如果我们自己对创业持犹豫态度，那么在关键时候就难以下定决心，当遇到一些挫折和困难时，也就不可能作出正确的判断和决策，而是选择逃避困难绕道而走。这种行为应当说是创业中的大忌，也是创业成功者和失败者的本质区别。

2. 要找到适合的创业项目

创业就是创造财富的过程，而创造财富必须有创业项目，绝不是空中楼阁。那么，创业项目从哪里来呢？只能靠自己去寻找。所谓找到适合的创业项目，就是创业者已经发现和掌握了某种可靠的信息和资源，并能确定可以利用这种信息和资源来创造财富。当然这种信息和资源一定是自己亲身感受到的，对自己的心灵产生了震撼的。即使当时没产生震撼，事后回味起来也是意犹未尽。这种信息和资源绝不是道听途说的，而是自己可以把握住的，这种信息和资源绝不是被他人所掌握的，难以确定的，而是自己实实在在确定可信的。只有你有这种灵气，才能发现机会。有信心发现并抓住创业机会的农民有更强的创业动机[①]。因此说，创业项目信息和资源是自己可以任意调配的，或通过自己的努力可以掌握运用的。

3. 要寻找合适的创业环境

创业离不开环境，环境因素直接关系到创业是否能成功。所谓创业环境包括创业所需的金融支持、政府政策、政府项目支持、教育与培训、研究开发转移、商业和专业基础设施、进入壁垒、有形基础设施、文化与社会规范等因素。这些因素是否有利于我们创业？有利于什么人创业？对于外来人员或行业外的人员是否有进入壁垒？这些都是必须认真考虑的因素。所谓合适的创业环境，就是有利于促进创业者创业成功的环境，包括国家有支持创业的政策，鼓励创业的具体措施；地方政府有扶持创业的计划，支持创业的具体措施；创业所在地政府和行政执法部门作风清正廉洁，严格依法办事；地方政府信访渠道畅通，有敢于监督执法部门支持创业的党、政职能部门。

以上这三点是成功创业必不可少的条件。只要具备了这三个条件，创业成功的希望就大。研究表明，农村地区的创业氛围越浓，农民表现出的创业意向越高[②]。因此，可以给创业下如下定义：创业是指某个人发现某种信息、资源、机会或掌握某种技术，并利用或借用相应的平台或载体，将其发现的信息、资源、机会或掌握的技术，以一定的方式转化、创造成更多的财富、价值，并实现某种追求或目标的过程。

---

① 孙红霞，郭霜飞，陈浩义. 创业自我效能感、创业资源与农民创业动机[J].科学学研究，2013，（12）：1887.
② 蒋剑勇，郭红东. 创业氛围、社会网络和农民创业意向[J].中国农村观察，2012，（2）：25.

（三）明白创业的最大特点

很多人都说，如果我有了多少钱，我就去做什么惊天动地的事业，一定可以发大财。其实，这种说法是不能成立的，因为大多数成功创业的人都是白手起家，其财富是通过创业从无到有的过程，因此，在创业之前必须明白创业的特点。

1. 创业是一种超人的脑力劳动方式

我们每个人都在从事劳动，但每个人劳动的结果是完全不一样的，有些人获得了知识，有些人获得了财富，而有些人只是消磨了时光。那么，为什么都是劳动而结果完全不同呢？因为我们劳动的方式不同，劳动所追求的目标不同。很多人认为创业只是体力劳动，这是不正确的。创业既是体力劳动又是高超的脑力劳动。可以说创业就是通过超人的脑力劳动，利用现有资源和信息而获取财富的过程。

当我们准备开始创业时，必须先选择创业的领域。朋友，也许你会说，古人说三百六十行，行行出状元。此话还真不错，此话的意思是说，无能干哪一行，都可以在这个行业成为龙头老大，都可以做出足以让人惊叹的成就。但是我们不能忽视，不是每个人都适合于从事任何一个行业。因为每个人所掌握的资源不同，每个人能力的特点不同，每个人能力的领域也不相同。我们只有正确认识了自己的能力特点，准确判断出自己的资源优势，然后，利用毕生之所学，把自己的知识、信息和资源结合起来，进行再加工、再创造，才可能获得创业的成功。

2. 创业是一种无中生有的财富现象

很多人认为创业是有钱人专有的活动，其实这个观点有失偏颇。所有人只要你懂得创业的真谛，掌握了一定的资源和创业的方法，都可以成功创业。而且所有富人并非天生就富有，追根溯源都是从穷人开始的。只要你懂得了这一点，你就应该知道创业是一种无中生有的财富现象。无论什么人，创业的起步阶段都是白手打天下，这正是创业的真谛，即无中生有。也许有人认为这是一种不劳而获的思想，其实，这种理解也是错误的。我说创业是一种无中生有的财富现象，关键是依据什么来创。创业是创业者依据已有的资源优势，利用已有的知识，把创业的各种元素进行创造性排列组合，通过服务、技术、工具运用等，在高度的脑力劳动和体力劳动的作用下，在没有财富或财富非常有限的情况下，不断创造出财富的过程。在创业的过程中，既包含了对自己优势的理性分析、对创业项目的可行判断、对创业过程的逻辑推理，也包含了将自己创业的思想付诸实施的艰难曲折的过程。

3. 创业是一种对国家政策的准确研判

创业虽然是无中生有的现象，但绝非随意就可以创业成功，必须对国家政策进行深入透彻的研究。因为我们创业离不开资源、市场和环境。首先，国家对资源开发利用有严格的政策规定，要想获得创业成功，必须找准国家允许开发的资源去创业；其次，市场是变化莫测的，但市场同时受国家政策的调控和引导，创业就是顺应市场需求，因势利导的过程，也就是说只有准确分析判断市场的需求及发展，并正确加以利用，才可能获得创业成功；最后，创业是需要环境支持的，而创业的环境是受国家和地方政府政策控制和影响的，只有在适合创业的环境中，才可能获得创业的成功。因此，我们创业必须分析国家产业政策，明白哪些是国家政策支持的，哪些是国家政策禁止的，哪些是国家政策暂时尚未涉及的。同时，明白什么产品和服务现在还有一定市场空间，什么产品和服务已经饱和乃至于过剩，什么产品和服务是市场上现在需要的，什么产品和服务是未来需要的。另外，还必须分析哪里的政府及部门是真心为群众服务的，哪里的执法机关是严格依法办事的。只有在这种情况下，我们才能准确判断每个行业的走势，以及如何利用国家政策来做好自己的创业工作，并正确地选择创业的地域。也只有用足用活用好国家政策，才能因势利导，顺势而为，获得创业成功。从而一方面为国家做出贡献，另一方面自己取得创业的成功。

二、如何找到创业项目：分析优势

创业者如何找到适合自己的项目？如果我们想创业，那就必须从寻找一个适合自己的项目开始，如何寻找一个适合自己的项目呢？怎么评价这个项目是否适合自己呢？

（一）分析项目的优势

产业分为朝阳产业和夕阳产业，在创业项目选择上应尽量选择朝阳产业。所谓朝阳产业是指新兴产业，一般是具有强大生命力的，是通过技术的突破创新带动企业发展的产业，市场前景广阔，代表未来发展的趋势，一定条件下可演变为主导产业甚至支柱产业。但是风险性依然存在，如果技术周期预计错误，就会误入技术陷阱，使投资血本无归。所谓夕阳产业是对趋向衰落的传统工业部门的一种形象称呼，指产品销售总量在持续时间内绝对下降，或增长出现有规则的减速的产业，其基本特征是需求增长减速或停滞，产业收益率低于各产业的平均值，呈下降趋势并逐步被淘汰。当然夕阳产业是一个相对概念，在不同时期，社会对产业需求可能发生变化，有些虽然是传统产业，经过创新升级，提高自身竞争力，夕阳产业也能够焕发出生机。

1. 选择能够成为未来主导的产业

创业必须对各产业发展的前景有准确的研判，并做到顺势而为。我们知道科技的发展不断带动产业的升级和行业的变革，如果一个行业刚好是朝阳行业，在未来几年甚至几十年有一个大的发展空间，并成为主导产业。那么，看准这一点，在产业发展的早期适时介入，必然成为未来财富的新贵。如20世纪90年代初期介入房地产开发的人，在人们都没有意识到房地产将成为地方政府财政收入的主要来源时，率先进入并利用购房人的预付款起步，再借助银行资本大力发展，从而使自己从穷人变成了大亨。

2. 选择能够拓展市场空间的产业

如果一个项目的市场空间小，很容易市场就饱和了。那么，这个项目赚钱的空间太小，就难以发展。要想投资一个项目，要看它在当地是不是一个竞争小前景大的项目。纵然看准了这个项目，还必须找准合适的市场切入时期。有些项目虽然是好项目，如果切入过早，这些行业虽然是未来产业发展的趋势，但因时机尚不成熟，需要投入大量的财力、物力来开展研发和产业化，对于一个刚刚开始创业的人来说，其财力是难以承担这类项目的。但切入过晚，这些行业赚钱的时机已过，切入时市场已经饱和了，必然因市场竞争过于激烈而导致投资失败。因此，对开始创业的人来说也不是一个合适的项目。一个好的企业家其思维一般只比社会快半拍。一个趋势性的行业或项目从研发阶段走向普及化的时候，就是非常好的介入时机。这个时候市场容量急剧扩大，技术正走向成熟，而且竞争对手还不多，非常容易获得成功。

3. 选择能够掌控市场风险的产业

投资都是有风险的，问题是风险是否在自己的掌控之中。开始创业的人本来资金就不雄厚，而且风险太大，如果在起步阶段就赔上很多钱，那么，必然难以承受。因此，要选择风险在自己能够承受范围内的行业进行投资。最好是风险小或风险能够基本掌控的行业，从而保证稳步创业，逐渐扩展。纵然创业失败，也不至于因风险过大而一旦失败一蹶不振，难以从困境中解脱出来。也就是说创业者必须给自己留足可能遭遇失败，而能从失败中再次崛起的机会。

（二）分析自身的优势

创业是创业者发挥自身优势，使财富从无到有，从小到大的过程。那么，什么样的项目才是好的，或者说是适合自己的呢？一般而言，每个项目有上游下游。如果我们做一个加工企业，那么原材料、技术就属于上游，市场、销售渠道就属于下游。如果我们能够抓住两头，这个项目一定是个好项目。但这种情况很少，那么，我们至少也要能保证抓住一头。如果我们选择的项目与自己的优势毫不沾边，那么，这个项目的选择肯定是不正确的，也就是说很难成功。因此，创业者必须分析自己的优势所在。

1. 有什么资源优势

农民基本上离不开农村的田园、水塘、大山，这些就是创业者的资源优势。如果你正好拥有这其中的某些资源，那么，你就应该围绕这一资源优势寻找项目。如果你在农村有大量的农田，或者你可以通过土地流转组织到大量的农田，那么，你就可以考虑选择立体农业。把农业种植、林业种植、特种养殖结合起来，实施立体农业开发。如果你拥有一大片水面，那么，你就应该围绕这个水面来进行开发，可以选择人工网箱养殖黄鳝、铺网养殖泥鳅，或根据鱼类生活习性，实施立体养殖。因为这些资源就是你的优势，而不需要你花费大量的资金去购买或租赁，加上，创业地点在你长期生活和成长的地方，你熟识周边的人，了解周边的事，你甚至还可能拥有庞大的家族，至少不至于受到周边农民的非法干扰，即使有点困难也容易协商解决。也就是说你拥有很好的创业环境，因此，你创业的风险就小，而获得创业成功的可能性就大。

2. 有什么自身优势

选择创业项目就是充分发挥自己的优势，俗话说，"隔行如隔山"，创业者应尽量选择与自己的专业、经验、兴趣、特长联系紧密的项目。因此，必须清醒地审视自己，反复分析自己的优势。我有什么技术特长？我有什么人脉关系？选择项目应当选择自己技术上的强项，选择自己人脉关系广泛的领域。例如，你掌握了养殖技术，而且认识大型餐馆的老板，那么，你就可以考虑选择养殖类项目，把你的资源充分利用起来，这样你在发展事业上，至少技术上你不会受制于人，销售环节上你可以少走弯路，在你创业的行业上你因人脉广泛容易获得各种配套服务，从而获得事半功倍的效果。

3. 有什么环境优势

古人做事讲究天时地利人和，其实选择创业项目也是如此。在选择创业项目时，除了要选择符合市场优势和自身优势的项目外，还要选择符合国家产业政策的，国家扶持力度大的项目。虽然在现实条件下，有些地方政府对创业的支持透明度还不高，公正性颇受质疑，这些是我们一般人无法改变的，但我们可以学会适应社会。我们可以利用自己的知识和敏锐性，准确分析国家产业政策，明晰国家经济发展走势，快人一拍、先人一步地进入某个产业领域，通过自己的成就争取国家政策的支持。这是获得创业成功非常重要的环节，也是一般人员创业成功的实践经验。

（三）分析政策的优势

中国国家统计局每年公布的居民消费价格指数上涨情况表明，我国通货膨胀形势在当前和未来一个时期依然严峻。面对如此复杂多变的经济形势，创业项目或投资项目变得更加难找。这也是近几年来很多投资者、创业者损失惨重的一个重要原因。那么在分析创业环境和自己主观优势的前提下，必须分析国家的产业政策，精确定位低风险投资市场。著名作家毕飞宇曾深有感受地说，一个人永远不要与时代过不去。也就是说一个成功的人一定是顺应时代潮流的人。所以成功的创业者一定是对国家政策准确把握的人。

近年来，国家加强了对"三农"问题的重视，除废除了农业税外，对很多农业领域实行补贴政策，如养猪、养鸡、种粮、种树，以及购买农机具等。这不仅体现了国家对相关产业的扶持，也体现出市场对这个产业的需求，因此，我们创业就要选择可以获得国家补贴的项目，充分依靠和利用国家政策，大力发展自己的产业，争取在起步阶段做到稳步发展，从而为成功创业打下基础。

三、通透项目全部环节：全面打工

很多人认为创业是必须要走弯路的，没有多次失败不可能成功。其实这个观点是十分错误的，是不懂创业规律人员的一种误解，或者说是人们对创业失败者的一种合理安慰。其实创业的弯路是完全可以避免的，只是取决于我们是否掌握了创业的方法和规律。我们试想：如果真的必须走弯路，那么，对于一个刚刚开始创业的人来说，本来就资本有限，心理承受能力有限，如何经得起失败！因此，必须尽可能稳健起步，成功创业。如何才能做到这一点呢？关键是记住一句忠告：

要想成功创业，必须先学会全面打工。

（一）通过打工，可以再次验证项目的优劣

关于如何选择创业项目，理论上有很多知识，但真正到了下决心确定项目的时候是很难的。因为自己选择项目的想法还没有经过实践检验，是否正确仍然难以确定。邓小平同志曾经说过：实践是检验真理的唯一标准。这是成功的普遍真理。要想真正知道一个项目是否具有发展前景，必须先到成熟的公司去打工。听听公司员工、老板的看法，现场感受他人创业的感觉，真实了解别人在怎么做。经过这个环节后，有关这个项目的问题应当就全部清楚明白了。选择创业最重要的是要先把项目经营者的成功经验学到手。

办任何事都要做到知己知彼。知己，就是要明白自己有什么兴趣、知识积累和人脉关系等。知彼，就是要对社会未来发展趋势，对你所选择项目的前景有一个正确的认识。打工正是知己知彼的过程。因为，创业者对一个具体项目，必须有一个认识上理解、通透的把握过程，这是一个历史过程。由此决定了创业的过程是人与项目长期相互融合的过程，也决定了选择项目必须立足长远。这其中经营者经营项目成功的经验是最宝贵，这也是创业者应该最为看重的地方。因为一个项目可能对别人是很好的，但不一定适合你。这和找对象一样，很多看上去很合适的对象，生活起来就是不幸福。很多外人看上去觉得不般配的两个人，在一起生活恰恰幸福无比。对于一个项目而言，经营者对项目的适应性超过了项目本身。一个好的项目，在不懂经营的人那里，同样会失败。一些很普通的项目，在一个会经营善管理者手中，一样可以经营得红红火火。这就是说成功创业不光是要有好项目，还要有适合做这个项目的经营管理的人。自己是否适合，通过打工检验就可以明白，最终作出正确判断而下定决心。

（二）通过打工，能够熟悉项目的全过程

打工应当成为创业者的必经历程，这是创业者熟悉项目全过程的关键。中国有句俗话：凡事都有窍门。例如，很多人开超市时经营成本占到经营总额的15%～20%，而沃尔玛大超市连锁公司居然把经营成本控制在2%以下，成为了世界500强。靠的是什么？靠的是精细化管理。如何掌握这些窍门呢？只有通过打工去学习，而且在打工中还必须记住打工的目的，明白今天的打工就是为了明天的创业。这样在打工中把每个环节都做到，都经历过。既要熟悉这个行业原材料的购买渠道、价格，又要熟悉这个行业的销售渠道和价格，还要全面掌握这个行业的发展状况、发展面临的困难，认识这个行业里有影响的人物，并与不同的人员建立起不同的关系。

既要学会这个项目经营过程中的技巧，也要掌握这个项目生产中的技术，因此，必须全面打工。例如，同样是养鸡，有的人养出来的鸡卖价高，而有的人养出的鸡卖价低，就这么简单的一个项目，就蕴藏着无限的秘密。如果不去用心打工，不去用心体验、不去用心感受，就不可能掌握其中和规律和技术。因此，全面打工是成功创业的必备环节。

（三）通过打工，准确掌握项目的关键点

任何一个项目都有其关键点，这是外行不可能看到的，只有深入其中，经过精心观察和体验，才可能掌握其中的奥秘。因此，打工一个很重要的任务就是通过学习掌握其中的关键点。站在创业的起点来观察，任何一个产业都有其上游、中游和下游，因此，一般必须掌握这三个方面的关键点。

1. 上游环节的关键点

任何一个产业都离不开上游，上游是产业得以成立的基础。例如，你准备从事黄鳝养殖，那么，你必须清楚黄鳝苗的购买渠道、价格，以及判断黄鳝苗质量的标准。只有掌握了这些技术，才有可能开始黄鳝养殖。如果你不了解这些，也许你找不到合适的黄鳝苗，也许你进货价格太高，也许你进的黄鳝苗质量太差存活率不高，这样必然导致养殖成本高，养殖出来的黄鳝缺乏市场竞争力。

2. 中游环节的关键点

中游是指你自己所准备开展的产业，我们创业前必须通过打工掌握创业基地的来源，生产经营的关键技术，周边的人文环境，地方政府及其部门负责人的人脉关系、个人喜好，以及对农业创业的态度、政策。例如，还是黄鳝养殖，养殖黄鳝的水塘从哪里来？一般什么价格？养殖黄鳝的关键技术是什么？你是否掌握了？养殖黄鳝饲料从哪里来？价格控制在多少合适？当地政府的法制观念如何？工作作风如何？有哪些政府部门是必须打交道的部门？只有掌握了这些黄鳝养殖中的关键点，才能开展正常的黄鳝养殖。

3. 下游环节的关键点

下游是指你产品的销售市场和用户，再好的产品只有顺利销售出去，才能实现其商品价值。因此，必须通过打工学习，掌握你产品的销售渠道、销售价格、销售网络，掌握你产品的现有市场、潜在市场、消费群体。在此基础上，才能做到定价自如，运用网络自如，把市场控制在自己的手中。

四、努力发挥自有资本：借鸡下蛋

农民创业者基本上都处于资本较为缺乏的状况，如何起步呢？这是很多人纠结的问题。真正创业的人必须学会利用已有优势，实现市场融资。也就是我们常说的借鸡下蛋。

（一）借资源之本，做好事业起步

很多农民朋友手上有良田、水塘、山林等天然资源，这就是最好的创业资本。对此有人视而不见而远走他乡打工，有些人坚持传统经营无所作为，有些人充分加以利用创业获得成功。丰富的创业资源对农民创业也有促进作用，资金是创业的保障①。在有资源而缺乏资金的条件下，创业也很艰难。如何利用好这一资本获取资金呢？一个真正的创业者可以敏锐地意识到这些资源的价值，并利用已有的资源折价入股，成立有限公司走合资经营之路。如果你正好拥有这些资源，我可以告诉你，创业起步，你可以依照《公司法》的规定，将自有资源评估折算成股权，吸引资本拥有者投资成立有限责任公司。你所拥有的资源就是公司的固定资本，你所吸引的投资可以作为流动资本，这样就可以顺利地成立农业开发有限公司，从而开始自己的创业事业。这样，在不投资现金的情况下，就可以做好事业的稳健起步。

（二）借朋友之本，打好事业基础

很多创业的朋友既没有现金资本，也没有资源资本，怎么办呢？这就只能靠借朋友的资本作好起步。采取这种方法，必须具备两个前提：一是创业者具有独到的眼光，能准确分析国家产业政策，看准投资项目；二是创业者诚信度好，在朋友圈有很高的美誉度，大家相互能信得过。具体方法是创业者先找好投资项目，借用朋友的资金起步，待拿到土地等资源，注册好公司后，用公司固定资产作抵押，通过银行获得贷款后，在约定的时间内将钱还给朋友，所借朋友的钱只是打个时间差。利用时间差获得银行贷款，从而实现稳健起步。

（三）借技术之本，实现事业发展

有很多人有过硬的技术，但缺乏胆量和资源，怎么办呢？可以利用技术找到相关的创业开发企业，先加盟做技术服务。当自己的服务为企业获得利润，自己的技术在企业中成为离不开的因素的时候，可以适时和老板协商，以自己的技术

---

① 孙红霞，郭霜飞，陈浩义. 创业自我效能感、创业资源与农民创业动机[J].科学学研究，2013，（12）：1887.

入股，顺利成为公司股东。这样既克服了资金缺乏的困难，又可以利用自己的技术成为公司股东，变打工者为老板，这样技术资本的拥有者和资金资本的拥有者就可以做到双赢，从而使自己的创业事业稳健起步。在经过几年打拼后，可以根据公司发展状况，逐步扩大自己的股份，从参股到控股，使企业真正成为自己的企业，逐步把事业做大做强。

第四章 主体：创业发展的载体平台

当你选定了创业项目后，应当做些什么呢？这也是很多人十分迷茫的一件事。依照创业的规律必须首先选择合适的市场主体形式，也就是选择适当的企业形式，并办理营业执照登记。很多朋友很疑惑，提出为什么一定要办理营业执照呢？我养好自己的鱼，种好自己的地就可以了，不是一样赚钱吗！其实，在现代市场经济条件下，市场主体资格是非常重要的。面对纷繁复杂的市场，没有市场主体资格，就不可能真正进入市场。没办理营业执照确实同样可以做生意，只不过一般做的是小生意，要想把创业做大，就必须和大企业做生意，大企业需要签订合同，有时还要参与招投标，结账时只能通过银行转账，这一切都必须要有营业执照。因此，办理营业执照就是完成市场主体资格的登记，为进入市场创业准备条件的必备过程。

一、成立主体的必要性：获得资格

（一）成立主体意味着能独立承担民事责任

1. 相互信任的朋友联合在一起，形成力量

市场主体资格的形式有多种，最常见的是有限责任公司、家庭农场和农民专业合作社。每种市场主体都有不同的成立条件，在经营中有不同的特点。

1）有限责任公司又称"有限公司"，它是指依照《公司法》成立的，由一个股东出资或两个以上股东共同出资，每个股东以自己认缴的出资额为最高限额，对公司债务承担有限责任，公司以全部资产为最高限额对公司对外债务承担责任的企业[①]。从以上概念可以看出，有限责任公司是一种人合和资合相结合的公司制企业形式，也就是说成立公司，是靠股东共同出钱作为资本而成立的公司，这就是所谓的资合，也就是资本的组合；并且股东是相互信任的朋友，只有相互信任才能在一起共同创业办公司，这就是人合。即使有钱，如果相互之间不信任，也就是人合不来，既不应当也不可能成为有限责任公司的股东。

---

① 汪发元，唐立新.经济法[M]. 武汉：武汉大学出版社，2006：36.

2）家庭农场是农户向集体承包较多土地或通过农户之间土地流转后实行规模化、专业化、集约化的经营形式，可以更加适应现代农业发展的要求，提高市场效率和农业生产、流通、消费全过程的组织化程度，是以家庭经营为基础的新型农业经营体系的有机组成部分①。目前并没有关于家庭农场注册的法律、法规。湖北省工商局、省农业厅 2013 年 7 月 23 日出台了《关于做好家庭农场登记管理工作的意见》，工商行政管理部门基本上是按照申请者情况，登记为个体工商户、个人独资企业、合伙企业或有限责任公司，名称中一般标注有"家庭农场"字样。家庭农场的注册规定是国家为了方便种植、养殖大户进入市场而开设的一种新型农业经营主体。对于这种大户到底应该有多大，国家没有统一规定。湖北省规定土地经营面积不低于 50 亩，而江苏省并没有对经营规模作出具体规定，只是依据个体工商户、个人独资企业、合伙企业或有限责任公司的法律规定办理。

3）农民专业合作社是在农村家庭承包经营基础上，同类农产品的生产经营者或者同类农业生产经营服务的提供者、利用者，自愿联合、民主管理的互助性经济组织。是按照《中华人民共和国农民专业合作社法》（以下简称《农民专业合作社法》）在工商局进行注册登记的经营组织。《农民专业合作社法》是为了提高广大农民在市场上的竞争力，做到信息互通、资源共享、相互依存、相互合作而出台的法律。我国主要有以农民为控制者或创办者的农民专业合作社，以相关组织为控制者或创办者的农民专业合作社，以企业为控制者或创办者的农民专业合作社②。因此，农民专业合作社以其成员为主要服务对象，提供农业生产资料的购买，农产品的销售、加工、运输、贮藏及与农业生产经营有关的技术、信息等服务。

2. 主体资产的运作独立地进行，责任独立

无论采取何种形式进行市场主体资格的注册，只要注册成功，就意味着从此诞生了一个新的企业。这些企业必须独立进行运作，独立承担责任。

（1）关于公司制企业的法律规定。公司是企业法人，依法享有企业法人权利。那么，什么是企业法人呢？企业法人是指依据《公司法》和《中华人民共和国公司登记管理条例》，经各级工商行政管理机关登记注册，获取法人营业执照，以盈利为目的的经营组织。一般表现为有限责任公司和股份有限公司③。

成立法人企业，必须具有符合国家法律规定的企业名称、组织章程、组织机构、住所等法定条件，能够独立承担民事责任，经工商行政管理机关核准登记，取得法人资格。由此可见，公司成立的目的就是为了赚钱，公司拥有自己

---

① 苏昕，王可山，张淑敏. 我国家庭农场发展及其规模探讨[J].农业经济问题，2014，（5）：9.
② 汤鹏主，范运峰.我国农民专业合作社的模式及其发展路径[J].技术经济与管理研究，2014，（5）：120-121.
③ 汪发元，唐立新.经济法[M].武汉：武汉大学出版社，2006：36.

独立的资产，能够独立承担民事责任。那么，公司就必然独立地运作自己的资产，无论赚钱还是亏本，无论是欠别人的钱还是别人欠公司的钱，都由公司独立承担责任。

从目前发展情况看，农民企业家基本以有限责任公司为主要组织形式。因为设立这种类型的公司程序比较简单，自 2014 年起也取消了注册资本的限额规定，无需资本审验，也不必公布账目，尤其是公司的资产负债表、公司资产损益表对外也无需公开，且公司内部机构设置灵活。因此，进入市场的人们基本上以设立有限责任公司为主。当然，这类企业也有一些缺点，主要是由于不能公开发行股票，筹集资金的范围和企业的规模一般都较小，难以适应大规模生产经营活动的需要。因此，有限责任公司这种形式一般适合于中小企业。也许朋友们对成立公司有很多疑虑，认为个体户不用交那么多的税，注册也没有最低成本要求，但却忽视了个体户在市场上缺乏信誉度及知名度，更重要的是无法以个体经营户的名义对外签订合同，也就是说难以和大公司做买卖。而且有限责任公司如果遇到特殊情况，导致生意亏本难以为继资不抵债时，可以依照《中华人民共和国破产法》向法院申请破产保护，但个体经营户承担的是无限责任，也就只能由欠款人自己偿还，直到还清为止。

（2）关于家庭农场的法律规定。在法律没有对家庭农场进行明确界定之前，各地采取了依据企业形态进行注册的办法，注册最多的是个人独资企业。《中华人民共和国个人独资企业法》（以下简称《个人独资企业法》）规定个人独资企业由经营者个人出资经营，企业归个人所有和控制，经营风险和全部经营收益由个人承担和享有。在家庭农场中，由于实际上是由经营者全家出资经营，风险和收益由整个家庭所有。这种企业形态法律责任明确，产权明晰，企业所有权、控制权、经营权、收益权高度统一，有利于经营者保守与企业经营和发展有关的秘密，有利于业主个人创业精神的发扬，能充分发挥经营者的积极性和主观能动性。在经营过程中，无论有多大的利益都由经营者全家所有，任何人和组织都不得侵犯；同样，如果产生了债权债务纠纷，应当由经营者整个家庭承担，而绝对不存在推诿给他人的理由。

（3）关于农民专业合作社的法律规定。《农民专业合作社法》明确规定，农民专业合作社依照本法登记，取得法人资格。既然农民专业合作社拥有法人资格，就能以合作社的财产独立承担民事法律责任。农民专业合作社的财产主要是由合作社成员出资，加上合作社的公积金，国家财政直接补助，他人捐赠，以及合法取得的其他资产所组成。合作社对这些财产，享有占有、使用和处分的权利，同时，以这些财产对合作社的债务承担责任。

合作社是由众多社员所组成的企业团体，所有社员都会向合作社出资，同时，因为社员同合作社进行交易，合作社也会有公积金。因此，《农民专业合作社法》第五条明确规定，农民专业合作社成员以其账户内记载的出资额和公积金份额为限对农民专业合作社承担责任。

农民专业合作社作为独立的法人企业，是重要的市场主体形式，是新型农业经营主体。因而具有进入市场的主体资格和权利，在市场经营中，其合法权益也受到法律保护。《农民专业合作社法》第六条规定，国家保护农民专业合作社及其成员的合法权益，任何单位和个人不得侵犯。法律在赋予农民专业合作社权利的同时，也规定了农民专业合作社的义务，《农民专业合作社法》第七条进一步规定，农民专业合作社从事生产经营活动，应当遵守法律、行政法规，遵守社会公德、商业道德，诚实守信。这既是对农民专业合作社的要求，也是对企业的普遍要求。

3. 企业管理上按资本说话，自主经营

（1）**公司制企业实行管办分离**。公司资本实现的是股份制，即以股权为基础来分配决策权、管理权。因此，现代企业，即公司制企业，最大的特点是产权明晰，投资人可以依照股权大小分配决策权、分配权、管理权，当公司终止时，可以最终按股权大小进行资产分割。而且为了解决公司股东无力管理或没有时间管理的问题，《公司法》规定公司可以实行管办分离，出资人可以坐拥公司当老板，只行使股东会的权利，而公司经营可以聘请专职经理来帮助完成。

因此，公司制企业的又一特点是投资人与公司之间的权利和责任划分明确。投资人作为投资主体也就是公司老板，在公司中行使出资者权利，并以出资额为最高限额对公司的债务承担有限责任，只要股东按章程规定足额缴纳了自己的股本金，无论公司欠债多少，股东都不应再承担任何经济上的责任。公司拥有投资人投资的及借贷形成的法人财产，并以此承担责任。当公司在经济交往中，不幸严重亏损，资不抵债时，公司可以依法向人民法院申请破产，只需将公司仅剩资产按比例对债权人进行清偿。

《公司法》作为现代企业制度的核心法律规范，确立了一套科学完整的组织管理制度，使企业的权力机构、监督机构、决策机构和执行机构之间职责分明，相互制约。只要严格依照《公司法》的规范运作，股东在无力自己经营管理的情况下，完全可以聘请专职经理帮忙经营管理，从而建立起股东和经营管理者之间的激励和约束相结合的经营机制。

（2）**家庭农场实行自我经营**。家庭农场登记目前没有统一的法律规范，应当根据登记所依据的法律法规的具体规定自主经营，并承担相应法律责任。如果是按《个人独资企业法》注册登记的，从理论上讲，这个家庭农场就是经营者个人的，当然，在经营上不受任何人非法干预，完全由经营者自主经营。经营一定会

产生债权债务，无论债权还是债务都应当由这个经营者承担无限责任。但由于家庭农场是以家庭为单位进行经营，实质是经营者个人的财产和家庭的财产难以分开，因此，如果发生财产纠纷，应由经营者用家庭财产承担无限责任。如果按合伙企业进行登记，则依照《中华人民共和国合伙企业法》（以下简称《合伙企业法》）的规定承担法律责任。普通合伙人一般对合伙企业债务承担无限连带责任，有限合伙人对企业债务承担有限责任。如果是按《公司法》进行登记，其实质就是有限责任公司，一切按《公司法》的规定承担责任。

（3）农民专业合作社实行合作经营。 由于农民专业合作社是同类农产品的生产经营者或者同类农业生产经营服务的提供者、利用者，自愿联合、民主管理的互助性经济组织，因此，这个组织服务的对象就是合作社的成员。如何开展服务呢？依照《农民专业合作社法》的规定，就是为合作社社员提供农业生产资料的购买，农产品的销售、加工、运输、贮藏及与农业生产经营有关的技术、信息等服务。合作社在经营中也会产生盈余，其盈余当然应当由社员享有。其分配办法是，60%的盈余按成员与合作社的交易额的比例返还给成员，剩余部分以成员账户中记载的出资额和公积金份额，按比例分配给本社成员。如合作社接受有国家财政直接补助和他人捐赠，应平均量化到成员。同时，农民专业合作社成员也要承担相应的法律责任，《农民专业合作社法》第五条规定，农民专业合作社成员以其账户内记载的出资额和公积金份额为限对农民专业合作社承担责任。

（二）主体资格意味着能遵循市场运作规则

1. 有限责任公司接受市场的考验

公司是现代企业的典型形式，以资本联合为基础，以营利为目的，依照《公司法》规定的条件和程序设立，具有法人资格。公司一旦成立，就意味着公司能遵循市场运作规则。

首先，遵循市场运作规则是投资者的必然选择。因为投资者都是为了一个共同的目的——盈利，将各自的财产结合在一起，组成一个公司，所以公司是一种财产组织形式。而投资者投资于公司都是带着一定利益追求，看好公司未来的发展，希望从公司获得收益。这也是公司与其他经济组织和社会组织的最大区别。那么，如何才能达到盈利的目的呢？从经济学的层面上来讲，投资者只有遵循市场运作规则，以市场为导向来进行经营，才可能实现自己的理想，获得预期的经济效益。

其次，遵循市场运作规则是《公司法》的内在要求。《公司法》对公司的运作进行了明确的规定，公司实行所有权与经营权分离。当公司发展达到一定规模时，投资者入股并不是为了自己去经营，而是为了投资获得的收益。那么，为了公司的发展，市场上谁会经营管理，股东就可以聘请委托这个人及其团队来负责经营。所以《公司法》对公司中的基本关系进行了规定，股东作为投资者负责出资组建公司，从公司获取股利，经营者受委托为股东从事经营，对股东负责。

最后，遵循市场运作规则是公司发展壮大的客观需要。公司是股东实现理想的组织形式和载体，股东投资就是为了把公司发展壮大。那么，公司要想发展壮大，必须遵循市场运作规则。否则，公司就可能因经营不善而资不抵债，最终导致公司破产。为了防止公司破产，力求公司发展壮大，公司必须按照《公司法》的规定，依据市场经济规则而独立运作。

2. 家庭农场必须在优胜劣汰中成长

家庭农场只是千万市场主体中的一种，国家鼓励成立家庭农场，希望家庭农场能发展壮大，能在集约经营中发挥重要作用，能通过家庭农场这种形式促进农村土地的流转，使分散经营的土地能逐步向善于经营的能手集中，从而率先实现农业的现代化经营。通过这种方式，把中国农业从传统的以分散的小规模家庭经营为主转变为以现代大规模家庭集约经营为主的方式上来。这种转变不能希望仅靠国家的补贴，而主要靠家庭农场主在激烈竞争的市场中，凭借自己敏锐的眼光，按照优胜劣汰的规律，优化产业项目、提升产品质量、扩大市场份额，从而不断发展壮大。

3. 农民专业合作社必须在合作中成长壮大

农民专业合作社的实质是合作，离开了合作成立农民专业合作社就变得毫无意义。首先，农民专业合作社成员自愿加入，自愿退出。《农民专业合作社法》第二条明确规定，农民专业合作社是在农村家庭承包经营基础上，同类农产品的生产经营者或者同类农业生产经营服务的提供者、利用者，自愿联合、民主管理的互助性经济组织。这一规定体现了四层含义：一是农民专业合作社成员主要由享有农村土地承包经营权的农民组成；二是农民专业合作社成员参与合作社是为了通过合作社平台更好地提高经济效益，实现经济目的；三是农民专业合作社的组建必须是产业上具有内在联系的农户，也就是说必须围绕某类农产品或者某类服务而组织起来；四是农民专业合作社的成立必须遵循合作社的一般原则，而且合作社是互助性经济组织。那么，农民专业合作社既然是经济组织，其运行规则除依法依章程外，必须依市场规则参与市场竞争，发挥合作社的优势。而合作社的优势就是合作，所以只能在合作中成长壮大，而不能仅希望通过成立农民专业合作社套取国家补贴款。否则，就背离了合作社的宗旨，必然难以获得成功。

（三）主体资格意味着能增强关联主体信心

在市场经营条件下，任何企业和个体工商户要想把生意做大，都必须开拓市场，拥有尽可能多的生意伙伴。加上经营同一商品的主体绝非一家，而是有很多家，这就产生了竞争。那么，在竞争中，如何才能取胜呢？只有拥有更多的市场伙伴，占有更多的市场份额，才可能在市场竞争中取胜。作为新型职业农民，要想创业成功，只有成立新型农业经营主体才可能更好地开拓市场。

1. 成立新型农业经营主体意味着投资者的决心

一般农民创业只想维持现状，抱着能走多远就走多远的念头。因此，并不准备成立新型农业经营主体。这种做法足以显示出创业者决心尚未下定，对创业只是停留在口头上，因而自己就会对自己放松要求。即使有很多创业的机会也很难抓住，只会让机会从眼前不知不觉地溜走。我国自古就推崇破釜沉舟的勇气。也就是告诉我们，要成就一点事业，自己必须要有成就事业的决心，而不能抱着混时间的态度。

在创业上，如果连新型农业经营主体都不愿注册，根本就谈不上创业。如果一个人下定了创业的决心，必然首先要考虑的是到工商行政管理部门去办理新型农业经营主体的注册登记。因为《公司法》、《个人独资企业法》、《合伙企业法》、《农民专业合作社法》等法律、法规，对公司、家庭农场和农民专业合作社的注册登记和管理运作都有明确的规定，一旦办理了注册，就意味着愿意也必须接受法律、法规的约束，就向世人表明了创业的决心和信心。

2. 成立新型农业经营主体意味着关联者的信心

任何市场主体在市场经济的运行中，都需要同相关主体进行交易，并形成经济利益链，这里的关联主体就是经济交易中的关联者。例如，水稻种植企业，需要同上游的种子供应商、农药供应商、肥料供应商进行合作，需要同下游的水稻收购企业、水稻加工企业进行合作。正是这些企业组成了一个完整的经济链，经济链上的所有主体都可以通过和上游企业、下游企业等相关主体进行交易获得各自的利益，这就是所谓的经济共赢。

那么，作为农业创业者用什么获得相关主体的信任呢？也就是说相关主体凭什么相信你能承担起应有的责任？这就是新型农业经营主体的成立。因为成立新型农业经营主体说明创业者具有创业的勇气和胆略，说明创业者具备了相应的条件，创业者的企业能够承担相应的责任。为此，相关主体就可以放心地和你开展合作，实现经济上的共赢。

3. 成立新型农业经营主体意味着经营者的规范

我国是一个崇尚人情的国家，在市场经济的运作中，普遍存在着法制观念淡薄的问题，也因此引发出无数的暴力事件。那么，在经济生活中，如何让人相信你会依法办事呢？说实话，一个新型农业经营主体想要获得市场信誉，实在是太难了。但是，起码有一点，如果你成立新型农业经营主体，至少在市场经济中，第一步你已经遵守了法律、法规的规定，随着国家法制化进程的加快，你的一切行为都必须依法进行，必须按照法律的规范进行运作。那么，经济上和你的企业有关联的相关企业，在和你进行经济交往的过程中就会充满信心。

二、成立主体所需条件：自我创造

（一）心理上要有自我创业的动力

成立新型农业经营主体到底有多难？关键是创业者要突破自己的心理。创业者必须具备一定的胆识，善于捕捉新生事物。要勇于尝试新生事物，紧紧把握新生事物的脉搏。同时，要有十分的自信。自信是一个人成就事业的基础。对于初创业者来说，要坚信"办法总比困难多"的信念，相信自己有能力利用一切资源，能够战胜创业中的各种困难，最终获得成功。当然，创业仅凭勇气是远远不够的，还必须要有睿智的头脑，对自己的创业目标要有一个科学规划，自己的每一步行动都要经过慎重、科学的设计。洞悉自己的长处与不足，清楚自己能做什么，能做到什么程度。

要从内心深处进发出创业的热情，以一颗积极进取的心对待创业。在此基础上，发挥自身的优势，对自己事业的未来进行科学的预测和准确的判断，从而把握未来的走势。纵然是在创业中遇到千难险阻，也可以用坚强的毅力去克服。只有具备了经受失败打击的毅力，才能坚强地站立在创业的风雨中。事实上，"只有风雨过后才能见到彩虹"，人生没有永远的失败，也没有永远的成功，任何困难都有战胜的办法，无非是找到没有，或何时才能找到的问题。创业者只要有信心、勇气和不屈不挠的精神，以积极的态度去迎接挑战，就能渡过创业的难关最终取得辉煌。这就是农业创业者在成立新型农业经营主体之前必须具备的优良心理素质。

（二）人脉上要有自我创业的朋友

在中国，人脉关系永远都是最重要的创业条件。当然，这种人脉关系要靠我们自己去建立，为此，创业路上需要有志趣相投的朋友。朋友是自己通过长时间的实践，结识的同事、同乡，或者其他志趣相投而走到一起的人。当然，真正的朋友需要时间的考验。在创业过程中，离不开朋友的帮助。

朋友，或许就是你救急的银行。当你资金遇到困难时，或许企业就会面临生死的考验，如果这时朋友帮你一把，难关就挺过去了，事业或许会从而做大。朋友，或许就是你创业的资源。当你创业缺乏资源时，或许正好朋友可以帮你解决，你的困难就迎刃而解了。因为每个人的资源是不一样的，有朋友就可以形成资源上的优势互补。朋友，或许就是你无尽的信息。在现代社会，真实的珍贵信息就是金钱，就是财富，谁掌握了这些信息谁就靠近了成功。很多时候，朋友在一起闲聊就可能发现商机。或许在社会上道听途说的一些信息是靠不住的，而朋友间交流互通的信息大多是真实可行的。因此，在创业中一定要建立起自己的朋友圈子，形成良好的人脉关系。

（三）条件上要有自我创业的基础

创业，可以是通过创业者的努力做到财富的无中生有，但绝非是没有任何基础就可以成功创业的。创业者在创业时，除心理上必须具备坚韧不拔的意志外，还必须具备一定的生产资源条件、市场资源条件和市场要素条件。只有具备了一定的创业基础，才可能获得创业的成功。

首先是要具备创业的场所。创业必须具备必要的场所，如果你想从事种植业，你必须具备足够的农田，按照湖北省关于家庭农场登记的规定，一般起码要有50亩及以上，否则不可能实现规模经营、集约经营。纵然你通过先进的技术，种植高产的品种和独特的作物，但往往由于规模过小，而无法实现经营的目的。如果你从事水产养殖业，你必须具备足够大的水塘，而且水塘是没有被污染的，水源是有保障的。否则，水产养殖就无从谈起。如果你想从事果树种植业，你必须具备足够的山坡、林地，起码不小于50亩，才能实现规模经营，达到预期的经济效益。

其次是要具备创业的原料。创业虽然说可以无中生有，那是指财富的无中生有。如何生出财富呢？必须具备创业的原料。如果你从事种植业，那么，你要明白种什么，品种从何处来，相关的肥料、农药是否可以购买到，种植技术怎么解决，劳动力从何处来。这些都是你从事种植业必备的条件。如果你从事水产养殖业，那么，你必须明白养什么，是养四大家鱼还是养黄鳝、是养龙虾还是养水蛭、是养甲鱼还是养鳄龟等，这些水生物的种苗从何处购买，价格如何，这都是必须要事先弄清楚的事情。如果你从事果树种植业，种什么样的果树，是种常规的果树还是种新品种，这些树的种苗从何处可以购买到，这些就是你的原料，是你所从事产业的上游产业，在正式开始创业前，必须事先考察清楚，只有条件成熟才能开始实施你的创业计划。

最后是要具备创业的市场。产品是否有市场，永远是创业中最重要的问题。我们知道商品是用来交换的劳动生产物，也就是说创业生产的产品不是创业者自己享用的，一定要拿出来进行交换。在现代社会，交换不是简单的以物易物，而是要到市场上进行销售。如果产品有很好的市场，创业就可能获得成功。如果产品缺乏市场，那么，创业就很难成功。因此，在创业实施前，必须做好市场前景调查，同时还要学会开发市场，创造商机。

三、主体的规范化运作：依法规范

（一）公司的规范化运作

1. 公司成立要符合《公司法》规定的条件

有限责任公司的股东，以其出资额为限对公司承担责任；有限责任公司的股东人数，在 2 个以上 50 个以下且共同出资设立。特殊情况下，也可以由一个股东出资成立一人有限责任公司；有限责任公司有符合要求的办公场所；有依照公司名称规定的公司名称；有符合《公司法》规定的组织机构。

2. 公司要按照《公司法》的规定成立组织机构

（1）公司股东会的组成及其职权。《公司法》第三十六条规定，有限责任公司股东会由全体股东组成。股东会是公司的权力机构，依照本法（即《公司法》）行使职权。这些职权《公司法》有明确的规定，我们应当正确理解和运用。

1）决定公司的经营方针和投资计划。经营方针和投资计划是决定公司生存和发展的大事，因此，只能由全体股东组成的股东会行使。

2）选举和更换非由职工代表担任的董事、监事，决定有关董事、监事的报酬事项。职工代表担任董事、监事只能由职工代表大会选举。因此，股东会只能选举非由职工代表担任的董事、监事。这些人选举出来是为公司股东工作的，因此，报酬也只能由股东会确定。

3）审议批准董事会的报告。董事会是由股东会选举出来的代表股东会的常设机构，因此，必须向股东会报告工作，由股东会作出审查决定。

4）审议批准监事会或者监事的报告。监事会是由股东会聘请的，用来监督股东、董事、经理等公司高管的机构，因此，监事会只能向股东会负责。

5）审议批准公司的年度财务预算方案、决算方案。公司的经营状况完全体现在公司预决算上，因此，公司的年度财务预算方案、决算方案必须由公司股东会审议批准。

6）审议批准公司的利润分配方案和弥补亏损方案。公司赚钱了必须进行利润分配，万一亏损就要弥补亏损，但无论赚钱还是亏损都是涉及股东切身利益的事，因此，只能由股东会决定。

7）对公司增加或者减少注册资本作出决议。注册资本是公司承担民事法律责任的根本，因此，只能由股东会决定。

8）对发行公司债券作出决议。发行债券虽然有严格的规定，但发行债券也是要偿还的，因此，只能由股东会决定。

9）对公司合并、分立、解散、清算或者变更公司形式作出决议。公司无论合并还是分立，都是公司经营的需要，决定公司未来的发展，因此，只能由公司股东会决定。

10）修改公司章程。章程是公司的根本制度，全体股东是必须要遵守的，因此，只能由公司股东会决定。

11）公司章程规定的其他职权。

（2）公司董事会的组成及其职权。《公司法》第四十四条规定，有限责任公司设立董事会的，其成员一般为三人至十三人组成。董事会设董事长一人，可以设副董事长。董事长、副董事长的产生办法由公司章程规定。《公司法》第四十六条规定董事会对股东会负责，并规定了董事会的职权。

1）召集股东会会议，并向股东会报告工作。由于董事会是代表股东会的，因此，必须负责股东会会议，并向股东会报告工作。

2）执行股东会的决议。股东会可能人数众多，具体决议需要少数人员去执行，因此，只能由董事会去执行。

3）决定公司的经营计划和投资方案。

4）制订公司的年度财务预算方案、决算方案。

5）制订公司的利润分配方案和弥补亏损方案。

6）制订公司增加或者减少注册资本以及发行公司债券的方案。

7）制订公司合并、分立、解散或者变更公司形式的方案。

8）决定公司内部管理机构的设置。

9）决定聘任或者解聘公司经理及其报酬事项，并根据经理的提名决定聘任或者解聘公司副经理、财务负责人及其报酬事项。

10）制定公司的基本管理制度。

11）公司章程规定的其他职权。

（3）公司董事会的召集与主持。《公司法》第四十七条规定，董事会会议由董事长召集和主持；董事长不能履行职务或者不履行职务的，由副董事长召集和主持；副董事长不能履行职务或者不履行职务的，由半数以上董事共同推举一名董事召集和主持。《公司法》第四十八条规定，董事会决议的表决，实行一人一票。

（4）公司经理的产生及其职权。《公司法》第四十九条规定，有限责任公司可以设经理，由董事会决定聘任或者解聘。经理对董事会负责。同时，明确规定了公司经理行使下列职权。

1）主持公司的生产经营管理工作，组织实施董事会决议。

2）组织实施公司年度经营计划和投资方案。

3）拟订公司内部管理机构设置方案。

4）拟订公司的基本管理制度。

5）制定公司的具体规章。

6）提请聘任或者解聘公司副经理、财务负责人。

7）决定聘任或者解聘除应由董事会决定聘任或者解聘以外的负责管理人员。

8）董事会授予的其他职权。

同时，《公司法》还规定，如果公司章程对经理的职权另外有规定的，依照公司章程的规定行使职权。经理属于公司高级管理人员，如果是公司董事，可以参加公司董事会，如果不是公司董事，可以列席董事会会议。

（5）公司监事会的产生及其职权。《公司法》第五十一条规定，有限责任公司设监事会，其成员不得少于三人。股东人数较少或者规模较小的有限责任公司，可以设一至二名监事，不设监事会。

1）监事会的产生与构成。监事会应当包括股东代表和适当比例的公司职工代表，其中职工代表的比例不得低于三分之一，具体比例由公司章程规定。监事会中的职工代表由公司职工通过职工代表大会、职工大会或者其他形式民主选举产生。

2）监事会负责人的设立与会议主持。监事会设主席一人，由全体监事过半数选举产生。监事会主席召集和主持监事会会议；监事会主席不能履行职务或者不履行职务的，由半数以上监事共同推举一名监事召集和主持监事会会议。

3）监事会的禁止性规定。为了有利于监事会对公司董事、高级管理人员的监督，《公司法》规定，董事、高级管理人员不得兼任监事。

4）监事会的职权。《公司法》第五十四条规定，监事会、不设监事会的公司的监事行使下列职权。

第一，检查公司财务。

第二，对董事、高级管理人员执行公司职务的行为进行监督，对违反法律、行政法规、公司章程或者股东会决议的董事、高级管理人员提出罢免的建议。

第三，当董事、高级管理人员的行为损害公司的利益时，要求董事、高级管理人员予以纠正。

第四，提议召开临时股东会会议，在董事会不履行本法规定的召集和主持股东会会议职责时召集和主持股东会会议。

第五，向股东会会议提出提案。

第六，依照本法第一百五十二条的规定，对董事、高级管理人员提起诉讼。

第七，公司章程规定的其他职权。

（二）家庭农场的规范化运作

1. 家庭农场设立的法定条件

湖北省工商局、湖北省农业厅 2013 年 7 月 23 日出台了《关于做好家庭农场登记管理工作的意见》，对家庭农场的组织形式、登记类型、登记要求、名称使用规范、经营范围等作了明确规定。申请家庭农场设立登记应具备 5 个条件。

（1）投资人身份规定。 投资人为农村户籍或具有农村土地承包经营权的自然人。

（2）经营范围规定。 经营范围以农业种植、养殖为主，并符合国家产业政策要求。

（3）经营规模规定。 具有一定的经营规模。其中，从事粮棉油大宗农产品种植的，土地经营面积不低于 50 亩；从事养殖和其他种植的，达到县级以上（含县级）农村经济经营管理部门文件规定的基本要求。

（4）土地经营期限规定。 土地经营期限不低于 5 年，土地流转合同依法经乡（镇）财经所（经管站）备案。

（5）家庭农场的组织形式。 相应符合法律、法规规定的个体工商户、个人独资企业、合伙企业、公司设立条件。家庭农场开办者在设立登记、变更登记办结后 30 日内，向当地县级农村经济经营管理部门报送备案材料，可享受贷款贴息、财政补贴等相关扶持政策。

2. 家庭农场的运行规范

国家对家庭农场没有统一的规范，只能依据家庭农场的登记形式进行运行。

（1）个体工商户式的家庭农场。 依照地方政府部门《关于做好家庭农场登记管理工作的意见》规定，家庭农场可以登记为个体工商户形式。如果家庭农场登记为个体工商户，那么，家庭农场的财产全部为其个人所有，决策由其个人自行决定，任何人不得非法干预。如果家庭农场登记为家庭，则财产权、决策权由全体家庭成员支配。

（2）**个人独资企业式家庭农场**。依照地方政府部门《关于做好家庭农场登记管理工作的意见》规定，家庭农场也可以登记为个人独资企业。如果家庭农场登记为个人独资企业，则依照《个人独资企业法》进行运作。《个人独资企业法》第二条规定，个人独资企业是由一个自然人投资，财产为投资人个人所有，投资人以其个人财产对企业债务承担无限责任的经营实体。

个人独资企业投资人可以自行管理企业事务，也可以委托或者聘用其他具有民事行为能力的人负责企业的事务管理。投资人委托或者聘用他人管理个人独资企业事务，应当与受托人或者被聘用的人签订书面合同，明确委托的具体内容和授予的权利范围。

（3）**合伙式家庭农场**。依照地方政府部门《关于做好家庭农场登记管理工作的意见》规定，家庭农场也可以登记为合伙企业。如果登记为合伙企业，则依照《合伙企业法》进行运作。依照《合伙企业法》的规定，合伙企业分为普通合伙企业和有限合伙企业。普通合伙企业的合伙人必须具有完全民事行为能力，可以用货币、实物、知识产权、土地使用权或者其他财产权利出资，也可以用劳务出资。合伙人对合伙企业的债务承担无限连带责任。有限合伙企业的合伙人可以用货币、实物、知识产权、土地使用权或者其他财产权利作价出资，有限合伙人不得以劳务出资。普通合伙人对合伙企业债务承担无限连带责任，有限合伙人以出资额为限对合伙企业债务承担有限责任。有限合伙人不执行合伙事务，不得对外代表有限合伙企业。

（4）**公司制家庭农场**。依照地方政府部门《关于做好家庭农场登记管理工作的意见》规定，家庭农场也可以登记为公司制企业。如果登记为公司制企业，一般为有限责任公司，则依照《公司法》进行运作。《公司法》规定，公司具有企业法人性质，享有法人财产权。有限责任公司的股东以其认缴的出资额为限对公司承担责任，公司以其全部财产对公司的债务承担责任。公司设立股东会、董事会、监事会。股东会为公司权力机构，行使公司一切决策权，董事会属于公司常设权力机构，代表股东会行使日常决策权，监事会受公司股东会委托，行使对公司股东、董事、经理等高层管理人员的监督权。公司日常管理依出资额大小，由股东依法行使股东权。

（三）农民专业合作社的规范化运作

1. 农民专业合作社的性质

依照《农民专业合作社法》第二条的规定，农民专业合作社是在农村家庭承包经营基础上，同类农产品的生产经营者或者同类农业生产经营服务的提供者、利用者，自愿联合、民主管理的互助性经济组织。农民专业合作社以合作社成员为主要服务对象，通过把分散的农民组织起来，并在产品销售、生资供应、技术推广、信息交流、良种引进、整地治水等多方面为农民提供服务，承担了本应由村集体承担而村集体又无力承担的"统"的功能，为农民的生产和生活解决了许多困难①。

农民专业合作社具有法人资格。农民专业合作社的财产由成员出资、公积金、国家财政直接补助、他人捐赠及合法取得的其他资产所形成的财产所构成，合作社对这些财产享有占有、使用和处分的权利，并以这些财产对债务承担责任。

2. 农民专业合作社的设立条件

《农民专业合作社法》第十四条规定，具有民事行为能力的公民，以及从事与农民专业合作社业务直接有关的生产经营活动的企业、事业单位或者社会团体，能够利用农民专业合作社提供的服务，承认并遵守农民专业合作社章程，履行章程规定的入社手续的，可以成为农民专业合作社的成员。这样就限定了农民专业合作社成员的资格，防止一些与农民专业合作社无关的人员或单位成为合作社社员，成为与农民争利益，实际掌控农民专业合作社的人员。

而且《农民专业合作社法》进一步规定，具有管理公共事务职能的单位不得加入农民专业合作社，这是为了防止公权力的滥用。为了防止农民专业合作社被少数非农民所控制，《农民专业合作社法》第十五条规定，农民专业合作社的成员中，农民至少应当占成员总数的百分之八十。

3. 农民专业合作社组织机构

农民专业合作社组织机构一般由农民专业合作社成员大会、成员代表大会、理事会、监事会组成。

（1）农民专业合作社成员大会。农民专业合作社成员大会由全体成员组成，是合作社的权力机构，行使的权利有：修改章程，选举和罢免理事长、理事、执行监事或者监事会成员，决定重大财产处置、对外投资、对外担保和生产经营活动中的其他重大事项，批准年度业务报告、盈余分配方案、亏损处理方案，对合并、分立、解散、清算作出决议，决定聘用经营管理人员和专业技术人员的数量、资格和任期，听取理事长或者理事会关于成员变动情况的报告。

（2）成员代表大会。成员代表大会并非所有农民专业合作社都有，只有农民专业合作社成员超过一百五十人的，才有必要成立成员代表大会。成员代表大会

---

① 汪发元，王文凯.现代农业经济发展前沿知识和技能概论[M].武汉：湖北科学技术出版社，2010：218.

按照章程规定可以行使成员大会的部分或者全部职权。

（3）**农民专业合作社理事会**。理事会是农民专业合作社根据事业发展需要而设立，理事会由成员大会从本社成员中选举产生，依照《农民专业合作社法》和合作社章程的规定行使职权，对成员大会负责。理事会可以选举产生理事长一名，理事长为本社的法定代表人。农民专业合作社的理事长、理事、经理不得兼任业务性质相同的其他农民专业合作社的理事长、理事、监事、经理。

（4）**农民专业合作社监事会**。监事会是农民专业合作社的监督机构，由成员大会从本社成员中选举产生，但理事长、理事、经理和财务会计人员不得兼任监事。监事会依照《农民专业合作社法》和合作社章程的规定行使职权，对成员大会负责。

理事会会议、监事会会议的表决，实行一人一票。

（5）**农民专业合作社经理**。《农民专业合作社法》第二十八条规定，农民专业合作社的理事长或者理事会可以按照成员大会的决定聘任经理和财务会计人员，理事长或者理事可以兼任经理。经理按照章程规定或者理事会的决定，可以聘任其他人员。经理按照章程规定和理事长或者理事会授权，负责具体生产经营活动。

第五章　资本：巧妙运作的机制方法

当我们成功地创立了自己的企业，搭起了创业的平台之后，我们一定在为没有创业资本发愁。是呀，资本是农业创业中最难解决的难题。中国有句俗话，巧妇难为无米之炊。这就是说你再有创业技巧，如果没有资金也难以开展自己的创业事业。这句话点出了创业的关键点，是一句有深刻哲理的至理名言。但是我们也不完全赞成这句话，认为这句话也有一定局限性。因为中国同样还有句俗话，借鸡下蛋，无本经营。这句话同样告诉我们一个深刻的道理，创业没有资本是很难的，但也并非不可以解决。关键是看我们如何去解决，是否能够找到解决的办法和途径。那么，解决创业资本的办法到底在哪里呢？我国现代社会有句流行语，"思想有多远，你就能够走多远"。在创业理论中，仍然也有一句话，"只有想不到，没有做不到"。因此，解决创业资本的关键在于我们要敢想。当然，这种想并非是盲目地去想，一定要用科学的思维方法，去思考事物的内在联系，从而在日常生活中发现商机。从某种意义上说，我们思维的深度决定了我们资金的厚度。一个合理合法的创意，可以让你在缺少资金的情况下也能生出滚滚财源。整合资源现在已经不是什么新概念了，关键是我们能不能在身边的资源中找出自己的出路。

一、原始资本积累：寻找商机

（一）日常生活中成功发现商机的故事

创业缺资金，是创业中一个永恒的困难。无论你的企业有多大，也无论你做哪一行，做企业没有不缺钱的事。当然，也许有人会说，现在银行业越来越发达，缺钱何不找银行贷款去呀？我们可以负责任地告诉你，不是所有人都能贷到银行的款，也不是所有人都能找朋友借到钱。因而，资金的困难很容易让刚刚萌发创业愿望的人陷入困顿或迷茫，从而放弃自己难能可贵的创造之心，而止步不前，甘于贫困。那么，在我们准备放弃自己的创业计划之前，是否认真观察过社会的财富现象，我们是否真的想尽了办法呢？请随着我们的思路来仔细观察分析和欣赏在日常生活中成功发现商机的故事吧。

1. 一个外地人发现商机并成功创办城市出租车公司的故事

这是一个新兴的城市，城区人口不过百万有余。那是 20 世纪 90 年代中期，出租车还是个人的财产，完全由个人经营。由于城里出租车稀少，坐车的人也不多。政府对出租车也没有实行管制，坐出租车一般 10 元，人们视坐出租车为奢侈行为，一般人都愿意等公共交通车，不愿坐趟车而花费 10 元。由于出租车生意并不太好，没人想到要开办出租车公司，也很少有人拥有可以开办出租车公司的资本。那是一个初夏的傍晚，一名浙江商人杨华发来到了这座城市，想寻找一片创业的天空。在这座城市能做什么呢？

那是一个偶然的机会，浙江商人杨华发从新闻媒体得知，市政府准备出台政策，成立几家出租车公司，把所有出租车都管起来，每辆出租车必须归口某家出租车公司，否则将予以取缔，不让个人经营。从这则新闻中，杨华发看到了商机。

第一次资本运作：第二天杨华发找到工商局，准备注册出租车公司，出租车公司拟注册资本 860 万元，钱从哪来呢？他决定实施资本运作。他找浙江商会的朋友们借款 860 万元，用 15 天的时间就注册了某市天机出租车有限公司，并找到一小汽车销售公司，谈了购车事宜，很快达成协议，购买了 50 辆小汽车。接着将这批小汽车抵押给银行，获得了贷款，并用贷款加上自己已有的一部分资金偿还了向朋友借的 860 万元。

第二次资本运作：很快政府出台了出租车必须并入出租车公司的意见。一些开出租车的人由于自己只有一辆车，也不想注册公司。大部分人并没有意识到注册出租车公司有什么前景，少数人虽有注册出租车公司之意，但因资金困难，总是犹豫不决。在此关键时刻，由于某市天机出租车有限公司已经完成注册、购车等前期准备工作，一下就拿到了政府许可的 200 辆出租车计划，一些拥有出租车的人带车加入公司。司机负责车辆的具体营运，公司负责管理，即办理日常手续，处理交通事故等。每辆车每月收取 350 元管理费。一年下来，这个公司在只有少量资本的情况下，通过资本运营拥有了一个出租车公司，并赚取了 84 万元毛收入。

第三次资本运作：由于公司开办早，加之管理到位，公司拥有的车辆不断增加。当初，公司主要是帮忙办理保险、处理交通事故，协调与政府主管部门的关系。随着城市对出租车需求的增长，第二年公司又新增出租车计划 100 辆，之后又陆续增加指标，很快公司发展到 1000 辆出租车的规模。每年公司可以获得 420 多万元的毛收入。

这样的生意我们司空见惯，但有多少人想过其背后的原理？这就是典型的资本运营，通过智慧进行商业运作而产生财富。

点评：杨华发作为一个外地人，为什么能获得创业成功？关键在于他正确地采取了资本运作。那么，为什么只有他能这么幸运，别人就没有这么幸运呢？因为，杨华发来自浙江，思想比本地人开放得要早一步，当看到政府准备将出租车全部整合进出租车公司的新闻时，他意识到了这是一次创业的机会，先人一步成立了某市天机出租车有限公司。同时，他熟练地运用了资本运营的手法，先后三次成功地实施了资本运营，从而成功地创办了自己的天机出租车有限公司。

2. 一个大学生成功运用资本运营手法创办宾馆的故事

那是 20 世纪 90 年代中期，大学毕业生就业已经出现困难。有个名牌大学工商管理专业大学毕业生刘开拓谢绝了家里人的帮助，带着读书期间勤工俭学赚的3000 元钱，只身来到了一座县级市，租住在城郊一私人开办的招待所，决定依靠自己的力量去找工作。积极投身到几次招聘会，由于工作不理想，未能如愿。一晃 3 个月过去了，手中的钱已所剩无几。在某月初的一天晚上，招待所钱老板找到刘开拓，催促道：“小刘呀，你这个月房子还租住吗？本月租金还没交呀！”刘开拓肯定地说：“钱老板，这个月我还住你这，我已经在你这住 3 个月了。我的为人你应当是清楚的，你放心，租金没问题，你缓我一周吧”。钱老板爽快地答应了。

钱老板走后，刘开拓在想，自己手上的钱已所剩无几，工作又没着落，怎么办呢？他带着烦闷的心情走出房间，朝着县城繁华地带散步走去，来来回回走了6 个来回，又在招待所院内转了几圈。他自己问自己，我有什么办法可以不交住招待所的租金呢？想着想着，突然心中一亮。想出来了，如果这个招待所是我自己的不就不用交租金了吗！也许人们会说，这人就是个疯子，你连租金都交不起，怎么可能把招待所变成你的呢？朋友，我们要告诉你，此言差矣！世界上的事情没有做不到，只有想不到。刘开拓想起了上大学时老师教的一招——资本运营。那么，刘开拓又准备怎么实施资本运营呢？

第二天上午，刘开拓找到招待所钱老板办公室，两人聊开了。不经意间，刘开拓询问钱老板招待所生意怎么样。没想到钱老板也是满腹苦水，说就是生意不好。刘开拓试探着说，你既然生意不好，为什么不把招待所卖掉！钱老板说自己正是想卖，可没有买家。原来，钱老板这招待所是单位改制时，领导做工作他才买下来的，由于价格便宜，领导做工作，自己又是个老党员，不带头也讲不过去，就带头找亲朋好友借款 30 万元买下来了。听罢钱老板的话，刘开拓心中有底了，禁不住一阵窃喜，便顺势说我给你买下来如何？钱老板听了哈哈大笑，以不太信任的口吻说道：“年轻人你不是开玩笑吧。”刘开拓说：“我不是开玩笑，是真心想买下来，你考虑一下。”

又过了两天，钱老板找到刘开拓认真地谈起了招待所的买卖问题。最后谈定，刘开拓以 50 万元人民币将钱老板的招待所买下，先付 20 万元定金，待产权过户完成后，剩下的 30 万元 30 日内一次性付清。双方很快达成一致意见，合同很快就签订了。

刘开拓当天就找到原来勤工俭学认识的一个浙江朋友，提出借款 21 万元，同时讲明了自己准备买招待所的想法，浙江朋友一同去进行了实地考察，认为刘开拓的想法完全可行。于是，达成了借款时间 2 个月，利息按银行同期利息 5 倍结算的协议。刘开拓真的就用这 21 万元中的 20 万交了定金，把招待所买下了。那么，剩下的 30 万元又该从何而来呢？经朋友介绍，刘开拓找到了当地的建设银行，提出贷款申请。分管信贷的行长说，贷款是可以的，就是要有抵押，最好有房地产做抵押。刘开拓说没问题。第二天刘开拓带上房屋产权证、土地使用权证，连同贷款申请一并交到了建设银行。15 天后，抵押贷款办下来了。这个招待所评估价 70 万元，按八折抵押贷款，一共贷出了 56 万元。刘开拓就用这 56 万元付清了钱老板剩下的 30 万元，还清了浙江朋友的 21 万元及利息。用剩下的钱把招待所好好地进行了装修，并注册了某市开拓宾馆服务有限公司，商号为开拓宾馆。没想到 3 年后，城市扩展很快，刘开拓的开拓宾馆生意逐渐火爆起来，而且房地产价格离奇攀升。有人保守估算，刘开拓的开拓宾馆至少也值 500 万元。至此，一个找不到工作的大学生巧妙地实施资本运营创出了一番天地。

点评：刘开拓作为一个完全没有社会经验的毛头青年，为什么就能获得创业成功呢？看似简单的故事，这里面其实有深刻的创业思想和理念。刘开拓不是一般的青年，是毕业于名牌大学工商管理专业的优秀学生，有过勤工俭学的经历，吃过常人没吃的苦，有着常人难以比拟的敏锐性。正是刘开拓的这些特点成为他成功创业的宝贵财富。他有着对国家政策和经济发展走势的准确判断，看准了城市快速发展的势头，判断出这个招待所虽地处城郊，但随着城市的快速扩展，一定会有繁华的未来。同时，他有着可以让朋友信任的诚实的品格，当他需要借钱时，朋友对他的创意大加赞许，而且认为完全可行，因此，同意了他的借款。最后，他利用现代企业制度，将一个传统的招待所改成了现代流行的宾馆，符合消费者的口味。正是这一系列的机缘和看似偶然的巧合，成就了刘开拓的事业。但成功的背后，实则有着深刻的创业理论。

3. 一对农民夫妇借政府无息贷款创办广告公司的故事

牛先发和黄金枝是一对年轻的农民夫妇，牛先发高中毕业后在镇上帮人做过招牌，黄金枝在镇上打字店打过两年工。21 世纪初期，他们从农村来到一个中等城市。他们实在不知道能做点什么，手中也只有 200 元钱，只好借住在一老乡销售装潢用木材的店里，白天给老乡看店，晚上将自带的行李铺在木材上就当是床铺睡在上面。由于老乡生意不好，正准备转让，因此，他们也不好意思要工资，只是在老乡自己做饭时，他们就和老乡一块吃饭，一边帮忙一边观察有什么生意自己可以做。一天牛先发看到市劳动保障局办农民创业培训班的通知，于是他就报名参加了，开学典礼上，市劳动保障局培训中心主任宣讲了政府对创业学员的支持政策，只要有营业执照，就可凭此办理小额无息贷款 3 万～5 万元。课堂上老师也讲了很多人无本经营的故事。7 天培训班结束了，牛先发心里蠢蠢欲动。想到自己曾经在家乡小镇做招牌的店里打过工，有做招牌的基础，现在政府又提供无息贷款，于是下定了利用无息贷款开展创业的决心。通过和老乡商量，转租老乡的门面到工商局办理了一个专门做招牌的个体营业执照。很快 5 万元的无息贷款到位了，他们就利用这无息贷款，开始了自己的创业事业，实现了创业的第一步飞跃。

他们的生意主要是帮人做招牌，经过一个月的努力，做招牌的生意不好，倒是要做广告的客户很多，都是一些大企业的经销商或业务代表。牛先发心里想何不顺势就做广告呢！在做招牌的同时，开始承接广告业务。说是广告，其实也就是印点带字的布标，挂在一些墙上，或印些布彩旗，上面简单印点字，插在街上。牛先发接到业务后，就找到广告公司印制彩旗、布标，然后夫妻俩就在街上挂或插。由于牛先发服务细致、经营诚信、经营方式灵活，他做广告的名气越来越大，找他做这种布标和彩旗业务的人越来越多，很快就购置了电脑、刻录机等简易打印设备。随着生意的拓展，牛先发也认识了不少朋友。生意之余，牛先发也经常和朋友们在一起交流，虚心听取各方面朋友对自己生意的建议。这样朋友圈子越来越大，生意也越来越红火。两年下来，牛先发夫妻俩就赚了 60 多万元。

一天，某位朋友建议牛先发在现有基础上成立广告公司，并表示愿意帮忙做些参谋和协调工作。此话正合牛先发之意，很快一个广告公司就成立起来了，实行了创业的第二步飞跃。牛先发用赚来的钱，陆陆续续在城区购买了 10 多块广告牌位，建起了自己的广告牌，完成了第一次固定资产的投资。之后，生意越来越好，利润越来越丰厚。不知不觉 10 年过去了，牛先发公司发展成了远近闻名的大型广告公司，资产积累到了 5000 万元。公司虽然只有 24 名员工，但每年产值可以做到 2400 万，人均产值 100 万元。

点评：牛先发创业成功好像有很多偶然性，其实一切都有其必然性。牛先发通过在小镇上打工，学会了做各类招牌和简易广告的技术，这是他创业的条件。他参加创业培训班，政府的一项无息贷款政策，本来是一项面向全体创业人员的普惠政策，很多人根本就没意识到这是一次创业的机会，牛先发凭着自己对财富的天生敏锐性，将这次机会紧紧地抓在了自己的手上。而且将这次机会利用起来，完成了 60 多万元的原始资本积累。随着市场的拓展，生意越做越大。牛先发并没有就此止步，而是借创业之机结识了很多朋友，经常向朋友们请教，朋友们的很多建议对牛先发生意的发展产生了启发。可以说牛先发也是借了朋友们的智慧，创立了自己的广告公司，这样就完成了事业的拓展。广告公司办起来后，他并没有将赚的钱存入银行积攒起来，而是投入购置了很多广告牌位。这样就完成了事业拓展的各种条件准备，实现了人均产值过百万元的高效率发展。

（二）资本运营的条件

1. 分析优势：创造资本运营的条件

资本运营是一种手段和方法，如何才能实施资本运营呢？必须具备资本运营的基本条件。农业创业中资本运营的基本条件是什么呢？可以从以下三个方面去分析。

（1）创业开展资本运营必须具备一定的物资条件。农业创业离不开农业，因此，可以开动脑筋想一想，你家中是否有成片的土地，或者是否可以流转到成片的土地；你家中是否有可供开发的水面，或者你是否可以租用到价格便宜的水面；你家中是否有可用的山林，或者你可以租用到价格便宜可供开发的山林。这些就是开展资本运营的条件，否则再好的创意也无法实施。也就是说创业要有基本的物资条件，或者通过努力可以具备基本的物资条件。

（2）创业开展资本运营必须具备简单的技术条件。一项小小的技术可能是你平时并不经意的，但在关键的时刻也许就是你创业成功不可或缺的必要条件。也许你会说，我什么技术也没有。其实这里的技术并不是高不可攀的技术，只是生产中的一些简单道理就可以了，如养鸡中怎么防黄鼠狼，养猪中猪的生活习性等。关键是看你是否善于观察生活。一个在经济上能发财的人必然是一个善于观察生活的人，而且可以从观察中得出一些启发。

（3）创业开展资本运营必须具备相应的市场条件。市场永远是创业的基础，再好的产品如果没有市场，生产越多亏损越大。也许朋友们会说，市场销售好的产品早就有人做了，我现在做什么都晚了。其实，只要开始做永远都不晚。因为，人的需求并不是固定不变的，而是靠别人慢慢培养出来的。我们可以从与各类人员的交往中观察市场的需求，并试图去满足他人的需求。这也是一种能力和技术。

2. 找准时机：抓住资本运营的机会

（1）经常关心国家产业政策，借国家政策之力。每一个时期国家都有经济发展的重点，作为创业人员要经常关心国家经济和产业发展政策，敏锐地抓住国家产业政策的每一个变化和走势。当国家新的产业政策出现时，可以率先带头投身其中，成为国家产业政策落实的带头人，每当一个新的产业出现时，国家都会从经济上、政策上予以扶持，这样就可以先人一步、快人一拍地做好自己的创业事业。国家的政策是我们资本发展壮大的机遇，也是我们选择项目的重要依据。

（2）**广泛参与朋友聚会，借朋友信息之力**。真正的朋友是事业上的挚友，是思想上的诤友，是创业上的好友。没有朋友的人是可悲的，无视朋友的人是可笑的，欺骗朋友的人是可耻的。朋友是我们事业上的帮手，是人生的无价之宝。在朋友的聚会中，无论是商界朋友还是学界朋友，总会谈到国家政策，创业故事，虽然很多话都是扯闲事，但在这些看似无用的信息中，不乏有用的信息。只要做个有心人，就可以借朋友提供的信息，开展自己的创业事业。朋友提供的信息就是创业的资本。

（3）**敏锐思考国家经济热点，借市场需求之力**。国家的经济热点，往往蕴含着深刻的经济学哲理。每一个创业之人都应当经常思考国家经济发展的热点，这个热点就是市场需求的旺盛点。只要我们能满足市场的需求，就可以抓住创业的有利时机和项目。例如，二手房具有很大的市场，很多下岗人员或进城人员对二手房都有需求，如果观察到这种信息，我们就可以率先做二手房中介。既不需要多大的开办资金，又可以获取丰厚利润，只需耐心、热心和恒心。

3. 实现共赢：建立互利共赢的机制

（1）**共赢是合作发展之道**。很多人都说我就是找不到合作之人，那我要问你为什么找不到合作之人呢？你也许有一万个理由，但我们可以一语点破实质，无非是把自身利益看得太重，违背了共赢的合作之道。你只要走上了创业路就应当明白，财富是天下人的财富，应当为天下人共有。因此，在你创业准备与人合作的时候，就一定要让相关人和你利益共享。唯有这样，路才走得远，事业才做得大做得长久。少数人只想自己发财，一点投入都不愿意。也就是说连一点利益都不想让合作者享有，那如何能与人合作。请记住：创业的路上只有共同赢利的原则，没有独自发财的道理。

（2）**互利是合作发展之策**。说到与人合作，很多人就会产生畏难情绪，心想有谁愿意把利益让给他人呢？其实合作之道在于创业者和合作者必须都有利可图，也就是形成利益共同体。想创业并愿意与他人合作的人必须是肯付出之人，通过自己的付出让朋友认识你，了解你，愿意为你付出。有些人什么都不愿付出，只想索取，那么这种人谁愿意帮你？因此，一个没有朋友的人，想创业是难以想象的。创业是要付出的，也许你会说我本来就一无所有，用什么付出！其实，付出不一定要用金钱，你可以付出思想，付出感情，付出真诚。总之，要凭你的真诚才能打动别人，才能让别人为你付出。

（3）**真诚是合作发展之理**。创业致富是目的，但实现目的的方法有多种，有些人靠巧取豪夺，有些人靠小聪明，有些人靠与朋友和谐相处，相互依靠。那么，在创业中，如何实现创业致富的目的呢？每个人都会有不同的办法。可是对于没有资金的人来说，凭什么去与人合作而创业致富呢？很显然，必须靠创业者的人品。就是做一个既聪明能干又胸怀坦荡，能与朋友、他人和谐相处的人。如何做到这一点？必须不争小利，不耍小聪明。做到有利共享，也就是真诚地与人合作，同合作者共同致富。否则人们是不可能无缘无故将钱、技术、场地借给你的。

（三）资本运营的诀窍

1. 开阔视野，广交朋友

　　常言道：朋友是一生的财富。朋友，可以带给我们温暖；朋友，可以给我们支持与力量；朋友，可以让我们感受到生活的美好。在生活中存在许多困难，也许个人难以解决，有朋友的帮助才可以迎刃而解。在人生的道路上，也许很多时候会感到孤独，有朋友的相伴孤独可以瞬间消失。如果你想在创业的道路上有所作为，那么，请你学会广交朋友吧。经常和朋友在一起，可以开阔自己的视野，无形之中学会一些与创业有关的知识。在和朋友的交往中，要学会做有心人，留心去观察。对于所遇到的新鲜事，多问几个为什么，多经过脑子想一想，你必然就会有所收获。也许你无形之中，从朋友处借到了知识，借到了技术，只是一切都在不经意之间。

2. 分析形势，研究政策

　　创业者只有依赖于具体的实业项目，才有可能实现创业的志向。那么，项目从何处来？做项目的资金又从何处来？这些都是创业中的难题。要解决这些难题，必须分析国家形势，研究国家的产业政策。因为国家每个时期都有发展的重点，也就是有扶持的重点产业。对于一个有志向、有知识、有毅力的人员来讲，只要有一个机会，一项启动资金就可以成就一番事业。这项启动资金就可以从国家政策中得到。你可以利用朋友的山林、水域、田园，结合国家的扶持政策，开始自己的创业起步，从而成就自己的创业事业。

3. 诚实守信，寻求联合

　　在创业的征途中，你可能是一个物资上贫穷的人。那么，你拿什么去和别人联合呢？也许你物资上贫穷，但你一定要成为一个精神上富有的人，成为一个品质上诚信的人。这就是你寻求联合的资本。有颗诚信的心就可以寻求和朋友的联合。那么，到底拿什么来与人联合呢？虽然我们在物资上可能一无所有，但是我们可以想办法拥有非物资资产。我们可以注册商标，可以拥有信息，可以拥有专有技术。而这些可能正是那些拥有有形物资资产的人所缺乏的东西，这样，你就可以利用手中的这些非物资资产和他人联合。可以成立有限公司，以你的非物资资产入股。只要你占有股份，就拥有了自己的公司，你就可以利用公司这个平台，在创业的路上施展才华了。

二、扩大资本来源：吸收入股

（一）利用已有公司作平台，吸收入股

创业者如果有了自己的公司就是一个很好的起步，但并不一定能把创业的事业做大，公司是否做得下去还要看是否有相应的具体业务，还要看是否有能做好业务的资金。因此，资金问题可能成为一个重要的问题。那么，公司资金应当从哪里来呢？从银行贷款是一条路子，但银行也是一个商业企业，也是一心盯在自己的利润上，对于一个刚刚起步的民营公司而言，想从银行贷款是很难的。那么，应当到哪里去找资金呢？答案是开展资本经营。资本经营所营造的制度是现代企业制度。资本运营增值要求企业必须以资本经营的新思维科学地进行企业的经营管理，强化对价值规律、供求规律和竞争规律的发现和运用[①]。

资本经营的首要方法是通过已有项目吸收他人入股。既可以吸收自然人入股，也可以吸收其他企业入股。这种入股有两种方式：一是总股份不变的资金置换入股。即公司原始股东可以将自己已有股份部分卖给其他自然人或企业，入股方成为公司的另一个股东。这样就将公司的知识产权或不动产权变成了可以运用的现金资产；二是规模扩大式吸收入股。即公司利用已有平台，在原有股东资本不变的情况下，号召吸引有资金的朋友入股。入股者既可以是自然人，也可以是企业。那么，别人为什么会入股呢？资本的本性在于增值性，即趋向于高利润[②]。因为入股的资本能获取更大的利润，他人就会投资入股。这样公司的总资本就变多了，做起事业来就可以调动更多的资金。

（二）利用已有品牌作筹码，吸收入股

创业者注册公司后，应当抓紧注册，利用一切机会塑造公司品牌。也许很多朋友会问，什么是公司品牌？公司品牌是顾客对企业感性和理性的认知总和，包括产品、名称、价格、服务质量、财务状况、顾客忠诚度、知名度、满意度等，也就是对品牌的态度。公司品牌传达的是公司的经营理念、公司文化、公司价值

---

① 徐学鹿. 商法的范式变革——析资本经营与营利[J]. 法学杂志，2013，（2）：3-4.
② 黄瑾. 马克思论市场与市场开拓[J]. 福建师范大学学报（哲学社会科学版），1998，（4）：4.

观念及对消费者的态度等，能有效突破地域之间的壁垒，进行跨地区的经营活动。公司品牌的内涵至少应包含商品品牌和服务品牌，并在两者基础上衍生出公司品牌。只有与公司的商品品牌相匹配的超值服务，也就是企业建立有别于竞争对手的富有企业文化内涵的独特的服务品牌，才能不断提升商品品牌的价值含量和提高企业的美誉度，否则公司品牌的内涵就要大打折扣。正是有形的商品品牌和无形的服务品牌相互结合，才成就了提升企业核心竞争优势的公司品牌，一个优秀的品牌就可以成就一个有优势的公司。

公司品牌的确定是在公司成立的初期进行谋划，通常公司品牌同公司所提供的特定产品与服务相联系，体现的是公司的经营理念和价值，在随后的长期经营过程中，不会轻易进行调整。公司品牌应当确定与其专属领域相适宜的特色，便于客户形成清晰的认知。丰富、凸现公司品牌的内涵是一个长期过程，它需要其他的品牌予以相应的支撑。

公司的品牌体现为公司的知识产权，一般都是以公司的注册商标、有机认证证书、绿色认证证书等国家或组织认证的证书为载体，体现为公司独特的价值。公司只要拥有了这些知识产权，或其中一部分知识产权，就拥有了自己的品牌。如果通过运用、维护，使这个品牌具有了较高的知名度，那么，这个品牌就是公司最好的资本，就是公司吸收其他人员或组织入股的筹码。可以将公司品牌作价，折算成股份，对公司实行股份制改造，吸收其他股东入股。通过股份制改造，引入新的投资者，实现投资主体多元化，调整企业资本结构，同时引入新的经营机制和管理人才，改善企业内部治理结构，优化企业资产结构[①]。这样，自己的品牌股和其他股东的股份一起构成公司资产，计算各自所占份额，以份额行使管理权，依份额分配公司利润。

（三）利用已有网络作资本，吸收入股

公司建立起来后，应当建立自己的市场营销网络。市场营销网络是指企业及与之建立起牢固的互相信赖的商业关系的其他企业所构成的网络。因为任何产品或服务都必须通过市场营销网络进行营销，公司一旦建立起了自己的市场营销网络，就拥有了特殊的资本，这种资本是公司的核心竞争力，也是公司的知识产权，是他人无法模拟和借鉴的独特资本。很多企业拥有很好的产品，或拥有很好的服务，或拥有资金，但因缺乏市场而难以生存和发展。借助市场营销网络，企业可以找到战略伙伴并与之联合，以获得一个更广泛更有效的市场占有。

这种网络已经超出了纯粹的"市场营销渠道"的范畴。借助该网络，企业可

---

① 王恭伟. 以产权流转为纽带的资本营运方式[J].经济研究参考, 2009, (42): 27.

在全球各地市场上同时推出新产品，并减少由于产品进入市场的时间滞后而被富有进攻性的模仿者夺走市场的风险。正是市场营销网络的这种特点，促使经营者在市场营销管理中，正日益由过去追求单项交易的利润最大化，转变为追求与合作方互利关系的最佳化。其经营信条是：建立良好关系，做到有利可图。那么，只要你建立起了自己独特的市场营销网络，你就可以拿这个市场营销网络作为资本，吸引他人来投资入股，从而使自己的公司迅速发展壮大。

三、资本快速扩张：兼并重组

（一）企业兼并重组的主要形式

企业兼并重组是指企业在市场竞争中，个别企业因为某些原因无法继续正常运行，考虑到股东和员工等各方面的利益，按照一定的程序同意被其他企业兼并或将股权转让给其他企业，从而使原有企业的股权在新企业中获得新生，或者原有债务得以化解，而优势企业通过兼并其他企业获得经营场地、市场、资金，而达到快速发展的目的。企业兼并对企业的发展壮大，生产要素的优化配置，提高企业的经济效益和竞争力等方面起到了积极作用[①]。兼并重组一般有以下几种形式。

1. 救助式兼并

当被兼并方处于无法经营，债务缠身的状态时，由兼并方出面与被兼并方协商，并承担被兼并方的全部债权债务，接收被兼并方全部资产，安置被兼并方全部职工，从而成为被兼并企业的出资者。

在这种兼并方式中，被兼并者因为债务缠身而根本无力偿还，企业只能被兼并，否则就只有破产一条路。而兼并企业通过出资兼并，虽然承担了被兼并企业的债务，但可以快速地获得被兼并企业的经营场地、经营品牌、经营技术、经营市场和熟练的操作工人。这种兼并可以快速地化解企业危机，从而使双方达到共赢的目的。政府和社会应为企业兼并提供宽松的融资条件，鼓励企业进行合法、有效的市场兼并，为企业通过兼并做强、做大创造环境[②]。

2. 购买式兼并

在这种兼并方式中，一般是因为被兼并方有其他经营业务，希望将现有经营

---

① 邱业伟. 企业兼并的问题及其法律规制构想[J]. 甘肃社会科学，2007，（3）：165.
② 毛发青，李秀玉. 中国企业兼并特质分析[J]. 中央财经大学学报，2008，（9）：71.

项目出让而获得一笔现金。而兼并方因为产品市场、经营场地等的需要，可以通过出资购买的办法，快速获得一个成熟的企业及其工人，从而达到使自己的企业快速扩张的目的。通过兼并，被兼并方获得了自己想要的资金，可以转入其他业务。兼并方获得了快速的扩张，减少了建经营场所、开拓市场、培训工人的麻烦。最终实现了双赢的目的。在兼并国有企业的过程中，必须注意采用法定的评估程序，即申请立项、资产清查、评定估算、验证确认[1]。

3. 控股式兼并

在这种兼并方式中，一般是因为被兼并方资金紧张，或有债务短期内难以偿还，需要出让股权。而兼并方又有多余资金，而又看好被兼并方的企业，希望向这一领域发展。这样就可以通过收购或资产转换等方式，取得被兼并企业的股权，如果能成为其中最大的股东，就可以达到控股的目的。

4. 合并式兼并

这种兼并方式是两个或两个以上经营同类业务的企业，为了获得规模效益和市场竞争优势，减少不必要的相互竞争，通过协商并签订协议的方式，实现同类企业的合并，组成一个新的更大规模的企业。通过企业的强强联合，可以集中优势资源[2]，这种合并可以将原有的几个企业各自的营销体系、行政管理机构等非生产性机构合并，从而达到减少非生产性开支，提高效益的目的。

（二）企业兼并重组的一般原则

1. 自愿互利原则

公司制企业是具有独立法人资格的组织，具有独立的财产权，企业的股东会可以决定企业的经营和资产处置。为此，企业的一切行为应当由企业股东会或董事会自主决定，任何组织和个人都不应当非法干预。因此，企业重组应当坚持由企业相互协商并自愿的原则，不受地区、行业和所有制的限制。

2. 合法优化原则

国家每一个发展时期都会根据经济发展的需要，制定相应的产业政策。那么，在创业中实施企业兼并，必须符合国家的产业政策，符合国家有关产业发展的法律、法规，要明白国家发展的重点是什么，国家限制发展的行业是什么。其实国

---

[1] 邱业伟. 企业兼并的问题及其法律规制构想[J]. 甘肃社会科学, 2007, （3）: 167.
[2] 毛发青, 李秀玉. 中国企业兼并特质分析[J]. 中央财经大学学报, 2008, （9）: 71.

家的产业政策也体现了市场的需求。因此，企业在实施兼并中，必须立足优势互补，有利于优化企业结构，提高企业竞争能力，提高产品的市场占有率，提高企业的整体经济效益。

3. 提档升级原则

在市场竞争中，企业必须不断提高生产经营层次，不断改善自己的生产工艺。因此，实施兼并重组必须有利于盘活各方的存量资产，改善各方的经营条件，使产品能提档升级。在兼并过程中，必须建立规范的现代企业制度，按照《公司法》规定的经营管理组织和权限，建立现代企业经营机制，促进企业的科学管理。

（三）企业兼并重组的一般程序

在企业兼并过程中，经双方法定代表人协商达成一致后，还应当履行一系列的手续，基本上要经过以下三个程序，才能完成企业兼并，实现新企业的正常运行。

1. 清产核资登记

各兼并企业做好资产清理，填写资产负债表、财产清单、知识产权证书，将其登记造册。在此基础上，采取适当方式通知债权人，如果通知不到债权人，就在媒体上做好公告，凭证据做好各方债权人债权的登记。同时，清理好企业自己的债权，能收回的尽量收回，对于不能收回的或未到期的债权，通知债务人做好接洽工作。

2. 股东会议决议

兼并各方从企业竞争力、市场开拓、资金运行、产品升级等方面，分别提出兼并的可行性报告，在此基础上，召开公司董事会，形成初步决议，并对兼并问题作进一步研究，最后，将研究修改意见提交公司股东会讨论通过，形成股东会决议。

3. 机构机制重构

公司兼并后，对公司权力机构、管理机构重新进行改组完善，并制定公司股东会、董事会、监事会、经理议事规则。由经理将各方职能相同的机构组合在一起，对机构人员按照精简、高效的原则重新确定，对机构职责重新进行界定。在此基础上，对公司各项规章制度进行修订，重新建立公司运行的各种机制。

第六章 市场：创业成功的重要基石

农业创业一定要以市场为中心，做到因为有市场需求而投资，因为有利润而经营。在市场经济条件下，农业经营不仅是为了满足农民自身的生活需要，更主要是为了满足社会市场的需要。农民的生产是为了获取家庭和个人利益，也就是说农产品已经变为商品，具有浓厚的商品特征。因此，农产品要想变成商品，必须通过市场才能实现从产品到商品的转化。也就是说只有通过合适的营销渠道，以合适的市场为载体，才能实现农产品的商品价值，生产者才能获得收益，赢得利润，从而实现创业的真正目的。所以对任何一个创业者来说，产品必须要找到适合的营销渠道，并能实现市场的不断开拓扩大，才能最终实现成功创业。那么，怎样才能实现市场开拓呢？市场开拓的方法和手段很多，但对于一个刚刚进入创业领域的农民而言，市场开拓无疑是困难的，只有掌握了市场开拓的方法，才能顺利建立起市场营销的渠道，产品才能在市场机制的作用下转变为商品，从而实现创业的初衷，即获取利润。

一、靠产品打开市场：独特产品

现代社会已经由卖方市场转变成了买方市场，因而，创业的关键不完全是生产出产品，关键是产品生产出来之后，怎样将其卖出去，能否持续打开市场。那么，到底应当靠什么打开市场呢？久经商场的人都知道，民间关于商业的诀窍可以用一些简单的方式表达，即人无我有，人有我多，人多我好，人好我优，人优我廉。这些朴实的话语，充分表达了创业中市场营销的机制。就是要有独特的理念，独特的产品，独特的方法。

（一）创造独特产品才能彰显个性

1. 独特产品可以快速进入市场

市场是商品交换的场所，是满足消费者需求的场所，是实现商品价值的场所。然而，市场的形成是消费者长期选择的结果。一种新的商品如果没有特别之处，要想顺利地进入市场并营销出去，实现其经济价值，必然会受到市场上同类商品不自觉的抵制，必然会受到消费者消费惯性思维的排斥。这是社会心理和消费心理的必然规律。那么，如何破解这道难题呢？答案只有一个，就是必须寻找市场机会，开拓目标市场，进行市场细分[①]，生产与众不同的独特产品，凭借产品的独特性，凭借人无我有的优势快速进入市场。由于这种商品与众不同，而吸引消费者，又不会受到市场上现有商品的排斥。因而，能快速进入市场，获得消费者的认同。因此，农业创业企业在市场开拓上，只有追求产品的独特性，凭借与众不同的特点快速进入市场，逐步占领市场，才能在不长的时间内打开销路。

2. 独特产品可以抛开竞争对手

市场上竞争最为激烈的不外乎是同类商品，这些商品处在相同层次，瞄准的是相同的消费群体，因而构成狭义的竞争对手。如何抛开这些竞争对手，做到相对与世无争呢？只能是谋求尽量减少狭义竞争对手，而使自己变成广义竞争对手。这种改变的办法就是要使自己的产品和竞争对手站在不同层面，瞄准不同的消费群体，生产具有不同于一般商品特征的商品，才能在市场上快速站稳脚跟，寻求自我发展。例如，同样是生产蔬菜，人们生产的是大众化蔬菜，你就可以生产有机蔬菜、纯天然蔬菜。有机农业的市场潜力和发展前景十分广阔，培育和发展我国有机食品市场，重点面向中高档消费者，生产和开发有机食品，是决定我国有机食品产业发展前景的关键所在[②]。同时，还可以反向思维为指导，当人们按自然季节生产蔬菜时，你就可以采取塑料大棚等方法，生产反季蔬菜。这样，就避免了和同行之间的竞争，形成了自己市场营销的相对独立王国。

3. 独特产品建立独特消费群体

任何一种产品都有自己的消费群体，也就是说你的产品是为谁生产的，是准备什么人群来购买的。大路商品因为针对大众消费者，缺乏独特的消费群体，因而总是处在激烈的竞争中。这样既增加了企业市场开拓的难度，又不利于企业提升产品质量。那么，如何化解这一难题呢？办法就是建立独特消费群体。而独特的消费群体需要独特的产品来实现，因而打造独特产品，彰显出产品的个性特征，瞄准自己定位的消费群体，就可以快速建立起独特的消费群体。

（二）创造独特产品才能吸引消费者

1. 独特产品能满足消费者个性化需求

现代社会是一个彰显个性的社会，消费者的个性化需求日益明显。而目前市

---

① 张新国，张光忠. 论新市场开拓策划[J].中南财经大学学报，1998，（2）：81.
② 赵云君. 影响绿色产品市场开拓的产业问题研究[J].生态经济，2006，（5）：261.

场正处于销售和购买的两难境地，一方面生产商感到消费者需求不好把握，商品营销难，另一方面消费者感到市场上商品虽然琳琅满目，种类繁多，但要想找到一件自己称心如意的商品一样难。这种状况的形成主是生产企业忽视了消费者的个性化需求，商品缺乏差异化的独特卖点。所谓差异化的独特卖点，就是你的产品在众多同质化产品中与众不同的某一个特点，这样才能保证自己的商品能脱颖而出，能满足消费者个性化需求。

2. 独特产品能填补大众化商品的不足

大众化商品因缺乏独特性，使自己处于众多同类商品的激烈竞争中，具有可替代性。而独特产品因其独特，具有不可替代性，因而能满足特殊人群的需要，从而找到独特的消费群体，建立起自己的目标消费群。这就需要企业以某种方式排除一个或几个技术障碍，使产品跨过原来的技术障碍进入一个新的市场——独特市场[①]。同时，独特商品因与众不同，可以有效减少竞争对手，形成自己的消费圈子。也许你会认为，独特商品因为其独特而非一般企业可以生产，其实不然，只要具备了生产独特商品的理念，就可以生产出独特商品。例如，同样是饲养鸡，人们普遍追求鸡的肥大，因而使自己的鸡失去了特色。而有些人在饲养鸡的过程中，按照生产独特商品的理念，追求鸡的有机、天然特点，由原来采用精料饲料改为草料饲料，并加上对鸡实行统一的体育锻炼，使鸡变得脂肪减少、瘦肉增加、维生素和蛋白质含量增加，从而使鸡的营销价格提升，专供高档酒店和富裕人家自己享用。

3. 独特产品能抛开同类商品竞争对手

独特产品可以有效地从激烈竞争中退出，而独占市场中的某一个层面，甚至可以从众多名牌商品独霸的市场中一跃而出，迅速成为遍及全国市场的品牌。2003年以前，王老吉只是个地方凉茶品牌，当时年营销额仅 1.8 亿元，而由于它定准了清火的独特性定位，到 2010 年营销额高达 160 亿。"怕上火，喝王老吉"——就是这么一个简洁明了的定位，让王老吉迅速跃升为中国饮料行业营销额最高、品牌影响力最大的品牌。农夫山泉水饮料的卖点是"有点甜"，正是凭借"有点甜"的卖点提炼，农夫山泉在消费者心中留下了难以磨灭的深刻印象，营销一路攀升，很快成为我国瓶装饮用水市场的前三甲。纵观成功企业的经验，他们之所以能够在激烈的市场竞争中取得成功，无疑是他们准确地找到了产品的独特卖点，抓住了特定的消费群体，满足了消费者的特殊需求。建立起了产销直挂式销售体系，

---

① 赵振元，银路，成红. 新兴技术对传统管理的挑战和特殊市场开拓的思路[J].中国软科学，2004，（7）：75.

该体系流通渠道短、环节少、效率高，可以减少有机农产品销售过程中的中间环节，降低销售成本，同时可以缩短生产者与消费者之间的距离，有助于建立消费者与生产者之间的相互信任①。因而，只有打造独特的产品才有利于建立产销直挂式销售体系，有利于打开市场，拓宽产品的销路。

（三）创造独特产品做到与世无争

创造独特产品，并非高不可攀。每个创业者只要具备了创造独特产品的意识，就可以创造出独特产品。

1. 在生产理念上下工夫

产品的特点来源于生产者的理念，农业创业企业在市场实战中，一定要有准确、明晰的生产理念，对于自己的企业和产品一定要有准确的市场定位。可以通过改善产品特征指标和功能的新兴技术，在大多数情况下其市场呈团簇性，市场集中在一个角上的客户群②。因此，在制定产品概念时要从三个理念出发：一是可识别性，即自己的产品有与众不同的看得见的独特品质；二是差异化个性，即自己生产的产品从某一点上与众不同。这种与众不同会使产品不仅能满足现有客户的需求，而且可以满足新的客户的需求，这种新的客户，就是新的团簇市场中的客户③；三是心理震撼性，即商品可以强烈地打动经销商与消费者，是他们内心强烈需求的表达。只要按照这种指导思想去谋划、去打造、去追求，就一定能创造出独特产品。

2. 在产品功效上下工夫

任何产品都有一个基本的功效，如粮食可以填饱人的肚子，满足人们克服饥饿的需要，水可以解渴，满足人们对水分的需要。在商品紧缺供不应求的年代，产品只要具备了基本功效，就可以顺利地营销出去，实现产品的价值，实现生产者的目的。但我们处在一个供过于求的时代，市场已经由卖方市场成了买方市场。商品的营销已经由过去的卖方决定转变成了买方决定。必须打造商品的独特功效。特别是农业创业企业，生产的都是与农有关的产品，应当围绕农产品的特点来做文章，进行精心设计。可以针对人们生活品质提高的特点，紧盯绿色、有机、环保、无公害、低碳、节能来打造产品，尽可能将这些理念中的某一个要素融入产品中，使产品具备独特的功效和品质，从而赢得特别消费群体的信赖。

① 赵云君. 影响绿色产品市场开拓的产业问题研究[J].生态经济, 2006, (5): 261.
② 赵振元, 银路, 成红. 新兴技术对传统管理的挑战和特殊市场开拓的思路[J].中国软科学, 2004, (7): 75.
③ 赵振元, 银路, 成红. 新兴技术对传统管理的挑战和特殊市场开拓的思路[J].中国软科学, 2004, (7): 75.

3. 在产品包装上下工夫

随着时代的发展，人们不仅重视商品的内在品质，也重视商品的包装，而且包装的样式、材质、包装设计的花色、组合等，已经成为影响产品营销的重要因素。产品的包装要针对目标消费者，能在短时间抓住消费者的眼球，能从众多同类商品中一跃而出，让消费者难以舍弃。优秀的包装一定要符合市场化，符合不同消费群体的个性特征。必须要具备"三感原则"：看上去有价值感；摸起来有手感；使用后有满意感。包装的设计要能够在反映出产品独特个性的同时赋予消费者视觉上的高价值享受，使其产生美的联想与向往，消费者被初步吸引后，通过观摩包装能强化其购买心理，促成消费者的购买行为。特别是在供过于求的状况下，企业间的竞争日益激烈，价格下跌。更多的企业开始认识到产品差异的潜在价值，大力开拓生产两种或两种以上的产品，以显示其不同的特色、款式、质量、型号等①。精美独特的包装对于商品品牌形象的塑造起着不可低估的重要作用。

二、靠运作占领市场：独家代理

市场运作的关键在于能跳出竞争的环境，进入消费者无可选择的购买境界。而市场经济就是竞争经济，怎么能跳出竞争呢？当然，这里的跳出竞争不是绝对没有竞争，而是相对没有竞争。通过商品的独特性做到不和同类商品竞争，在此基础上，至少做到在一个区域自己的商品不和自己的商品发生竞争。做到的方法就是独家代理，这既是名牌商品的普遍运用方法，也是新品牌打造的规律。

（一）独家代理是树立品牌的必由之路

1. 独家代理能树立商品的形象

独家代理是指在指定地区和一定的期限内，由商品的生产者委托独家代理商对自己的商品进行营销，商品生产商在这一地区不再委托第二个代理人。也就是每一种商品在一个辖区只有一个经销商。由于只有一家经销商，生产商可以精心挑选经销商，可以选择那些口碑好、形象好的经销商进行代理。从而容易树立起商品的良好形象。独家代理营销，一般由生产企业统一进行门店款式、色彩的设计，统一承担门店装潢的费用。这样无论走到哪里，该商品的对外形象都是统一的，不至于造成消费者的视觉混乱，可以起到对外的良好宣传作用。

---

① 张新国，张光忠. 论新市场开拓策划[J].中南对经大学学报，1998，（2）：78.

2. 独家代理能稳定商品的价格

商品的价格主要是由商品的价值形成的，但同时也是由生产企业的营销策略所决定的。在缺乏统一代理营销的环境下，经销商出于自身利益的考虑，希望在竞争中获取优势，从而顺利地将自己所营销的商品营销出去。在同一个区域同种商品有多个经销商的情况下，消费者购买商品就只能选择价格便宜的经销商。由于多个经销商经销同一种商品，每个经销商在没有和其他经销商共谋的情况下，只能通过比其他经销商价格更低的策略实现营销。那么，其他经销商同样为了取得营销上的优势，只能选择更低的价格获得竞争优势。因此，就形成了同一区域同一品牌的相同商品价格不同的尴尬局面。如果在一个区域同一商品只有一个经销商，实行由生产企业统一定价的策略，就避免了经销商和商品的经销商内部的价格竞争，从而能稳定商品价格。

3. 独家代理能形成统一的战略

商品价格变化是生产企业针对市场消费情况的变化所采取的策略。那么，商品什么时间涨价，什么时间降价，必须有一个统一的考虑。如果没有实行独家代理，不同的代理商就会以自己的利益作为出发点，擅自做主调整价格。这种各自为政的做法，就会破坏生产企业的价格战略，形成被动局面。实行独家代理后，可以由生产企业根据商品市场行情的变化，作出科学的部署和决策，形成商品营销方式、营销价格的统一战略。

（二）独家代理是维护品牌形象的必然之举

1. 实行独家代理有利于维护品牌形象

任何商品的品牌形象都是靠生产企业和经销商共同打造出来的，同时也需要生产企业和经销商共同维护。实行独家代理，生产企业可以精心挑选代理商，因为代理商的诚信直接关系到消费者对商品的信任程度，只有诚信并有一定档次的经销商代理的品牌，消费者的信任度才会高，消费者才会放心购买。试想，如果一个名牌商品放在地摊上卖，消费者绝对不会相信这会是名牌商品。通过选择并实行独家代理商，就可避免名优商品进入地摊营销的尴尬，从而提升消费者对名优商品的信任程度，有利于维护商品的形象。

2. 实行独家代理有利于统一市场宣传

市场宣传是树立商品形象的重要举措，如果采取分散代理营销的方式，势必会造成经销商各自为战的做法，使得企业和商品的形象不一致，而且宣传费用也高。实行独家代理的营销方式，企业可以统一进行市场宣传的策划，统一实施市场宣传。可以有计划、有步骤地开展市场宣传，集中财力成片进行市场开发。这样既可以节省宣传成本，也可以保持宣传形式和内容的统一性，提高宣传效果，从而有利于提高企业和商品的知名度，有利于市场的拓展。

3. 实行独家代理有利于统一解决纠纷

在商品营销的过程中，可能会出现各式各样难以预料的纠纷，如果处理不好不仅影响市场营销，关键是还会影响企业和商品的形象，给企业和商品造成不必要的负面影响。加之发生纠纷的情况非常复杂，既可能是商品的质量问题，也可能是商品的宣传问题，还可能是服务态度和方式方法问题。纠纷的相对方可能是来自于消费者，也可能来自于国家行政执法机关。面对纷繁复杂的消费纠纷、行政纠纷，如果让代理商自己去处理和解决，由于代理商的法律水平、管理水平相差很大，可能会出现许多意想不到的结果。实行独家代理的营销方式，代理商本身是经过精心挑选的从事本行业的诚信主体，应当有处理纠纷的经验。加上生产企业可以统一聘请有经验的法律顾问，统一配合代理商处理纠纷，不仅省时省力，而且处理质量高。通过纠纷处理可以把坏事变成好事，把纠纷的相对方变成企业和商品的忠诚顾客。

（三）独家代理是打造团队的无本之策

1. 独家代理靠独特商品建成团队

农业创业企业一般是建立在白手起家的基础上，缺乏雄厚的资金。那么，靠什么来组建自己的营销团队呢？只能靠企业独特的商品。企业依靠自己独特的商品，精心选择代理商，代理商为了自身利益也会精心挑选所代理的商品。只有双方互相青睐才可能达成代理协议，形成代理关系。如果企业实行普遍撒网式的代理，代理商因为过多过乱，相互缺乏忠诚，代理商也不可能集中精力去打造和维护你的品牌。通过独家代理的方式，代理商可以充分感受到生产企业对自己的信任，可全心投入到商品的宣传和形象维护中，可以做到和生产企业自己营销一样的效果。

2. 独家代理靠利益共享发展团队

在独家代理营销方式中，代理商可能放弃其他同类商品的代理权，因而主要靠代理销售生产企业的商品形成企业利润。而生产企业靠代理商的营销业绩获得利润，这样，生产企业和从事营销的代理企业之间就形成利益共享的团队。大家都必须不遗余力地做好自己的事情，把自己的份内工作做好，才能共享成功的收获。任何一方的不负责任都可能导致双方的损失。作为生产企业必须保证商品质量的独特性、优质性和宣传策划的有效性。作为代理商必须保证想尽办法做好本地客户的营销工作，不断拓展市场面，从而使自己从销售量的扩大中获得更大的利益。

3. 独家代理靠合同激励规范团队

也许对于有些企业而言，可以充分发挥和享受到独家代理的优势带来的好处，但也许有些生产企业和代理商各打小算盘，弄得两败俱伤。那么，如何避免这种现象的发生呢？必须依靠合同，明确双方的责权利，规范双方的行为。使大家都能在合同的约束下，形成良好的合作关系，共享合作的利益成果，从而形成战略合作伙伴关系，建立利益共同体的模式。当然，这种关系的建立需要经过双方长期的合作，不断调整各自的行为，最终形成稳定的合作关系。在合作的过程中，双方要相互理解和支持，合理分配利益，互相欣赏对方、互相勉励对方，既要看到对方的弱点和当前的困难，又要看到企业的发展潜力，很多优秀的知名企业都是在相互扶持下，慢慢成长起来的。因此，在合作的过程中，要找到一个合理的利益平衡点，共同分享、共同促进、共同发展。

三、靠贴牌扩展市场：贴牌生产

农业创业企业起步之初，可能因技术不先进，品牌无名气，而难以打开市场。如何解决这一矛盾呢？企业可以选择贴牌生产的方式，解决企业初创存在的困难，实现先期占领市场的目的，待有了强大的市场后，再创立自己的品牌。这也是一种借船出海的策略和办法。

（一）贴牌生产是快速占领市场的必然选择

1. 贴牌生产的源起

贴牌生产称为 OEM，是指品牌拥有企业提供技术标准和产品样式，指定其他企业，为其生产产品和产品配件，这种产品生产出来后一般交由品牌拥有企业并以品牌拥有企业的名义，由品牌拥有企业销售的行为。贴牌生产的最大特点是品牌商自己不生产，而是委托其他生产企业生产，而自己拥有品牌。这种生产方式亦称为定牌生产或授权贴牌生产。这种贴牌生产源自欧洲。贴牌生产是社会化大生产、大协作趋势下的一种必由之路，也是资源合理化的有效途径之一，是社会化大生产的结果。在欧洲，早在 20 世纪 60 年代就已建立有 OEM 性质的行业协会，OEM 生产已成为现代工业生产的重要组成部分。随着经济全球化发展趋势的进一步加快，OEM 需求商有可能在更大范围内挑选 OEM 供应商，特别是向加工制造成本低廉的国家和地区转移。

在亚洲，日本企业为迅速占领市场，降低生产成本，最早采用了国际 OEM 的生产贸易形式。"亚洲四小龙"的腾飞亦与 OEM 有密不可分的关联。其中，台湾早已成为全球 PC 机最大的 OEM 基地，印度亦是通过 OEM 方式成为世界最大的计算机软件出口国。

2. 贴牌生产的优点

贴牌生产就是所谓的代工生产。贴牌生产是国际大公司寻找各自比较优势的一种游戏规则，能降低生产成本，提高品牌附加值，缩短运距，抢占市场。贴牌生产的最大的特点在于实现了品牌与生产的分离，品牌拥有者省去了厂房、设备和办公楼的建设费用，节省了投资，而且可以从繁琐的生产事务中解脱出来，而专注于技术、服务与品牌推广。而生产商可以利用现有生产设备、厂房设施专心生产，并可以借用他人品牌使自己的产品行销世界。因此，贴牌生产方式的运行机制就是在特殊的委托代理框架下，基于大规模定制思想实现供应链管理的生产模式。在这种模式下，品牌拥有者和商品的生产商各自发挥了自己的优势，获得了自己的利益，形成了互利互惠的合作关系。

3. 贴牌生产的运作

在贴牌生产的合作中，委托贴牌的企业负责研发、设计、市场开发。生产商负责按委托方的设计、样式、质量标准进行生产加工。双方依照合同的约定进行责权利的分配。这种方式的好处是生产企业可以根据企业未来发展需要制定出长远的发展战略，把对研究与开发的投入放到首要位置，而充分利用 OEM 方式将企业的生产结构转化成能对市场态势发展作出快速反应的弹性结构，这样既可以在竞争中取得优势，又有利于资产的合理化配置，避免固定资产的盲目投资。而生产商可以充分利用厂房、设备和劳动力，盘活现有资产，从而形成生产上的竞争优势。

（二）贴牌生产是借品牌树立形象的最佳途径

1. 实行贴牌生产可以直接进入名优商品生产的行列

贴牌生产对委托方来说，就是借鸡下蛋、借船出海，企业可以不用花费自有资本，形成自己的生产能力，减少了企业的投资风险，避免了过多的固定资产投资。贴牌生产对生产商来说，可以直接生产名优商品，使自己的生产水平一下跨入名优商品生产的行列。农业创业企业起点低，缺乏自有品牌，纵然注册自有品牌也缺乏知名度，因而要打开销售市场面临着很多困难。但如果接受名牌商品企业的委托，生产的产品就必然以名优商品见诸于世。随之，企业的知名度也会在行业中提升，而且可能会因此带来更多的订单。

2. 实行贴牌生产可以直接提升生产技术和水平

农业创业企业由于刚刚兴起，很多企业生产停留在简单的加工，如果能接受名优企业的委托，承接贴牌生产任务，工人可以接受良好的培训，提高生产技术，企业可以接受严格的规范，提升生产技术和管理水平。这种方式也是我国改革开放初期引进外资的初衷。在为委托企业生产产品的过程中，生产加工企业的全面能力必然得到提升，为以后企业创立自己的品牌打下坚实的基础。

3. 实行贴牌生产可以树立企业的形象和知名度

由于农业创业企业生产水平和品牌缺乏的限制，自己的企业形象很难树立。而快速树立企业形象的方法就是贴牌生产。因为，企业接受委托生产名优商品，不仅提高了企业的生产水平，而且在同行中，人们也会高看一眼，在市场上通过各种途径的传播，企业形象和知名度就会提高。

4. 实行贴牌生产有利于提升企业的核心竞争力

核心竞争力是一个企业能够长期获得竞争优势的能力，是企业所特有的，能够经得起时间考验且具有延展性，并且是竞争对手难以模仿的技术或能力。核心竞争力实际上是隐含在公司核心产品或服务里面的知识和技能，或者知识和技能的集合体。对于委托企业而言，因为产品生产加工委托给他人承担，自己就可以专心研究产品的研发、品牌打造和市场营销策略。受托的生产企业就可以专心提高生产技术和水平。从而双方都可以集中精力提升企业的核心竞争力。

（三）贴牌生产是企业间建立合作机制的必然举措

企业合作的方式很多，但贴牌生产是农业创业企业快速成长的途径。贴牌生产涉及两个企业的生产、经营和管理，对于贴牌双方而言，也是一种挑战，必须正确妥善处理。

1. 依法分工相互补充

在企业的贴牌生产中，合作的双方都必须充分发挥其优势，形成优势互补。特别要做好分工合作，可以通过合同的形式把双方的责权利明确下来，依照合同的约定各自行使自己的权利，认真履行各自的职责。在日常工作中，还会遇到一些合同约定不明确的问题，必须依照惯例做好协调配合工作，以求双方利益的最大化。

2. 统一标准赢得信赖

在贴牌生产过程中，一定要统一产品的生产标准，防止因工人操作问题，出现产品质量差异。因此，必须统一生产流程、工艺流程，做到产品生产标准化，产品加工精细化，产品包装精美化；本着既对委托方的声誉负责，也对生产方的信誉负责，同时对消费者负责的态度，从而以优良的质量赢得消费者的信赖，以优质的服务拓展市场领域。

3. 更新技术培育品牌

贴牌生产的方式无论对委托方和受托方都可以快速打开市场，提高市场占有率。但是企业要获得长足发展还需要不断提高商品的美誉度，来不断提升品牌的市场价值，借此使企业来不断发展壮大。对此，无论是品牌的拥有企业还是生产企业，都必须时刻了解产品在市场上的表现，掌握、分析市场发展动态，把握产品的市场需求和走向，及时增加品种花色，更新生产技术，开发新产品，逐渐降低生产成本，提高生产能力，壮大企业实力，做大做强自己的品牌。

随着品牌在市场上知名度的提升，愿意为之提供贴牌生产的企业也会越来越多。同时，生产加工技术越高，就会有越来越多的品牌愿意委托生产加工，形成良性合作的局面。

四、靠他人宣传市场：商标许可

（一）商标靠产品立市

1. 产品是商标的基础

商标注册是企业宣传的基础，是企业品牌意识增强的具体体现。很多企业生产出了优质的产品，但因没有注册商标，在市场上产品无名，难登超市等大型商场。但并不是说有了注册商标产品就一定能赢得市场。商标和产品是相辅相成的关系。一个好的商标必须要凭借优质的商品才能在市场上立住脚，同样，一种优质产品必须凭借好的注册商标，凭借名牌商标才能在消费者心里留下印象。名牌是品牌的升华，一方面意味着该品牌所代表的产品本身品质好、质量高，被消费者广泛认同，且知名度和美誉度非常之高[①]。因此说产品是商标的基础，商标是产品质量的代名词。

2. 产品是商标的载体

近年来，人们越来越重视商标注册，甚至专门有人靠注册商标赚钱。这说明企业的商标意识在增强，消费者的商标意识也在增强。而任何一个商标的影响力和知名度，都只能靠产品本身的质量来体现。因此，产品是商标的载体。离开了产品，商标在消费者心中只是一个普通符号。所以，如果企业初创，可以通过他人许可商标，使自己的商品快速进入知名商品的行列；如果创业企业自己注册了商标，也可以通过许可他人使用，使自己的商标能在市场上形成影响力和知名度。

3. 产品是商标的关键

商标只是标明产品出处的符号，如果离开了产品本身其意义将大打折扣。所以说产品是商标的关键。但是在现代社会，同类产品众多，人们凭什么去识别商品质量呢？主要凭商标，这就是人们常说的牌子。因此，优质商品必须凭知名商标才能占领市场，知名商标必须凭优质产品才能获得消费者的认同。产品和商标是一对双胞胎，是谁也离不开谁的相互依存关系。

（二）商标靠宣传成名

1. 借他人之手宣传自己的商标

如果企业有一个好的商标，可以许可给他人使用，并鼓励使用人对商标进行宣传。使用人为了使自己的产品占领市场也会主动加强对自己产品的宣传，由于产品和商标的特殊关系，使用人在宣传产品时实质上就是在宣传商标。最典型的就是"王老吉"商标，1995 年广药集团把红罐"王老吉"商标通过商标许可的方式，许可给加多宝公司使用，经过 15 年的宣传，到 2010 年到期时，"王老吉"商标已成为世人皆知的品牌，价值千亿元[②]。在这个商标许可中，其实是个双赢的结

---

① 王益锋，石冠峰. 西部农村农产品的市场开拓[J].经济问题，2000，（6）：44.
② 王茜.广药集团胜诉收回王老吉商标 红绿之争落幕[OL]. http://finance.sina.com.cn/chanjing.

果，"王老吉"商标借红罐变成了世人皆知的品牌，加多宝借"王老吉"商标成名，改名"加多宝"后，同样市场不减，行销全国。

2. 借他人产品树立自己的品牌

一个注册商标诞生之初，原本没有任何知名度。那么，凭什么树立起商标的知名度呢？显然，要凭消费者对商品的认可度，这种认可度就是建立在对产品的感觉和使用的满意度上。因此，商标必须凭产品才能树立起自己的品牌形象。企业纵然有优异的商标创意，也必须将商标附于优质产品之上，形成珠联璧合的状况，从而树立起自己商标的品牌形象。

3. 借他人网络创建自己的渠道

现代市场营销已不同于传统的市场销售，必须靠营销网络。那么，创建市场营销网络需要时间积累。如何才能快速建立起自己的营销网络呢？同样靠借他人网络。可以将产品许可给拥有营销渠道的经销商，通过合同建立利益共享机制。这样，很快就可以建立起由他人经营的销售渠道。这种方式仍然是依据借船出海的原理。

（三）商标靠市场知名

1. 借他人市场扬名

商标的价值随着商品的销售范围、销售数量和知名度的变化而改变。如果能借他人市场把产品销售到全国各地，使之在市场上有一定知名度，那么，这种商标就会变得有价值。反观这种价值的形成过程，无不是借用他人市场的结果。因此，商标可以借他人市场而扬名。

2. 借他人市场开拓

商品一旦和营销公司签订了营销合同，建立起了互利互惠的营销关系后，营销公司随着商品销售量的提升而增加利润，而商品和商标就会随着营销公司市场营销面的扩大而拓展，知名度随着商品销售的范围不断提升。因此，农业创业企业在缺乏市场开拓能力的条件下，完全可以借助营销公司达到市场开拓的目的，从而使生产企业和营销公司建立起互利共赢的共生关系。

3. 借他人市场驰名

驰名商标是指由国家商标局认定的，在市场上享有较高声誉并为相关公众所熟知的注册商标[①]。驰名商标是最高规格的商标，也是知名度和价值最高的商标。驰名商标的评审有着严格的条件和程序，但也绝非农业创业企业所不能企及。只要方法得当，产品优质，商标创意优美，一样可以冲击驰名商标。如果农业创业企业能随着市场营销公司的开拓不断提高商标的知名度，提高商品的销售范围，加大广告的投入力度，就可以借助他人的市场达到创立驰名商标的目的。

五、靠联合做大市场：联合营销

（一）联合营销的优点

1. 共用营销网络，节省资源

市场营销网络建立起来后，应当尽可能发挥其作用。一般一个企业建立起来的市场营销网络，只负责经营企业自己的产品。如果多家企业联合经营，同样是一个市场营销网络，就可以经营多家企业的产品，这样就节省了建立市场营销网络的资金、人员，乃至于人脉资源。而且可以提高营销人员的酬金，有利于调动营销人员的工作积极性，可以尽量挖掘市场营销网络的潜力。

2. 共用营销网络，优势互补

在市场开拓上，每个企业都有自己掌控的市场，每一个企业都有自己的核心产品。在分散经营的情况下，只是各自分别占有很少的一部分市场。如果多个企业联合，就可以把大家分别拥有的市场变成大家共有的市场，而且每个企业的核心产品组合在一起销售，可以形成优质组合，满足消费者多元化的需求。这样，无论是在市场占有上，还是在满足消费者的需求上，都可以形成优势互补。

3. 共用营销网络，相互依赖

随着市场竞争的日益激烈，分别营销的每个企业之间都是竞争对手。如果改变自己的营销战略，创新企业的营销模式，组建强强联合的联合营销网络，不仅可以巩固已有的市场地位，增强企业的竞争实力，而且在进入新市场时，可以节省巨额的投资，减少无益的竞争，从而形成相互依赖的格局，达到保护联盟者利润率的目的。

---

① 唐立新，汪发元. 经济法新编[M].武汉：武汉大学出版社，2009：181.

（二）联合营销的原则

1. 追求互利互惠的目标

联合营销的目的就是要节省成本，减少竞争，追求利益的最大化。因此，互利互惠就是联合营销最基本的原则。商场上有句至理名言，没有永恒的敌人，也没有永恒的朋友，只有永恒的利益。这句话揭示了联合营销的本质，只有合作各方都能各得其所，联合营销才能顺利向前发展，也才能保持长久的联合。一旦出现联合各方利益的不协调，就预示着联合体的破裂。只有各方都能从联合中得到好处，齐心协力才会变成联合各方的自觉行动。

2. 寻求目标市场的相同

在联合营销中，各方的产品身处同一营销场所，接待的是同一类型的消费群体，而这些消费群体的消费层次是相对固定的，不可能既选择高档次的消费品，又选择低档次的消费品。因此，联合各方的产品档次要接近，目标消费群体要基本一致，这样才容易收到联合营销的理想效果。例如，生产有机蔬菜的企业就应当和生产绿色食品的企业联合，因为只有那些收入水平较高的人群，才更加注重健康，对蔬菜和食品的质量更加讲究，才会走进同一类型的商场和超市。

3. 联合各方优势的互补

不同的企业生产的产品市场定位也许相同，也许不相同。有的企业定位于高档商品市场，有的企业定位于低档商品市场。在联合营销上，应当选择生产相同档次商品的企业进行联合，而且生产的产品种类不同，这样的联合就能相互促进。也就是说联合企业所生产产品的档次上接近，在所生产产品的种类上一定是相互补充的关系。因为商场上同样还有句至理名言，同行是冤家！试想，如果是生产同类产品的企业，无论联合与否，在销售上都必然会产生竞争。只可能是竞争对手，不可能走向联合。如果生产的产品种类不同，而且都是同一个档次，又是消费者所必需，那么，就形成了产品间、企业间的优势互补，从而可以形成联合促销。

4. 追求良好形象的联合

选择联合对象必须考虑对方的市场形象，俗话说，物以类聚，人以群分。这就告诉我们，优秀者总是和优秀者走在一起，假冒伪劣商品总是和假冒伪劣商品放在一块推销。因此，联合一方的形象势必影响到联合各方的形象。企业树立自己的市场形象需要经过漫长的时间，一旦选择合作伙伴不当，有可能损害甚至破坏自己的市场形象，特别是与一个品牌形象不佳的企业合作营销，不仅不能促进销售，还存在破坏自己企业形象和品牌形象的极大风险，最终得不偿失。

（三）联合营销的组建

1. 选准联合营销的对象

联合营销成败的关键是选准合作对象。如果合作方中有一方的产品不能被消费者接受，就会影响其他各方产品的营销；只要有一方企业形象或品牌形象不佳，就会影响其他各方的企业形象或品牌形象；营销中如果有一方损人利己，就会破坏合作效果。所以必须选择诚信守法，对事业有所追求，能把消费者利益放在首位的企业进行联合。

2. 看准联合营销着眼点

企业千差万别，各有所长，若想取得联合营销的成就，必须找准联合营销的着眼点。联合企业必须具有各自独特的资源优势，而且自身的资源优势应是其他联合企业所不能替代的；同时，联合企业生产的产品还能形成互补性，能为客户提供各具特色的营销价值与核心利益；在此基础上，还必须能形成相同的销售方式，即都进入超市销售或都实行上门直销，或都建立专卖店，这样就可以有效地节约企业的营销成本，为客户提供选购商品的便利，节约购买商品的时间；顾客购物价值的倍增性是联合营销的高级追求，企业不仅要充分考虑为客户节约物质成本，还要充分考虑为客户节约精神成本。最好能形成原材料供应、产品营销一体化联合。因此，必须建立以市场配置资源为基础的、稳定的原材料供应、生产、销售、技术开发和技术改造等方面的协作关系，从而使两者的关系得到升华，达到互助和双赢[①]。可以逐步提升联合营销的层次，最终达到为客户提供一体化解决方案，形成物品的科学组合，也是企业联合营销的着眼点。

3. 找准联合营销的形式

企业间的联合形式是多种多样的，如产销一体化联合、品牌战略联合、广告传播联合、促销推广联合、价格策略联合等，联合方式的不同必然会产生不同的市场效果。因此，联合企业必须分析各自的优势，弥补相互的不足，寻求科学的联合营销的形式，达到联合后企业营销成本低，消费者购物方便，商品组合科学合理，市场美誉度提升，市场占有率扩大的目的。

---

① 郑馨，陈明. 中小企业市场开拓社会化服务体系的构建与运作[J]. 经济体制改革，2005，（3）：49.

第七章　法制：必须遵循的市场规则

改革开放不仅给中国带来了新思维、新技术，而且给中国带来了法制的理念。各项法律、法规、规章从无到有，历经多年的实践，很多法律、法规经过了多次修改并逐步完善健全。然而违法现象还众多，特别是有些政府部门及其人员法制观念淡薄，违法行政还不同程度地存在。作为企业特别是农民创办的企业，既没有各种关系可以依靠，也不能凭侥幸心理去违法经营。那么，凭什么做大做强企业呢？必须牢固树立起法制观念，做到守法经营。即使企业凭侥幸违法经营，也只能发展一时，根本谈不上长期的发展和繁荣。

一、依法管理合同

（一）合同管理的意义

企业是现代经济的产物，被称为市场经济的主体，是现代经济区别于小农经济的显著标志。企业建立起来以后，必然要进入市场进行交易。而在利益追求的刺激下，一些市场主体利用合同进行欺诈或在合同中设置陷阱的情况时有发生，大大增添了合同管理中的风险①。企业靠什么进行交易？答案只有一个，就是合同。合同是商品经济的产物，有经济上的交易就必然会有合同。特别是现代经济，正在走向规范化、法制化的轨道。一个企业能否有效地依法把好合同关，关系到企业的生死存亡。中国的 500 强企业多年的管理经验证明，企业最大的法律风险来自于公司治理和合同管理。

1. 合同是依法确立企业权利义务的依据

合同是一种契约，是当事人之间依法确定、变更、终止民事权利义务关系的协议。作为企业必然要采购原材料，必然要销售自己的产品，必然要聘请员工，而且企业股东之间要有投入和分配，那么，各方的权利、义务如何界定？只能通过签订合同，在合同中进行具体的明确。在整个合同的执行过程中，各方面都可以依据合同的约定来履行自己的义务，同时，享受自己的权利。虽然

---

① 郭平宜. 市场竞争环境下的企业合同管理研究[J]. 暨南学报（哲学社会科学版），2008，（1）：83.

减少和预防市场风险的手段和方法很多，但其中一个非常重要的手段就是把好合同管理关，通过加强企业合同管理以在最大限度上协助当事人依法获取预期经济利益①。如果没有明确的合同作为依据，一旦发生纠纷，就会因为责任、义务、权利不清，而难以处置。而合同的各方都是独立的利益主体，都有自己的诉求，没有合同作为权利、义务依据，将会留下难以处置的后患，严重的可能会给企业带来灭顶之灾。

2. 合同是规范管理企业经营行为的手段

中国是一个从长期的计划经济过渡到市场经济的国家，人们习惯了个人说了算，特别是家庭式企业，因此，企业管理具有随意性。而合同是现代企业管理的重要手段，企业合同的管理工作，是一项全过程、全方位的科学管理工作②。合同从商谈到起草，到最后会签，必须经过一整个完整的流程。在这个流程中，客观上规范了企业的管理行为。不仅如此，通过合同的起草、签订，为依法解决经济纠纷奠定了良好的基础，有利于提高管理者的素质，促进企业规范化管理。

3. 合同是依法解决企业经济纠纷的凭证

企业在长期的经济运行中，必然会发生各式各样的经济纠纷，这是不可能完全避免的。市场经济就是一种合同经济，只有加强合同管理才能减少经营风险，增加企业经济效益①。那么，依据什么来解决纠纷呢？传统的方法是凭借各式各样的关系，因此，形成了以权压法、权力寻租的混乱局面。现代社会应当是法制社会，依法解决纠纷是法制社会的应有之意。在我国依法解决纠纷的方法有两种，即仲裁和诉讼。而仲裁、诉讼的规则是谁主张谁举证，即提出自己主张的单位或个人都自己提供证据，以证明自己的主张的客观真实性。合同在经济纠纷中，就成为了重要的证据，在仲裁和诉讼中起着重要的作用，决定着纠纷的胜败。因此，合同是依法解决企业经济纠纷的凭证，必须依法签订和管理。

（二）合同管理的流程

企业应当建立自己的法制机构，为企业的各项决策提供法律咨询和参谋。当然，初创业者由于规模小，经济实力有限，可以不建立专门的法制机构，但必须聘请有关法律人士担任企业法律顾问，协助做好企业的合同管理工作。企业的合同管理一般要经过以下流程。

---

① 郭平宜. 市场竞争环境下的企业合同管理研究[J]. 暨南学报（哲学社会科学版），2008，（1）：84.
② 郭平宜. 市场竞争环境下的企业合同管理研究[J]. 暨南学报（哲学社会科学版），2008，（1）：85.

1. 合同的洽谈

任何一场交易的完成都必然要经过交易双方的多次洽谈，企业在洽谈合同的过程中，应当邀请企业法律顾问参加，使商谈的内容既符合法律的规定，同时又对己方有利。如果企业法律顾问不能参加合同的洽谈，可以先进行口头磋商，达成一些意向。并及时征求企业法律顾问的意见，通过法律顾问的把关，使洽谈的内容合法、有效。

2. 合同的起草

合同经过初步洽谈基本达成一致后，企业可以安排适当人选起草合同。在合同起草过程中，要明确界定合同主体资格，保证其资格的合法有效性。合同主体必须是合法成立的企业，合同中应当写明合同双方经工商行政管理部门登记的企业名称、企业营业执照注册号，合同签订人员的身份及企业法定代表人授权书等。同时，保证合同主要内容完备，即合同的标的、双方的权利义务、价款、质量与数量、交付方式、交付时间、违约责任、争议的解决方式等必须完备。同时，要保证合同条款符合法律、法规的规定，保证合同的有效性。合同中如果涉及标的质量，质量标准必须明确、具体，具有可识别性。可以用国家标准、行业标准及企业标准进行界定。违约责任是合同中不可缺少的条款，是约束合同当事人履行义务的重要措施，是约定违约方不履行义务或不正确履行义务必须承担的责任条款，应当具体明确。争议的解决方式是合同中的最后条款，往往容易被忽视，应当引起高度重视。关于争议的解决与管辖要做到具体、明确。要明确到争议的解决程序、争议的范围、管辖的法院或者仲裁机构，在不违反法律、法规强制规定的情况下，尽量选择对己方有利的争议解决方式或管辖机构。

3. 合同的签订

合同起草好后，由企业法定代表人签订。最好实行经济合同会签会审制度，由承办部门牵头，举行由企业计划、财务、审计、合同管理等有关部门人员参加的合同会签会议。各相关部门分别对合同的具体条款内容进行审查，并书面提出审查意见，形成统一意见后签订合同[①]。在签订合同的过程中，要注意审查对方合同具体签订人员的身份，法律规定应当由企业法定代表人或负责人签字。如果法定代表人或负责人不能到场签字的，必须由其书面委托的人员即法人代表签字。要审查签字人员是否具有合法的授权委托书，仔细审查授权委托书所授予对方当

---

① 吕世东. 规范企业经济合同管理[J]. 经济管理，2000，(11)：33.

事人的权限、期限等①，并要将委托书留存及签字双方人员身份证复印留存。同时，要审查合同条款是否完备，是否明确、合法、准确和具体。完备、明确、具体的合同条款对双方当事人全面顺利履行合同和解决纠纷非常重要②。最后，还要选择好签字的地点，准确填写签字时间。

4. 合同的履行

合同履行是商谈合同、签订合同的宗旨，也是实现企业经营目的的重要手段。在合同履行中，己方要依照合同约定的义务全面正确履行，并保留好相关证据。同时，要督促相对方全面正确履行义务，如果相对方有违约行为，必须收集好相关证据，为依法解决做好准备。如果双方都能正确履行义务，履行完毕后，做好必要的签收手续。

5. 合同的备案

合同备案是合同管理的重要环节，不可忽视。当企业合同履行完毕后，合同执行人应及时将与合同相关的资料，包括合同书、合同签订人的身份证明、履行合同的发货单、收货单据、货物检验单据等各种证明材料交给企业相关部门备案。企业应当建立起完整的合同档案，以供企业在未来的经营中查询所用。

（三）合同管理的技巧

针对合同履行过程中出现的规避法律，刻意损害合同相对方权益的行为，《中华人民共和国合同法》（以下简称《合同法》）作了明确而具体的规定，企业必须认真领会并加以正确运用。

1. 正确行使不安抗辩权

在经济实践中，履行合同应当作为诚信的重要标志，但在合同实践中，往往有些企业只是引诱他方先履行合同，最后己方企业找出各种借口拒绝履行合同，由此导致履行合同的企业经济上吃亏的格局。但如果应当先履行义务的一方企业不履行合同义务，又会落下违约的责任。对此，应当怎么样用法律来保护企业利益呢？应当先履行合同义务的一方企业可以正确行使不安抗辩权。企业和相对方都有履行自己义务的责任，而且应当完全按约定履行。并且约定了履行的先后顺序。如果约定是由自己的企业先履行义务，那么，在正式履行前必须查明相对方

---

① 吕世东. 规范企业经济合同管理[J]. 经济管理，2000，（11）：34.
② 郭平宜. 市场竞争环境下的企业合同管理研究[J]. 暨南学报（哲学社会科学版），2008，（1）：86.

是否有履行义务的能力。如果分析到相对方已经丧失了履行义务的能力，必须想办法找到相关证据，并通知相对方要求其提供担保。如果相对方没有恢复履行能力或者拒绝提供担保，那么，就必须果断地提出中止合同履行[①]。这样可以减少自己企业不必要的损失。

2. 大胆行使代位求偿权

在企业合同管理中，由于经济的复杂性，往往存在着复杂的三角债务关系。不仅涉及多方主体，而且因情况复杂使自己的债权难以实现。特别是有些企业恶意利用这种复杂关系，逃避债务。企业面对这种恶意逃避债务的行为，应当大胆行使代位求偿权，即合同法所称的代位权。在双务合同中，合同相对方因欠本企业的债务而无力偿还，但相对方又享有对第三方的到期债权。如果相对方要恶意逃避自己的债务，就会以无偿还能力为由，拒绝履行自己的债务，但又不去主动行使其对于第三人享有的到期债权。在这种情况下，债权人如何实现自己的债权呢？债权人应当大胆地以自己的名义直接行使对第三人的到期债权，这种权利我国《合同法》第七十三条作了明确规定，称为代位权，其实质就是代位求偿权[②]。行使这种权利的关键是必须掌握债务人对第三人的债权的证据，而且是到期债权。只要掌握了这种证据，就可以直接以债权人自己的名义去行使，不需要经过债务人同意，也不需要债务人授权。

3. 勇敢行使保全撤销权

在合同履行过程中，如果债务人主观上想逃避债务，往往会想出各种办法和借口拖延履行债务。当债权人催讨时，便会以资产或资金已处置或送给了第三人为由，拒绝履行债务。当你调查时，会发现处置的价格明显偏低。也正是这种处置或赠送直接危害了债权人的利益。那么，债权人如何维护自己的利益呢？我国《合同法》第七十四条规定，因债务人放弃其到期债权或者无偿转让财产，对债权人造成损害的，债权人可以请求人民法院撤销债务人的行为。债务人以明显不合理的低价转让财产，对债权人造成损害，并且受让人知道该情形的，债权人也可以请求人民法院撤销债务人的行为。这就是法律赋予债权人的为保全自己的债权可以行使的撤销权。而且明确规定撤销权的行使范围以债权人的债权为限，债权人行使撤销权的必要费用由债务人负担。

为什么法律会赋予撤销权呢？因为行为人的行为具有主观恶意，即债务人与

---

① 唐立新，汪发元等. 经济法新编[M].武汉：武汉大学出版社，2009：102.
② 唐立新，汪发元. 经济法新编[M].武汉：武汉大学出版社，2009：103.

第三人所进行的法律行为，是在明知行为危害债权人利益的情况下而进行的。债务人的行为被法院撤销后，债务人的财产就恢复到了原来的状况，债权人就可以提起债权债务之诉，从而达到维护自己合法权益的目的。

二、依法参与竞争

（一）市场竞争的特点

1. 市场竞争国际化

随着世界经济一体化的快速发展，经济竞争呈现出国际化趋势，国内市场与国际市场之间的界限日渐模糊。也许我们会认为农业创业生产的是农产品，一般只在本地销售，和国际市场无关。其实，事实并非如此，在广泛的国际贸易中，任何商品都面临着来自国内和国际市场的竞争。在市场竞争规则引导下，通过国际贸易，任何商品都会流向国内，冲击国内市场。因此，我们生产的商品是否有销路，销售价格必然受到国际贸易的影响。在选择项目、行业时，必须认真考虑全球范围内相同或相近商品的竞争力；在生产商品时，必须按国际标准来检验；在打造产品品牌时，必须面对国内和国际品牌的竞争；在制定营销策略时，必须按国际规则行事。

2. 市场竞争白热化

自 20 世纪 90 年代以来，我国经济已经由卖方市场转为买方市场，商品的竞争进入白热化时代。不仅工业产品竞争激烈程度加剧，而且农产品竞争激烈程度同样加剧。棉花库存积压，水果、蔬菜大量滞销，时而还可能引发农民事件。可以说企业的竞争到了白热化阶段，如果某个企业的品牌一旦在竞争中失利，就很难再夺回失去的市场。我们可以看到很多品牌因为一次偶发事故，经媒体的曝光、渲染，轻则市场占有份额减少，甚至品牌消失，重则企业倒闭。

3. 竞争方式软性化

随着世界经济一体化的加深，国际科技交流日渐广泛，网络技术异常发达，商品和技术的"同质化"趋势越来越明显。企业之间商品质量的竞争已转向品牌形象、企业文化、售后服务等软性化方面的竞争。竞争方式的转变直接导致企业营销方式、售后服务质量、品牌打造的转变。因此，企业为了获得竞争优势，更加注重企业形象塑造、商品品牌打造、营销策略再造、文化品位挖掘、服务营销便捷等软性化条件的提升。商品品牌因素、企业文化因素、售后服务因素已取代商品质量和价格本身而成为核心竞争力。

4. 竞争核心知识化

企业间传统的资本竞争已悄然被知识竞争、人才竞争所取代。无论是高技术产业还是传统的农业产业，都离不开以高新科技为依托的产品，而这些产品要靠知识和人才创造。为此，竞争的核心要素已悄然变成了知识和人才。虽然资金、经营场所等传统的生产要素也很重要，但只要有了人才和知识作依托，这些都不难解决。在创业实践中，恰恰是掌握了运用于创业实践的知识，有真才实学，懂理论会操作的人才难以获得。因此，人才和知识已经取代了传统的生产要素，成为企业的核心竞争力。

（二）市场竞争的规则

1. 公平公正原则

公平公正是国际市场竞争中的帝王条款，也正在逐步为国内企业和政府部门所接受。《中华人民共和国价格法》（以下简称《价格法》）第十四条第一款明确规定了竞争中必须遵循公平公正的原则，规定经营者不得"相互串通，操纵市场价格，损害其他经营者或者消费者的合法权益"。《中华人民共和国反不正当竞争法》（以下简称《反不正当竞争法》）第六条也作了相应的规定，具体规定"公用企业或者其他依法具有独占地位的经营者，不得限定他人购买其指定的经营者的商品，以排挤其他经营者的公平竞争"。《反不正当竞争法》第七条规定，"政府及其所属部门不得滥用行政权力，限定他人购买其指定的经营者的商品，限制其他经营者正当的经营活动；政府及其所属部门不得滥用行政权力，限制外地商品进入本地市场，或者本地商品流向外地市场"①。尽管这些规定在实际经济活动中还执行得不好，但对这一规定的意义和价值，绝大部分人都认可并取得了共识，且随着政府法制意识的增强，在实践中正在逐步执行。

2. 诚实信用原则

诚实信用原则是市场经济活动的一项基本准则，是现代法治社会的一项基本法律规则，同时也是我们贯彻党中央依法治国的基本原则，诚实信用原则是一种具有道德内涵的法律规范。诚信原则要求参与民商事活动的企业或个人，在民商事活动中，不得有任何欺诈行为，而应当恪守信用。同时，行政执法机构或法官在执法或司法实践中，也必须遵守诚实信用原则，这里包括执法人员或司法人员

---

① 汪发元，唐立新. 经济法[M]. 武汉：武汉大学出版社，2006：181.

必须真诚对待相对人，在法的应用中必须依照法律、法规的立法目的，而不得为了私利违背立法宗旨，加重相对人的负担。否则，轻则视为诚信的缺失，重则视为违法行政或违法司法。

3. 商业道德原则

创业必须遵守公认的商业道德准则，或许大家认为这只是一个道德问题，而并非法律。其实不然，这更是一个法律问题。《合同法》第六条规定，当事人行使权利、履行义务应当遵循诚实信用原则。这里诚实信用的内容非常广泛，包括民事主体进行民事活动必须诚实、善意，行使权利不侵害他人与社会的利益，履行义务信守承诺和法律规定，最终达到所有获取民事利益的活动，不仅应使当事人之间的利益得到平衡，而且必须使当事人与社会之间的利益得到平衡的基本原则。《合同法》第六十条规定，当事人应当按照约定全面履行自己的义务。当事人应当遵循诚实信用原则，根据合同的性质、目的和交易习惯履行通知、协助、保密等义务。《合同法》第一百一十九条规定，当事人一方违约后，对方应当采取适当措施防止损失的扩大；没有采取适当措施致使损失扩大的，不得就扩大的损失要求赔偿。

这些规定，在法理上可以概括为前契约义务、契约义务、后契约义务。

前契约义务，指当事人在订立合同过程中不得恶意进行磋商，故意隐瞒重要事实或提供虚假情况，损害对方利益及国家、集体、他人的利益；无论合同是否成立，对在订立合同过程中知悉的商业秘密，不得泄露或者不正当地使用。违背前契约义务将承担相应的责任，法理上也称作缔约过失责任。

契约义务，是指当事人在订立和履行合同过程中，不得有欺诈行为，应当按照合同约定全面履行自己的义务。应当根据合同性质、目的和交易习惯履行通知、协助、保密等义务，以及承担提供必要条件，防止损失扩大等义务。合同当事方的具体义务，《合同法》第四十二条、第四十三条等条款作出了明确的规定。第四十二条规定，当事人在订立合同过程中有下列情形之一，给对方造成损失的，应当承担损害赔偿责任：①假借订立合同，恶意进行磋商；②故意隐瞒与订立合同有关的重要事实或者提供虚假情况；③有其他违背诚实信用原则的行为。第四十三条规定，当事人在订立合同过程中知悉的商业秘密，无论合同是否成立，不得泄露或者不正当地使用。泄露或者不正当地使用该商业秘密给对方造成损失的，应当承担损害赔偿责任。

后契约义务，是指合同的权利义务终止后，当事人应当遵循诚实信用原则，根据交易习惯履行通知、协助、保密等义务。这是《合同法》第九十二条对当事人规定的义务。

（三）市场竞争的责任

1. 假冒仿冒的法律责任

《反不正当竞争法》第五条对经营者在市场交易中的行为作了禁止性规定：①不得假冒他人的注册商标；②不得擅自使用知名商品特有的名称、包装、装潢，或者使用与知名商品近似的名称、包装、装潢，造成和他人的知名商品相混淆，使购买者误认为是该知名商品；③不得擅自使用他人的企业名称或者姓名，引人误认为是他人的商品；④不得在商品上伪造或者冒用认证标志、名优标志等质量标志，伪造产地，对商品质量作引人误解的虚假表示。

如果经营者出现了上述违法行为，《反不正当竞争法》第二十一条规定，经营者假冒他人的注册商标，擅自使用他人的企业名称或者姓名，伪造或者冒用认证标志、名优标志等质量标志，伪造产地，对商品质量作引人误解的虚假表示的，依照《中华人民共和国商标法》、《中华人民共和国产品质量法》的规定处罚。

《中华人民共和国商标法》第六十条规定，有本法第五十七条所列侵犯注册商标专用权行为之一，引起纠纷的，由当事人协商解决；不愿协商或者协商不成的，商标注册人或者利害关系人可以向人民法院起诉，也可以请求工商行政管理部门处理。工商行政管理部门处理时，认定侵权行为成立的，责令立即停止侵权行为，没收、销毁侵权商品和主要用于制造侵权商品、伪造注册商标标识的工具，违法经营额五万元以上的，可以处违法经营额五倍以下的罚款，没有违法经营额或者违法经营额不足五万元的，可以处二十五万元以下的罚款。对五年内实施两次以上商标侵权行为或者有其他严重情节的，应当从重处罚。销售不知道是侵犯注册商标专用权的商品，能证明该商品是自己合法取得并说明提供者的，由工商行政管理部门责令停止销售。对侵犯商标专用权的赔偿数额的争议，当事人可以请求进行处理的工商行政管理部门调解，也可以依照《中华人民共和国民事诉讼法》向人民法院起诉。经工商行政管理部门调解，当事人未达成协议或者调解书生效后不履行的，当事人可以依照《中华人民共和国民事诉讼法》向人民法院起诉。

《中华人民共和国产品质量法》第五十九条规定，在广告中对产品质量作虚假宣传，欺骗和误导消费者的，依照《中华人民共和国广告法》的规定追究法律责任。《中华人民共和国广告法》第三十七条规定，违反本法规定，利用广告对商品或者服务作虚假宣传的，由广告监督管理机关责令广告主停止发布、并以等额广告费用在相应范围内公开更正消除影响，并处广告费用一倍以上五倍以下的罚款；对负有责任的广告经营者、广告发布者没收广告费用，并处广告费用一倍以上五倍以下的罚款；情节严重的，依法停止其广告业务。构成犯罪的，依法追究刑事责任。

同时，假冒仿冒行为还可能承担行政责任。《反不正当竞争法》第二十一条规定，经营者擅自使用知名商品特有的名称、包装、装潢，或者使用与知名商品近似的名称、包装、装潢，造成和他人的知名商品相混淆，使购买者误认为是该知名商品的，监督检查部门应当责令停止违法行为，没收违法所得，可以根据情节处以违法所得一倍以上三倍以下的罚款；情节严重的可以吊销营业执照；销售伪劣商品，构成犯罪的，依法追究刑事责任。

2. 商业贿赂的法律责任

《反不正当竞争法》第八条明确规定，经营者不得采用财物或者其他手段进行贿赂以销售或者购买商品。在账外暗中给予对方单位或者个人回扣的，以行贿论处；对方单位或者个人在账外暗中收受回扣的，以受贿论处。农业创业人员面对激烈竞争的市场，必须诚信经营，不能希望通过商业贿赂达到销售商品的目的。一旦在商品销售中实施了商业贿赂，就必然要承担对自己不利的法律后果。《反不正当竞争法》第二十二条规定，经营者采用财物或者其他手段进行贿赂以销售或者购买商品，构成犯罪的，依法追究刑事责任；不构成犯罪的，监督检查部门可以根据情节处以一万元以上二十万元以下的罚款，有违法所得的，予以没收。

3. 虚假宣传的法律责任

《反不正当竞争法》第九条规定，经营者不得利用广告或者其他方法，对商品的质量、制作成分、性能、用途、生产者、有效期限、产地等作引人误解的虚假宣传。这一规定告诉我们，经营者必须诚信经营，无论在商品介绍还是宣传中，对于涉及商品的任何因素都必须真实。如果出现了虚假的情形，《反不正当竞争法》第二十四条规定了相应的法律责任。即经营者利用广告或者其他方法，对商品作引人误解的虚假宣传的，监督检查部门应当责令停止违法行为，消除影响，可以根据情节处以一万元以上二十万元以下的罚款①。

4. 侵犯商业秘密的法律责任

在创业活动中，信息就是金钱，信息可能带来企业核心竞争力的诞生。然而，在面对纷繁复杂的信息时，必须认真加以甄别，千万不要侵犯他人的商业秘密。商业秘密是指不为公众所知悉、能为权利人带来经济利益、具有实用性并经权利人采取保密措施的技术信息和经营信息。这些信息可以直接为企业所应用，并达

---

① 汪发元.反不正当竞争理论与实践[M].北京：中国言实出版社，2005：48-50.

到立竿见影的效果。《反不正当竞争法》第十条第一款规定，经营者不得采用下列手段侵犯商业秘密：①以盗窃、利诱、胁迫或者其他不正当手段获取权利人的商业秘密；②披露、使用或者允许他人使用以前项手段获取的权利人的商业秘密；③违反约定或者违反权利人有关保守商业秘密的要求，披露、使用或者允许他人使用其所掌握的商业秘密。因此，在创业活动中，切不可为了追求信息而致违法侵犯他人的商业秘密。

有时，即使不是直接窃取他人的商业秘密，不经意间获得的一些信息也构成侵犯商业秘密。《反不正当竞争法》第十条第二款规定，第三人明知或者应知前款所列违法行为，获取、使用或者披露他人的商业秘密，视为侵犯商业秘密。对于侵犯商业秘密的行为，《反不正当竞争法》第二十五条规定，由监督检查部门责令停止违法行为，可以根据情节处以一万元以上二十万元以下的罚款。

5. 商业诋毁的法律责任

商业诋毁行为就是大家俗称的商业诽谤行为。是指经营者在经营过程中，捏造和散布虚伪或者引人误解的信息，诋毁竞争对手，损害竞争对手的信誉，从而达到贬损他人商业信誉和商品声誉的行为。《反不正当竞争法》第十四条规定，经营者不得捏造、散布虚伪事实，损害竞争对手的商业信誉、商品声誉。这条既是法律对创业者的约束，也是创业者做人的底线。试想一个缺乏诚信，诋毁他人的人在行业里是绝对站不住脚的，会被业内人士所抛弃。

那么，对商业诋毁行为法律规定了什么样的责任呢？由于商业诋毁损害的是竞争对手的经济利益，基本上不涉及第三人，因此，不需承担行政责任和刑事责任，但仍然需要承担民事责任。《中华人民共和国民法通则》（以下简称《民法通则》）第一百二十条规定，公民的姓名权、肖像权、名誉权、荣誉权受到侵害的，有权要求停止侵害，恢复名誉，消除影响，赔礼道歉，并可以要求赔偿损失。法人的名称权、名誉权、荣誉权受到侵害的，适用此款规定。这就告诉我们，如果名称权（姓名权）、名誉权、荣誉权受到侵害的，可以要求侵权方赔偿所受的损失。

6. 串通投标的法律责任

现代市场经济就是竞争经济，无论是商品采购还是商品推销，都必须面对招标、投标活动。但在招标、投标过程中，必须遵守相关法律、法规的规定。《反不正当竞争法》第十五条规定，投标者不得串通投标，抬高标价或者压低标价。投标者和招标者不得相互勾结，以排挤竞争对手的公平竞争。这就告诉我们在招标、投标过程中，必须严格遵守这一规定，既不能和同是商品出售方的同行串通，也不能和招标方串通，否则也应当承担法律责任。《反不正当竞争法》第二十七条规定，投标者串通投标，抬高标价或者压低标价；投标者和招标者相互勾结，以排挤竞争对手的公平竞争的，其中标无效。监督检查部门可以根据情节处以一万元以上二十万元以下的罚款。

三、依法品牌运作

（一）打造品牌的意义

随着经济的发展，品牌的作用将会越来越大，正如有人所讲："品牌就是效益，品牌就是金钱！""没有品牌就难以生存！"那么，什么是品牌呢？品牌也可以说是商标或商品生产者、服务者的标记、设计及其组合，其目的是借以辨认某个生产者、销售者，并使之与竞争对手区别开来。

品牌一词来源于古挪威语"brandr（烙印）"一词。据传闻，品牌萌芽于唐朝初年，当时草原上的人们普遍饲养牲畜，可是到了晚上自己的牲畜往往因不识路，而跑进了别人家的牲畜养殖房，造成相互间难以区分。为了区别自己的牲畜和别人的牲畜，有聪明人想到了一种办法，那就是在牲畜身上用烙铁烙上记号，这种记号发展起来就成为了今天的品牌。也有人说，品牌起源于我国的烧陶工艺，在中世纪，我国烧陶工艺十分发达，一些颇有名望的陶瓷厂为了宣传自己的陶瓷品及工艺，在自己的陶瓷器皿的底部印上自己的独特签名、标志。从而发展成了今天的品牌。创业者打造自己的品牌具有十分重要的意义。

1. 打造品牌有利于做好商品的广告宣传和市场营销

在市场竞争进入白热化的年代，商品必然要进行广告宣传。但广告宣传少不了品牌，没有品牌，如何让广大受众记住你的商品！只有打造出名牌商品，才有可能进行适当的商业宣传。当自己的品牌在广大受众中取得良好信誉和知名度后，消费者在购买该商品时，就可以缩短购买决策过程。因为，人们相信知名品牌的商品，也就是说知名商品是一种无形资产的载体，是商品信誉的标志。为此，打造品牌有利于做好商品的广告宣传和市场营销。

2. 打造品牌有利于维护生产者和消费者的合法权益

随着经济的发展和物资条件的改善，商品世界变得极为丰富，消费者都希望购买到自己称心如意的商品。走进现代市场，人们会感到眼花缭乱，仅从感观上很难区分出商品的优劣。由于市场上诚信度的缺失，消费者在购买商品的过程中，总是忧心忡忡，担心买到假冒伪劣商品。那么，如何避免消费者作出错误选择呢？如果我们创立了自己的品牌，消费者就可以根据品牌作出正确的选择。对大众而言，只能选择知名商品才算是最可靠的选择。对于商家而言，唯一正确的做法是把自己的企业或商品打造成知名商品，从而使自己的商品成为优质商品，并能明显地同普通商品区分开来，避免消费者产生"逆向选择"。

在激烈的市场竞争中，总会有一些企业妄图假冒仿冒他人的名优商品的名称、包装、装潢等，达到搭便车销售自己商品的目的。由于消费者的认知能力有限，往往难以准确区分。通过打造品牌，大力宣传自己的品牌，就可以使消费者把诚实守信的企业和仿冒欺诈企业区分开来。这样，消费者就可以正确选择自己心仪的商品，而创业者就可以把自己的商品销售给自己特定的顾客，从而把消费者的利益同创业企业的利益结合起来。

3. 打造品牌有利于名优商品提高市场占有率和合理溢价

纵观市场现象，往往是名优商品拥有很大的市场占有率，那么，作为创业者要想扩大自己商品的市场占有率就必须打造名优商品品牌。同时，我们通常观察到一种商品现象，一些名优商品价格往往要显著高出其价值，这种现象称为溢价现象。根据媒体报道，某驰名商标的名优白酒售价高达 2000 元，其真实的成本被爆出仅 40 元，成本与零售价之间的巨大"价差"让很多消费者大跌眼镜。其个中奥秘就在于它拥有驰名商标，商品产生了高额的溢价现象。还有比较常见的农产品，如最为常见的核桃，一般销售价格为每公斤 30～40 元，然而，如果贴上注册商标，并经过品牌营销，采用小包装（每盒 0.5 公斤）卖出去，最贵的精装品市场价就可以卖到 200 多元，每公斤核桃价格 400 多元，从而产生了巨大的溢价值。

（二）打造品牌的方法

1. 认真做好品牌的战略规划

品牌战略就是企业将品牌作为核心竞争力，以获取差别利润与价值的企业经营战略。品牌战略是市场经济中竞争的产物，其本质是塑造出企业专有的核心特长。品牌战略是企业实现快速发展的必要条件，品牌战略一般能彰显出企业的文化。在品牌战略规划中，一般是通过充分把握目标受众，向目标受众传递自身的产品与品牌文化的关联识别，从而让目标受众接受自己的产品。只有在品牌战略上保证高人一筹，才能促进企业在销售层级保持持续的增量，并在此基础上形成市场上的品牌资产，最终形成企业的品牌资本。

2. 明确特有品牌的核心价值

品牌的核心价值反映的是品牌与目标消费者取得共鸣的精神，品牌核心价值具有企业核心能力的特点。因此，一个企业应当确立一个特有的品牌，并反复分析论证自己特有品牌的核心价值。在确立了品牌的核心价值后，就可以用核心价值统帅企业的一切营销传播活动，让企业的营销广告费用能集中围绕提升企业品牌效应而发挥作用。从而保证在显著降低品牌成本的同时，创建强大的品牌资产。进而可形成比竞争品牌更高的价格，并能不断吸引新顾客，通过提高感知价值与顾客满意度而使老顾客重复消费乃至增加消费频率与数量，逐步通过老顾客向周边的人群推荐，形成口碑传播。

3. 精心设计品牌的构成要素

品牌必须借助于一定的物理图形或文字来展示自己的内涵，因此，必须精心设计品牌的图案、文字和色彩组合。品牌取名要有利于更好地发挥品牌的作用，这就要求作为品牌，在设计上要图文简洁、表达准确、形式独特、组合新颖、意韵卓越、读音响亮。一个好的品牌一般能做到在外形上使消费者易认、易懂、易记，在内涵上使消费者浮想联翩，意味深长。

4. 科学做好品牌的营销推广

任何一个好的品牌都需要进行科学的营销推广，要精心设计推广方法，充分运用推广技巧，广泛借鉴多方力量。营销推广的方法很多，一般有以下几种。

（1）借名人之名扬品牌之名。可以请名人参观自己的企业，以便有机会请其为企业题写品牌之名；还可请名人做企业顾问，帮企业在适当时候向名人的社交圈进行宣传介绍。

（2）借领导之名扬品牌之名。可以请各级领导到企业指导工作，把企业的经营理念、品牌特色和产品的特点介绍给领导，让领导深深记住这一独特的品牌。如果领导愿意也可请领导题词、留影，从而进一步提升品牌的价值，扩大品牌的影响力。

（3）借会议之名扬品牌之名。企业在有实力的情况下，可以承办一些公益性会议，为公益单位、科研单位、事业单位承办会议，寻求合作。通过会议广泛宣传企业品牌，扩大企业影响，提高企业形象。

（4）借媒体之名扬品牌之名。现代社会是一个信息传播的社会，企业可以和媒体合作，借助媒体的力量，集中一段时间，在一个特定区域对企业进行系列宣传报道。通过报道提炼企业的精神，提升企业品牌。

5. 坚持维护品牌的形象管理

创建品牌是企业打造品牌的关键环节，维护品牌是打造品牌的重要环节。相比创建品牌，可能维护品牌更加困难。那么，如何维护品牌呢？企业要精通知识产权相关法律、法规，做好品牌（商标）的及时注册，防止他人抢注。在品牌（商标）注册中，要精心谋划，尽量注册防御商标、联合商标，防止他人假冒、仿冒。在商品商标制作上，要采用最先进的技术，使用防伪商标标识，防止他人假冒。在实践中，还要注重市场打假，要主动和工商行政管理部门联合，开展打假活动，维护品牌形象的声誉。

（三）打造品牌的技巧

1. 牢固树立品牌意识，及时做好商标注册

品牌就是质量的象征，没有品牌市场就不可能扩大，没有品牌，企业就不可能快速成长，没有品牌，产品就无法宣传。因此，必须牢固树立品牌意识。在企业产品面世前，就要精心策划好企业的品牌——商标，从文字、图案和色彩上精心构思，既要体现企业自己的独特性，又要体现绿色、环保的文化内涵。与此同时，及时做好商标的注册登记工作，使自己的品牌置于法律的保护之下。

2. 坚持商品独特效用，努力夯实品牌质量

品牌是企业商品的载体，是商品质量的象征。因此，在设计企业品牌——商标时，必须挖掘商品的独特效用，使他人的产品无法替代。这样的要求虽然很高，要做到也很难，但可以从商品的特有品质上着手。例如，做养鸡产业，虽然市场上鸡蛋很多，但可以根据自己的条件生产绿色鸡蛋、有机鸡蛋，在商标设计上突出绿色、有机的特色。这样就可以做到商品品质与众不同，商标理念高人一筹。

3. 挖掘内在文化涵义，确定品牌核心价值

任何商品都离不开文化，但怎么去挖掘文化，挖掘出什么样的文化？这就显示创业中品牌经营水平高低的不同了。作为一个具有现代理念的创业者，应当根据自己品牌的特点，充分挖掘品牌的内在文化涵义。任何一个品牌都有它的核心价值，我们要善于确定自己品牌的核心价值。例如，有机食品厂商应大力宣传原产地得天独厚的自然与社会文化环境，宣传原产地的独特魅力，尤其要宣传与有

机食品种植、养殖及生产加工密切相关的独特条件与优势，突出产品特色①。在商标的宣传解读上，要挖掘其核心理念。例如，驰名商标"枝江大曲"虽然先后用过很多广告语，但真正有品位和韵味的只有两个，即"知心、知己、枝江酒"，"越来越近，越来越好"。它的核心价值就是"知心、知己"，让消费者感觉亲切、亲近，从而吸引消费者。而另一驰名商标"稻花香"确立的是"人生丰收时刻"。这句广告语不仅自然美好，而且传承着"人生"和"丰收"的意境，很容易让人想起宋代词人辛弃疾的词句"稻花香里说丰年"。那么，什么是人生的丰收时刻呢？我国古代讲究人生的四大盛事，即"久旱逢甘雨、他乡遇故知、洞房花烛夜、金榜题名时"，这些应当就是很多中国人心中梦寐以求的"人生丰收时刻"吧。这就让人们把人生的丰收时刻和"稻花香"联想起来了，让人浮想联翩。

4. 量力而行品牌推广，正确选择传播方式

品牌推广的方式很多，可以选择电视广告、报纸广告、报纸栏目，还可以选择明星代言、名人代言、小广告纸等。那么，到底应当选择什么方式呢？应当根据企业的实力选择最适合自己的方式。本来选择央视广告因其传播面广，权威性强，应当说效果是最好的，但央视的费用应当也是最高的，不是一般小企业能承受的，就算是大企业也不一定能承受得起。著名的"秦池古酒事件"就是最好的典型。秦池古酒原本名不见经传，自1993年开始，秦池古酒以广告为武器，一下子由地方名酒遍布全国，销售额连续3年翻番。1996秦池古酒以6666万元的巨资，夺得中央电视台1996年广告标王。秦池古酒品牌推广的大手笔获得了显著的收效。当年，秦池古酒销售收入、利税分别达到9.5亿元和2.2亿元，一跃成为全国的明星企业。1996年底，秦池酒厂又以3.2亿元的天价，蝉联1997年央视广告"标王"，一时间声名显赫。但秦池古酒的广告轰炸战略很快失手，脆弱的经营链条因为"白酒勾兑"问题引发的危机而断裂，并从此一蹶不振。这些足以说明，我们在推广自己的品牌时，必须根据企业的实力，选择适合自己的方式进行推广，绝不能盲目求大，而应当量力而行。

四、依法管理员工

（一）劳动管理的意义

1. 依法加强劳动管理有利于明确企业和劳动者之间的责权利

在市场经济条件下，企业劳动用工完全实现了市场化。为了避免企业和劳动

① 刘根. 有机食品营销诚信战略研究[J].湖北农业科学，2014，（7）：1702.

者之间可能发生的纠纷，必须依法签订劳动合同。劳动合同是劳动者与企业确立劳动关系、明确双方权利和义务的协议。劳动合同的内容实质上是企业与劳动者利益"博弈"的体现和结果。如何在劳动合同中正确反映双方的利益，不仅是维护劳资双方权益的大问题，而且是日后正确处理劳资关系纠纷的重要法律依据①。只有通过劳动合同的形式明确企业和劳动者之间的责权利，才能做到依法用工，依法享受各自的责权利。这样既有利于企业大胆管理员工，做到管而有据，同时，又有利于劳动者依法履行自己的职责，享受应有的权利。

2. 依法加强劳动管理有利于明确劳动者岗位职责和劳动薪酬

有关研究表明，岗位职责越明确，工作效率越高。在劳动管理中，通过制定并明确每个岗位的岗位职责和劳动报酬，不仅可以提高劳动的积极性，而且可以减少或避免不必要的劳动纠纷。同时，通过制定不同岗位的岗位职责，可以选择不同水平和能力的人员，体现不同岗位的工作难度和不同的报酬，使管理工作更加层次分明。

3. 依法加强劳动管理有利于调动劳动者的积极性和企业效益

依照《中华人民共和国劳动法》（以下简称《劳动法》）的规定，在劳动管理中，可以确定合理的工资制度、奖金和津贴制度，进一步贯彻按劳分配原则，提高劳动者的工作积极性和主动性。通过加强劳动定额、劳动报酬、劳动组织等方面的管理，可以有效地提高企业的劳动生产率，从而有力地促进企业经济效益的提高。严格履行劳动合同及违约应承担的责任。能促进员工按规定的时间、地点到达工作岗位，按要求请休事假、病假、年休假、探亲假等。在严格有序的劳动管理中，就可以建立起良好的生产秩序和严格的劳动纪律，从而促进企业保持正常的生产秩序，并取得良好经济效益。

（二）劳动管理的规则

1. 严格实现劳动合同制

《中华人民共和国劳动合同法》（以下简称《劳动合同法》）第十条规定，建立劳动关系，应当订立书面劳动合同。已建立劳动关系，未同时订立书面劳动合同的，应当自用工之日起一个月内订立书面劳动合同。这条明确规定企业在劳动用工中，必须与劳动者签订书面劳动合同。如果企业未与劳动者签订书面劳动合同，必须承担对自己不利的法律后果。为此，《劳动合同法》第十一条进一步规定，用

---

① 焦志勇. 企业实施《劳动合同法》应注意的十大问题[J]. 经济与管理研究, 2008, (4): 29.

人单位未在用工的同时订立书面劳动合同，与劳动者约定的劳动报酬不明确的，新招用的劳动者的劳动报酬按照集体合同规定的标准执行；没有集体合同或者集体合同未规定的，实行同工同酬。因此，任何企业在劳动用工中，都必须与劳动者签订书面劳动合同。

2. 严格实现岗位责任制

岗位责任制是指对企业中各个工作岗位及其承担者的职务、责任、权限、完成任务的定额标准及对实施情况的考核、奖惩等，作出明确规定和要求的一种劳动管理制度。科学的岗位责任制能保证企业以合理的劳动投入获得较高的经济效益。而且岗位责任制，是实现企业适才适位、职责分明、标准客观、同工同酬的保证性措施。

3. 严格实现择优任用制

企业使用劳动力的目的就是使企业获得更好的经济效益。因此，在劳动用工上，必须实行择优任用制。择优的方法最好是通过理论考试、操作考核、品行观察等方式。录用后要根据劳动者的特长，把他们安排到合适的岗位上，进行合理使用和调配。特别是在用工上不能违背企业的制度规定照顾关系，要严格实现用制度管人管事的氛围。

（三）劳动管理的技巧

1. 依法防范劳动者不签劳动合同而发生纠纷的技巧

（1）法律的约束规定。在市场经济条件下，《劳动合同法》明确了企业在劳动合同中的义务，并且《中华人民共和国劳动合同法实施条例》第六条明确规定，用人单位自用工之日起超过一个月不满一年未与劳动者订立书面劳动合同的，应当依照《劳动合同法》第八十二条的规定向劳动者每月支付两倍的工资，并与劳动者补订书面劳动合同。但同时也规定了劳动者在劳动合同中的义务。《劳动合同法实施条例》第五条规定，自用工之日起一个月内，经用人单位书面通知后，劳动者不与用人单位订立书面劳动合同的，用人单位应当书面通知劳动者终止劳动关系，无需向劳动者支付经济补偿，但是应当依法向劳动者支付其实际工作时间的劳动报酬。

（2）企业的保护措施。对于不愿与企业签订劳动合同的员工，先可以通过企业员工代表座谈会，了解员工的真实想法，并通过员工代表与员工进行沟通。这种代表沟通不但可以统一员工的不同诉求，增强管理的稳定性、可预见性和一致性，使员工与企业之间建立在企业生存和发展基础上的共同利益，也能让员工更加理解企业和帮助企业①。对于经过了解协商仍不愿签订劳动合同的，企业必须书面通知劳动者，并留存由劳动者签收的通知一份，以备纠纷时维护企业权益之用。具体的方法是将通知书打印两份，一份交由劳动者保存，一份由劳动者签名后放企业留存，作为劳动者自己不愿签订书面合同的证据。

（3）**企业的用人技巧**。针对不同劳动者和企业的相互关系，用人单位可以综合考虑员工的基本素质、各方面情况及其要求合同期限的长短，在对其长期培养计划上和任务分配上作出科学的调整。在同等条件下，优先将重要的任务分配给愿意长期签约，愿与单位共进退的员工，这样会更有利于单位的长期发展。同时，对于重要岗位员工，要签订保密条款。

2. 依法处理劳动者工伤、医疗纠纷的技巧

（1）**充分依靠政府部门**。随着国家经济的快速发展，劳动用工越来越紧缺，劳动力市场已经供不应求。劳动者工伤、医疗纠纷也时有发生。在处理工伤、医疗纠纷上，要充分依靠地方劳动社会保障局，因为他们对国家政策了解更充分，理解更深刻准确。而且劳动社会保障局在劳动者中地位较高，更容易获得劳动者的信任。要本着充分协商的原则，依法赔偿或补偿，尽量避免激化矛盾。

（2）**熟练掌握国家政策**。作为企业负责人必须对国家及地方的所有相关政策有很深的了解，在处理工伤赔偿事故中，做到该支付的就支付，严格控制不合理的支付，可以适当照顾，但也不能因为员工的无理取闹而无谓支出。员工工伤赔偿，要做到合理、合法，要清楚员工出事的时间、地点、原因及出事到恢复的整个过程。

（3）**正确运用谈判技巧**。掌握谈判技巧，选择合适的场所，以恰当的方式进行协商是医疗、工伤处理中最重要的一个环节，这个环节也是不稳定因素的高发期。企业工伤处理人员应与工伤员工及其亲属进行初步协商，分析判断他们对赔偿的要求，他们提出问题的合理、合法性。在此基础上，选择有利协商的环境，做好进一步沟通，更快达成一致。在协商中，态度要温和，不能被对方的言行所左右，尽量防止协商破裂，维护协商稳定的局面。同时，要站在对方立场想问题，体现企业的诚意。在协商过程中不要轻易让步，在协商不成时可以按正常法律程序走，企业完全可以拿起法律的武器，寻求法律的保护②。无论对方是否愿意，都必须坚持这种合法的方式。

---

① 闻效仪.企业人力资源管理的挑战与劳动关系管理体系建设[J].中国人力资源开发，2013，（11）：85.
② 闻效仪.企业人力资源管理的挑战与劳动关系管理体系建设[J].中国人力资源开发，2013，（11）：85.

3. 依法与劳动者解除劳动合同的技巧

（1）正确把握法定情形解除劳动合同。《劳动合同法》第三十九条明确规定，劳动者有下列情形之一的，用人单位可以解除劳动合同：①在试用期间被证明不符合录用条件的；②严重违反用人单位的规章制度的；③严重失职，营私舞弊，给用人单位造成重大损害的；④劳动者同时与其他用人单位建立劳动关系，对完成本单位的工作任务造成严重影响，或者经用人单位提出，拒不改正的；⑤因本法第二十六条第一款第一项规定的情形致使劳动合同无效的；⑥被依法追究刑事责任的。

依照上述规定，企业必须正确把握解除的条件。对于试用期不符合录用条件的记载好具体不符合录用条件的事项；对于严重违反用人单位规章制度的，可以先要求对方写个情况说明，作为违反的依据，还可由相关人员写出说明予以佐证；对于严重失职，营私舞弊，给用人单位造成重大损害的，必须收集好相关证据；对于劳动者同时与其他用人单位建立劳动关系的一样收集好相关证据，可以是上岗证、工作牌、工资单等；对于第二十六条第一款第一项明确规定，以欺诈、胁迫的手段或者乘人之危，使对方在违背真实意思的情况下订立或者变更劳动合同的无效；劳动者被追究刑事责任必须收集好法院的法律文书。

（2）依法提前通知解除劳动合同。《劳动合同法》第四十条规定，有下列情形之一的，用人单位提前三十日以书面形式通知劳动者本人或者额外支付劳动者一个月工资后，可以解除劳动合同：①劳动者患病或者非因工负伤，在规定的医疗期满后不能从事原工作，也不能从事由用人单位另行安排的工作的；②劳动者不能胜任工作，经过培训或者调整工作岗位，仍不能胜任工作的；③劳动合同订立时所依据的客观情况发生重大变化，致使劳动合同无法履行，经用人单位与劳动者协商，未能就变更劳动合同内容达成协议的。

针对以上各个条款的规定，企业必须做好相关证据的收集工作。针对患病者，必须留好不能从事原工作，也不能从事另行安排的工作的证据；针对不能胜任工作，培训或者调整后仍不能胜任，也要留好证据，可以是年终考核、考查不合格的证据等；至于客观情况发生重大变化，可以是国家政策调整、国际形势变化等。

（3）依法终止劳动合同。《劳动合同法》第四十四条规定，有下列情形之一的，劳动合同终止：①劳动合同期满的；②劳动者开始依法享受基本养老保险待遇的；③劳动者死亡，或者被人民法院宣告死亡或者宣告失踪的；④用人单位被依法宣告破产的；⑤用人单位被吊销营业执照、责令关闭、撤销或者用人单位决定提前解散的；⑥法律、行政法规规定的其他情形。劳动合同期满前，最好提前三个月做好关于是否终止劳动合同或续签劳动合同的决定。如果没有续签劳动合同意愿的，果断终止劳动合同。

五、依法维权增效

（一）依法维权的意义

1. 维护自有品牌的独特价值

企业的品牌是企业难得的无形资产，是消费者得以认定和区分不同商家生产的同类产品的重要依据。那么，在市场经济的实践中，总会有些人不想创造，而希望搭名牌商品的便车去销售自己的商品。因此，企业就必须去维护自有品牌，使自有品牌的价值能体现出来。那么，什么是维护自有品牌呢？维护自有品牌是指企业针对市场上损害自己品牌的行为，而采取一系列行之有效的措施，从而达到维护品牌形象、保持品牌的市场地位和品牌价值的一系列活动。通过维护品牌价值的行为，可以使自己品牌的市场占有率更高，品牌的价值更大。

2. 提升自有品牌的知名程度

市场竞争是残酷的，再好的品牌都需要保养，需要经营，需要维护！品牌维护是品牌战略实施中的一项重要工作。在市场经济的环境下，一个良好的品牌形象是一个企业在激烈竞争中强有力的资本，不加维护就可能遭到假冒仿冒者的假冒而使人们失去对品牌的信赖，也可能遭到竞争对手的商业诋毁而让品牌暗淡无光，从而导致自己特有品牌的市场价值下降。正确地维护品牌的行为，能及时打击假冒仿冒者，使市场得到净化，使品牌的知名度更高。众所周知，驰名商标代表着品牌的顶级状况。那么，如何才能获得驰名商标呢？世界各国都有关于驰名商标的相应法律规定，虽然内容不尽相同，但都规定有人假冒仿冒就可以认定为知名品牌，假冒仿冒多也能更好地证明品牌知名度高，在申请驰名商标时更容易获得批准，从而使自己的品牌知名度不断提升，直至把自己的品牌打造成驰名商标。

3. 扩大自有品牌的影响范围

纵观名牌企业的发展历程，其自有品牌的发展都是从无到有，其影响面从小到大。如何扩大自有品牌的影响面，提升其影响力？这既是一门学问也是一门艺术。品牌影响面的扩大一方面要靠企业对品牌所开展的营销活动，另一方面在于企业对品牌维护所采取的措施。企业在维护自己品牌的过程中，可以通过工商行政管理局或人民法院认定自己的品牌为知名商品特有的名称、包装、装潢，从而扩大自有品牌的影响范围。同时，企业维权的过程，本身就是对自有品牌的宣传过程。通过一系列维护品牌权益的行动，就会扩大自有品牌在市场上的影响范围，提升自有品牌的影响力。

（二）依法维权的重点

1. 假冒仿冒不正当竞争行为

《反不正当竞争法》第五条规定，经营者不得采用下列不正当手段从事市场交易，损害竞争对手：①假冒他人的注册商标；②擅自使用知名商品特有的名称、包装、装潢，或者使用与知名商品近似的名称、包装、装潢，造成和他人的知名商品相混淆，使购买者误认为是该知名商品；③擅自使用他人的企业名称或者姓名，引人误认为是他人的商品；④在商品上伪造或者冒用认证标志、名优标志等质量标志，伪造产地，对商品质量作引人误解的虚假表示。这一规定是对企业的禁止性规定，包含了假冒仿冒行为的全部表现形式。市面上有些企业总是期望通过假冒仿冒行为达到销售自己商品的目的，因此，假冒仿冒不正当竞争行为应当成为维权的重点。

假冒仿冒行为是指经营者在其商品或商品包装上对他人的注册商标、包装、装潢、名称、质量标志、产地等的假冒仿冒行为。假冒仿冒行为对名优商品的声誉产生极大的破坏，使得诚实的经营者在付出商品创造、品牌打造等行为后，因假冒仿冒者破坏其声誉、挤占其市场等，自己应有的利益得不到保障，而假冒仿冒者则利用"搭便车"的手段抢夺他人市场，使市场中的商品或服务良莠不分、真假难辨，使消费者陷入困惑。公平竞争是市场运行的基本准则，其核心就是要维护竞争机制所造就的资源优化配置，使竞争机制得以有效、正常运转。经营者要在市场上获得竞争优势，必须打造品牌并付出艰辛的努力。然而假冒仿冒行为者却以虚假的信息扭曲正常的商业竞争。因此，创业者必须把假冒仿冒行为作为打击的重点，并切实维护自有品牌的市场价值。

2. 侵犯知识产权的侵权行为

企业知识产权主要体现在商标权和专利权。在市场经济条件下，一些企业为了走捷径，不惜违法假冒仿冒他人注册商标，未经他人允许擅自使用他人专利技术生产产品。这些行为直接挤占知识产权人的市场，构成侵犯知识产权的违法行为。

在商标侵权案件中，主要是侵犯驰名商标、著名商标和知名商标的侵权行为。驰名商标、著名商标和知名商标作为"名优商标"，都是由国家权威机关按照一定的程序予以认定的。其中，驰名商标的认定最为严格，条件要求也最高，由当事人申请，经国家工商总局商标局按《中国驰名商标认定和管理暂行规定》或人民法院按司法程序予以认定；著名商标由省、市、区工商部门按照省工商行政管理局制定的著名商标认定办法予以认定，知名商标则一般由地（市）工商部门在办理商标侵权案件中结合对违法企业的处罚一并予以认定。这些商标一经认定，都具有相应的品牌价值。不同的名优商标其品牌价值不同，认定的标准也不同。驰名商标是在中国为公众广为知晓并享有较高声誉的商标。可以是注册商标，也可以是未经注册的商标。著名商标是指具有较高市场声誉和商业价值，为相关公众所熟知，并依法被认定的注册商标；知名商标是指在一定地域范围内为相关公众所知悉的注册商标。同时，著名商标和知名商标随着商品质量的提升和美誉度的提高，可以逐步发展并被认定为驰名商标。

企业一旦获得名优商标，就意味着其商品获得了广大消费者的认可，企业的产品伴随着商标影响力的扩大而社会知名度和市场影响力不断攀升。正因为如此，这些名优商标成为其他企业侵权的重点。为此，必须重点加以保护。

3. 企业之间的商业诋毁行为

商业诋毁行为又称商业诽谤行为，是指经营者捏造和散布虚伪或者引人误解的信息，从而达到贬损他人商业信誉和商品声誉的行为。这种行为的目的就是通过搞垮竞争对手，为自己取得竞争优势。其手段就是捏造和散布虚伪事实，达到恶意诋毁竞争对手，损害竞争对手商业信誉和商品声誉的目的。

《反不正当竞争法》第十四条规定，经营者不得捏造、散布虚伪事实，损害竞争对手的商业信誉、商品声誉。商业诋毁行为有以下几个构成要点：①行为的主体是市场经营活动中的经营者，其他经营者如果受其指使从事诋毁商誉行为的，可构成共同侵权人；②经营者实施了诋毁商誉行为；③诋毁行为是针对一个或多个特定竞争对手的；④经营者对其他竞争者进行诋毁，其目的是败坏对方的商誉，其主观心态出于故意是显而易见的。遗憾的是这种行为《反不正当竞争法》没有规定处罚。因为立法者认为商业诋毁行为是一种民事纠纷，损害的是被诋毁人的利益，因此，由被诋毁人自己依照《民法通则》和《中华人民共和国民事诉讼法》的规定予以起诉。

商业诋毁行为在市场竞争中比较多见。在执法不严的市场经济初期，一些经营者不是通过提高自身的经营水平、产品质量进行正当竞争，而是通过捏造、散布虚假事实的方式进行不正当竞争。因此，创业企业应当高度重视。因为商业信誉对经营者至关重要，商业信誉直接关系到经营者在社会经济生活中的地位和尊严，据此形成对交易对方的吸引力，从而影响甚至决定了经营者的经营业绩和财产收益。良好的商业信誉可以使经营者的生意兴隆，市场份额不断扩大。而不好的商业信誉可以使经营者门庭冷落，生意萧条。而通过商业诋毁行为贬低他人的商业信誉，必定使他人的商业信誉受到损害，从而给他人造成经营上的利益损害。因此，创业者应当积极预防他人对自己实施商业诋毁行为，一旦发现必须依法维护自己的合法权益。

（三）依法维权的方法

1. 依靠营销网络举报假冒仿冒行为

创业企业一定要建立自己的市场营销网络，要通过网络营销人员观察市场上同类商品的品种、特点，分析其销售状况，及时发现假冒仿冒行为。发现市场上同类商品假冒仿冒行为后，必须及时购买一些假冒仿冒商品，开好销售发票或收据，提醒销售商盖上印章，并妥善保管，作为向执法机关举报的证据。同时，可以与经销商进行一些简单的交流，询问一下该商品的进货渠道、生产企业、市场行情等。在此基础上，将发现的情况、证据复印件及时向生产企业报告。同时，向假冒仿冒商品销售地的工商行政执法机关举报，生产企业要派出法律顾问协助工商行政管理执法机关做好调查取证和查处工作。

2. 依靠行政执法机关打击侵权行为

企业侵权主要表现在侵犯商业秘密权、侵犯注册商标权、侵犯知名商品特有的名称、包装装潢权、侵犯专利权。遇到他人侵权怎么办？必须积极依靠行政执法机关的力量，及时打击他人的侵权违法行为。被侵权企业可以做好三个方面的工作：一是收集证据。证据是打击侵权行为，维护自己合法权益的基础。因此，被侵权企业发现侵权行为后，要及时通过购买的方式，收集到侵权的证据，并将证据固定；二是及时举报。可以把收集到的证据复印好，根据侵权行为的类别，决定该提交的行政执法机关，并及时提交给行政执法机关办案工作人员。被侵权企业应该抽出了解案情的人员配合执法机关做好调查取证工作；三是留存结果。当案件侦查终结后，被侵权企业应当从办理案件的行政执法机关把行政处罚决定书收留一份，作为以后民事索赔的证据。

3. 依靠敏锐观察起诉商业诋毁行为

商业诋毁行为，又称商业诽谤行为，是竞争对手之间最常用的损害竞争对手商业信誉和商品声誉的行为。商业诋毁行为主要表现为或散发公开信，或召开新闻发布会，或利用虚假广告或比较广告，或在经营过程中向客户或消费者散布虚伪事实，或利用商品的包装说明或其他说明书等贬低或者攻击其他竞争对手的不正当竞争行为。商业诋毁行为一旦发生，就可能损害竞争对手的商业信誉和商品声誉，也许已经实际发生损害事实，从而在相当一部分相关交易相对人中引起他人商誉受到损害的印象。对此，《反不正当竞争法》第二十条规定，"经营者违反本法规定，给被侵害的经营者造成损害的，应当承担损害赔偿责任，被侵害的经营者的损失难以计算的，赔偿额为侵权人在侵权期间因侵权所获得的利润；并应当承担被侵害的经营者因调查该经营者侵害其合法权益的不正当竞争行为所支付的合理费用。"

被侵权企业一旦发现商业诋毁行为后，应当积极收集证据，及时到侵权行为所在地法院提起民事诉讼。索赔金额为商业诋毁方给自己造成的损失，或者侵权人在侵权期间因侵权所获得的利润。如果这些损失或利润都无法算清时，只能通过法官依据侵权行为的严重程度，在50万元以下酌情决定赔偿金额。

第八章　环保：企业生存的基础条件

随着我国现代化建设的高速发展，各类型的建设项目层出不穷，对生态环境造成的污染和破坏也在不断加剧，严重影响生态环境质量[①]。特别是受传统发展思维的影响，地方政府为了追求政绩，不顾群众感受，引进高污染企业。企业为了追求短期效益，不顾群众健康安全，开设高污染项目。在这种"先污染后治理"传统发展思维的长期影响下，一些地方政府和企业领导人缺乏起码的环保意识，缺乏对环境保护的必要重视，使得城市雾霾加剧，人们生产生活受到极大的影响，生命健康安全受到严重威胁。但随着环境问题诸多危害的不断暴露，人民群众的环保意识日渐觉醒并不断增强，且对环境问题提出了强烈的要求。新一届党中央、国务院高度重视环境保护工作，采取了一系列行之有效的措施，取缔高污染企业，大力整治改善环境。因此，农业创业兴办企业，必须高度重视环境保护工作，选择低碳环保项目进行发展。

一、低碳环保是发展趋势

（一）低碳环保是人类生存的客观需要

1. 低碳环保是人类生存的需要

雾霾天气是近年来出现的一个新名词，主要是形容在城市上空形成雾和霾的混合物，出现大面积低能见度的现象。雾霾的形成主要是人为的环境污染，再加上气温低、风小等自然条件导致污染物不易扩散所造成。2014 年以来，全国五分之一国土经常遭遇雾霾天气。据专家分析，雾霾中含有对人体有害的细颗粒、有毒物质达 20 多种，包括酸、碱、盐、胺、酚等，以及尘埃、花粉、螨虫、流感病毒、结核杆菌、肺炎球菌等，其含量是普通大气水滴的几十倍。长期处于雾霾环境中，不仅会诱发肺癌，还会阻碍正常的血液循环，导致心血管病、高血压、冠心病、脑出血，可能诱发心绞痛、心肌梗死、心力衰竭等，使慢性支气管炎出现肺源性心脏病等。持续生活在雾霾中，无论对人的心理和身体都有影响。大雾天

---

① 王江. 环境监理：形成逻辑、法制缺失与立法构想[J]. 云南社会科学，2013，（5）：139.

会给人带来沉闷、压抑的感受，会刺激或者加剧心理抑郁的状态。由于雾天光线较弱及低气压的影响，会造成部分人群精神懒散、情绪低落的现象。甚至还会改变肺功能及结构、影响生殖能力、改变人体的免疫结构等。总之，当前由人类活动所引起的农业环境质量恶化，已成为妨害农业生物正常生长发育、破坏农业生态平衡的突出问题①。因此，为了人类的生存和延续，必须走低碳环保的发展道路。

2. 低碳环保是人类健康的需要

严重的雾霾天气不仅严重威胁到人类的生存，同时，也严重损害着人类的健康。含有雾霾的气体随着人的呼吸直接进入并黏附在人体下呼吸道和肺叶中，对人体健康造成伤害。雾霾天气严重的会引起婴儿佝偻病、儿童生长减慢；雾霾天气使空气中的传染性病菌的活性增强，传染病增多；雾霾天气会阻碍正常的血液循环，导致心脑血管病频发；雾霾天气会引起急性鼻炎和急性支气管炎等病症。雾霾天气已严重地威胁到人类的健康生活，影响到人们的正常工作。人们已经到了谈论雾霾就忧心恐惧的地步。那么，为了人类的健康生活，在创办企业时只能选择低碳环保的项目。

3. 低碳环保是拯救地球的需要

随着人们生活水平的提高，人们对低碳环保建设环境的要求越来越高。近年来，出现了多起民众与企业对抗事件，以及民众抗议地方政府招商引资事件。分析其起因，都是由企业造成环境污染引起民众不满所致。因此，在开始创业项目选择时，一定要牢固树立低碳环保的理念，选择无污染的项目。因为地球已经到了需要靠低碳环保来拯救的时候，如果不注重低碳环保，随着大气中二氧化碳总量的不断增加，就导致全球气温不断升高，地球变得过于暖和，从而加速南北极的冰川消融，海平面上升，一些岛国、岛屿陷入淹没的境地。气候变化异常，台风、暴雨、酷热、旱涝等灾害频频发生，整个生态系统就会失去平衡，造成一系列的灾难后果。拯救地球，其实就是拯救我们人类自己。拯救地球的方法就是选择低碳环保的项目，减少碳的排放量，从而减少对大气的污染，减缓生态恶化。

（二）低碳环保是社会发展的必然选择

1. 低碳环保经济回归自然

低碳环保经济是以低能耗、低污染、低排放为基础的经济模式，是人类社会继农业文明、工业文明之后的又一次重大进步。在低碳环保经济中主要是充分发

---

① 汪发元，王文凯.现代农业经济发展前沿知识和技能概论[M].武汉：湖北科学技术出版社，2010：284.

展"阳光经济"、"风能经济"、"氢能经济"、"核能经济"、"生物质能经济"。低碳环保经济的实质是根据科学原理，利用一切可以利用的自然资源，提高能源利用效率和清洁能源结构，追求绿色 GDP。在低碳环保思想的指导下，人类围绕项目建设必须进行能源技术创新、制度创新和人类生存发展观念的根本性转变。一切以自然资源的利用为主，创造人类生存环境的优化和经济、社会的可持续发展模式。

2. 低碳环保经济节约成本

低碳环保经济也是成本最低、原材料利用率最高的经济。特别是农业创业如果紧紧抓住了低碳环保的发展机遇，大力发展以绿色环保为主要内容的经济项目，不仅可以利用现有的农村资源，形成资源的重复循环利用，从而大幅度降低投资成本，还可以获得国家的各种补贴，减轻创业资金不足带来的烦恼。例如，农村饲养耕牛，可以利用坡地、洼地种植饲养耕牛的青饲料，设计利用牛粪产生沼气，供农村做饭、照明、取暖等使用。国家对农村建沼气池有明确的补贴政策，有条件的农户可以积极申请，政府节能办公室还可以安排技术员上门指导服务，从而有效地解决创业资金不足、技术不足的困难。

3. 低碳环保经济简便易行

低碳环保虽然是一个新提法，但并不是什么完全脱离传统的新做法。只是在传统农业的基础上，增加了科学的成分。我们种一片经济树林，开发一片果树林，建一个沼气池等，都是低碳环保的创业模式。当然，如果我们能够在这种简单低碳环保的理念下，延长自己的产业链，例如，种一片桑树林，利用桑叶发展养蚕业，利用桑葚发展制酒业，利用蚕丝制作蚕丝被等优质纺织品，不仅可以获得巨大的经济效益，也可以获得巨大的生态效益。这些项目每个人都可以发展，只要有毅力、有理念，所以说低碳环保经济简便易行。

（三）低碳环保是企业发展的正确选择

"低碳环保"发展之路是人心所向、大势所趋，它顺应历史发展潮流，反映出全新的消费心理，获得世界多数国家政府和人民的普遍认可和青睐，具有广阔的市场发展空间和巨大的发展潜力。企业若能立足长远发展，抓住发展机遇，做好低碳环保，必将获得持续发展，低碳环保可谓企业的"生财之道"。

1. 低碳环保顺应历史潮流，发展潜力巨大

"先污染后治理"的发展思路及模式已至末路，导致全球变暖、酸雨危害等诸

多全球性气候环境问题。若不思改革、另谋新路，必将陷入历史发展的"死胡同"而鲜有出路。而低碳环保之路是在借鉴历史发展经验教训的基础之上提出的，符合人类历史发展的普遍规律，顺应历史发展潮流，具有巨大的发展潜力及空间。同时，随着世界社会经济的飞速发展，人们低碳环保意识日益增强，世界诸国纷纷采取众多有效举措谋求人与自然和谐发展，走可持续发展之路，低碳环保已成大势所趋，其发展潜力亦不可限量。

2. 低碳环保满足消费心理，市场前景广阔

随着各国经济社会的不断发展，人们综合素质和生活水平均得到大幅提升，低碳环保因子也逐步融入到其日常消费观念中，低碳环保正逐步成为人们消费追求的新时尚，低碳环保产品需求日盛，市场发展空间巨大，低碳环保企业发展前景广阔。放眼全球，"低碳环保"正逐步成为国际经济与贸易发展经常提及的词汇，也日益成为一国商品进入他国市场必须重点考量的一项硬性指标，由此可见，"低碳环保"已为多数国家或地区广泛认可和接受，已是人心所向。一个企业要想获得长足发展，低碳环保因子必将成为其重点考虑的因素；企业若能在低碳环保方面取得实质性突破，必将获得广大消费者的青睐，必将占领更加广阔的市场，也必将迎来一个崭新的发展时期。

3. 低碳环保符合大政方针，政策优惠众多

低碳环保已引起了世界各国政府的高度重视。1997 年 12 月，《联合国气候变化框架公约》第三次缔约方大会在日本京都召开，通过了抑制全球变暖的《京都议定书》；2003 年，英国发布了《我们未来的能源——创建低碳经济》的白皮书（DTI2003），宣布到 2050 年英国能源发展的总体目标是从根本上把英国变成一个低碳国家；2007 年 3 月，欧盟各成员国领导人一致同意，单方面承诺到 2020 年将欧盟温室气体排放量在 1990 年基础上至少减少 20%；2007 年 7 月美国参议院提出了《低碳经济法案》等。2008 年 10 月，我国国务院发布了《中国应对气候变化政策与行动白皮书》；2013 年 1 月 10 日，中国低碳发展报告《低碳发展蓝皮书》也在京发布等；这些政策性文件的颁布和实施足以表明低碳环保已成今后我国经济社会发展的一大趋势。不仅如此，在我国低碳环保也是人心所向，正逐步深入人心。特别是新一届国家政府立足长远发展和持续发展，积极出台、颁布诸多促进低碳环保企业发展的法律、法规及政策，从税收、贷款、资金及土地等诸方面给予低碳环保项目优惠，确保低碳环保企业获得优先发展和持续发展。党的十八大报告指出：面对资源约束趋紧、环境污染严重、生态系统退化的严峻形势，必须树立尊重自然、顺应自然、保护自然的生态文明理念，把生态文明建设发展

放在突出地位，融入经济建设、政治建设、文化建设、社会建设各方面和全过程，努力建设美丽中国，实现中华民族永续发展①。作为农业创业企业，在选择项目时，应该具备长远发展眼光，高瞻远瞩，从企业长远发展出发，抓住历史发展机遇，切实搞好低碳环保工作，实现企业发展与国家规划相协调。

二、农业项目是发展根本

（一）农业项目颇受国家重视，发展环境优越

1. 国家大力扶持发展农业企业

为了扶持农业的发展，国家在取消农业税的基础上，实行种粮补贴，良种补贴，棉花种植补贴，牲畜饲养补贴。对于从事农业机械化的农户，农业部有机械化保护性耕作项目，实行国家、地方和农户三者结合的经费负担模式。对于购置农机具的实行农机具补贴，对于受灾农户实行农业生产救灾补助。对于科学种田，实行测土配方施肥的地方，实行测土配方施肥补贴。在此基础上，国家还实行农业信息化科技成果示范补贴，农业生态科技园区项目补贴。可以说，只要你投身农业，认真开展农业创业，时时刻刻都可以感受到国家对农业的重视和扶持。

2. 国家创造条件支持农业企业

国家大力支持农业发展项目，在稳定家庭承包的基础上，鼓励多种形式的土地流转，同时，引导资金补助贴息。国家对农民专业合作组织成员和经营管理人员进行互助合作知识培训，开展科学技术和市场营销知识培训，引进优良品种，推广实用技术；对于购置农产品加工、整理、储存、保鲜、运销和检测仪器、设备的，实行资金补助；对于申报农产品质量标准认证，培育农产品品牌，制定生产技术规程，建设标准化生产基地的实行资金补助；国家免费开展农业创业培训，实行创业跟踪服务。

3. 国家未来发展情系农业企业

近年来，国家提出了"四化同步"发展的战略，即坚持走中国特色新型工业化、信息化、城镇化、农业现代化道路，推动信息化和工业化深度融合、工业化和城镇化良性互动、城镇化和农业现代化相互协调，促进工业化、信息化、城镇

---

① 胡锦涛.坚定不移沿着中国特色社会主义道路前进为全面建成小康社会而奋斗[M].北京：人民出版社，2012：39.

化、农业现代化同步发展。在这一大的发展战略中，农业企业承担着历史的重任。农业企业是实现农业现代化的载体，是新型农业经营主体的主要形式；农业企业是城镇化农业劳动力转移的重要场所，是把传统农民培养成现代农民的基地；农业企业是信息化的享受者，也是信息化的实践者；农业企业为工业化提供原材料，为工业化提供合格的粮食、水果和蔬菜，是工业化的重要支撑。因此，农业的发展是"四化同步"发展的关键，国家未来的发展情系农业。

（二）农业项目符合低碳环保，发展前景广阔

1. 农业项目可以走立体发展模式，节约创业场所

传统的农业项目长期停留在平面模式的基础上，不仅效率低下，而且在有限土地面积上难以拓展。现代科学技术为农业项目提供了强有力的支撑，可以利用不同植物的株形、生育期等属性，以及动物与植物共生的特点，开发立体农业模式。立体农业不仅低碳、环保、经济，而且可以节省创业用土地面积，只要科学利用各种农作物、动物在生育过程中的"时间差"和"空间差"进行合理设计，精细配套，即可组合成各种类型的多功能、多层次、多途径的高优生产系统。当然，如果选择非农业项目或有污染的农业项目，例如，选择集中饲养耕牛、集中大型养猪等项目，则必须确保环保设施和措施与项目主体工程建设的同步到位[①]。必须注重人和农业生产活动本身与大自然的和谐，更加注重农业的可持续发展[②]。

2. 农业项目可以走设施农业模式，满足娱乐需要

"设施式"农业是近年来发展起来的一种新型的农业发展模式，显示出强大的活力和生命力。设施农业模式主要是利用现有土地，成立家庭农场或农业公司，对土地利用进行精心设计，把农场式农业生产改造成公园式农业，集农业种植、农产品加工、绿化环境、观光旅游等为一体，既满足了农业创业增加经济收入的需要，又满足了城市居民放松心情、娱乐休闲的需要。设施农业将生产与游玩相结合，农业区内进行工艺美化，作物整齐一致，道路纵横交叉，花卉、瓜果相互点缀，山清水秀，河湖则可划船观赏莲、鱼等，为人们提供一种美的享受场所。同时，在这种设施农业企业里工作，将一改传统的劳动方式，电子计算机智能化管理模块得到广泛应用，工人的大量劳动都是利用"电脑自控化"进行管理，脑力劳动和体力劳动的差别率先在这里消灭，劳动也将成为一项愉快的工作。

---

① 王江. 环境监理：形成逻辑、法制缺失与立法构想[J]. 云南社会科学，2013，（5）：140.
② 苟安经. 以生态文明建设为主线的山区现代农业发展路径[J].广东农业科学，2013，（5）：200.

3. 农业项目可以走有机农业模式，满足健康需要

我国作为一个人口众多的传统农业大国，以有限的土地养活了世界上四分之三的人口，可谓创造了世界奇迹。然而化学肥料、农药的大量施用，虽然保证了农业产量的突破性发展，但随之而带来的环境污染、食品安全问题成为人们忧心的头等大事。现代人的健康意识与日俱增，无公害、保健型、营养型、食疗型食品，成为市场新宠。发展有机、绿色的生物农业，可以较好地满足人们对健康的需求，产品品质和价值、价格可以显著提升，而且可以减少和防止环境污染，符合社会发展的趋势，能有效满足人们对健康长寿的需要。

（三）农业项目贴近农民生产，创业难度较小

1. 农业项目最熟悉，风险最小

人们总是看到成功创业者无限的风光，可并不知道创业者所经受的磨难和艰辛。当然，创业的过程是一个非常复杂的过程，其顺利与否不仅取决每个人所掌握的资源，而且取决于每个人选择的项目。相对而言，只有农业项目风险最小。因为农业项目土地流转费用低，环境污染相对较小，而且投资不大。加上，从事农业创业的人员大多出生于农村，对农业情况熟悉，有项目策划、实施的优势条件。所以选择农业创业项目，应当是创业者的最佳选择，是一项充满了希望和生机的事业。

2. 农业项目最简单，志者可得

农业项目虽然也有高深的理论，但由于农业项目沿于传统的农业，是传统农业的继承和发展，因而，一般人都有着较为深厚的基础。加上从事农业创业的人员大都是农民出身，有长期从事农业生产经营活动的经历，掌握着丰富的农业生产经验和过硬的农业技术，拥有勤劳善良、永不服输的传统美德，更难能可贵的是有创业激情，有实干精神，有改变现状的决心和勇气。此外，农业项目贴近"三农"，为多数农民所熟悉，农民选择农业项目进行创业，没有"隔行如隔山"之感，可充分发挥自身农业专长实现新突破，降低创业风险，进而提高农民创业成功率，故而农业项目成为农民创业的根本。因此，只要树立起了创业的决心，认真参加国家农业部门组织的创业培训，遵循创业的规律，就可以完成农业创业项目的选择、实施。只不过是每个人努力程度不同，最终获得的成就不同而已。

3. 农业项目最广阔，潜力最大

长期以来，我国农业属于弱势产业，经济效益比较低下，农民抗风险能力弱、农业项目收益较低，农民从事农业生产的积极性深受影响，再加上人均耕地面积小，从事农业生产难以有所作为，不少农民不得不背井离乡成为流浪辗转的农民工。随着 2006 年国家取消农业税，总体政策上实行"工业反哺农业、城市支持农村"的方针，对农业实行多种补贴，农业成为人们青睐的新兴行业。特别是国家实行农村土地流转政策，给农业创业提供了难得的机遇。此外，农业种类繁多，可供选择的项目丰富多彩。既可以利用现有土地发展特种养殖、设施农业、立体农业、有机农业等，也可以利用城郊土地，发展休闲观光农业、农产品加工业、旅游纪念品生产业等。我国"三农"发展迎来了千载难逢的大好机遇，只要准确掌握国家政策，巧抓创业致富发展机遇，选准农业创业项目，积极参与农业创业培训，灵活运用创业培训知识，就可以以农业为支点，成为经济领域的领军人物，成就自己事业的理想。

三、立体农业是发展优势

（一）立体农业的特点

1. 综合集约性

立体农业是指在单位面积或水域上，一定的区域范围内或不同海拔高度的地形区内，根据各种植物、动物、微生物的特性和生长繁殖特点，充分利用时、空、热、水、土、氧等自然资源和物资、资金、劳力的投入，运用现代科学技术，把种植业、养殖业及相关的加工业科学地结合起来，建立多物种共生、多层次配置，多级物质能量循环利用转化的立体种植、立体养殖、立体种养一体化的农业综合体。立体农业以种植、养殖的高产高效生产方式为依托，以集约经营为形式，以自然生态为特点，以绿色、有机农产品为成果，使农业生产处于良性循环之中，达到经济、社会、生态效益的和谐统一。特别是山区可以分层规划和开发，农林牧副渔都能大显身手。并且现代农业本身就是大农业，是综合性农业，可以和第二产业融合。发展农产品深加工，也可以和第三产业融合，发展休闲、观光、游憩、狩猎等，空间广大，变化多端；可以是原生态的，也可以是设施农业甚至是局部的工厂化农业[①]。

---

① 苟安经. 以生态文明建设为主线的山区现代农业发展路径[J].广东农业科学, 2013，（5）: 200-201.

2. 立体多样性

　　立体农业就是根据农作物、动物和微生物的生物学特性，合理利用时间空间，对其进行巧妙的组装配套，从而获得综合收益最高的成效。立体农业的产生、发展有着自身的内在规律。它是把时间、空间作为农业资源加以组合利用，是研究农业生物与环境和非生物关系的应用科学。立体农业不仅包括立体种植业、立体养殖业、立体加工业，而且包括农、林、牧、副、渔、微生物等各业的综合生物组合。立体农业既是传统农业的精华，又是生态农业和农业开发的综合结晶，它突破了传统经济的低层次、传统结构的内循环及传统管理的老模式，打破了"人口—耕地—粮食"线性循环的旧框架，建立了"人口—资源—商品"良性循环的新格局，开创了立体生态农业经济的新局面，有助于加快现代农业持续发展的步伐。

3. 技术密集性

　　立体农业的高效益是科学利用技术、劳力、物质、资金所体现出来的整体综合效益。在能量守恒定律的作用下，立体农业要想获得丰厚的经济效益，就必须充分挖掘土地、光能、水源、热量等自然资源的潜力，同时提高人工辅助能的利用率和利用效率，把各种资源发挥到极致。因此，需要最新的实用的技术作支撑，是一项技术密集型的事业。立体农业通过土地、空间的合理利用，能有效地缓解人地矛盾，缓解粮食与经济作物、蔬菜、果树、饲料等相互争地的矛盾，提高资源利用率，可以充分利用空间和时间，通过间作、套作、混作等立体种养、混养等立体模式，较大幅度提高单位面积的物质产量，从而缓解食物供需矛盾。但每一种模式的运用，都不是盲目的，都是建立在科学指导基础上的，其中隐含着深刻的科学道理。因此，发展立体农业前景广阔，但也需要创业者学习科学知识，大胆探索和实践，才能获得应有的效果。

（二）立体农业的优势

　　立体农业从当地人文自然条件出发，将农业生产的先进技术融入农业生产中，对当地资源在空间、时间和功能上进行多层次综合利用，以充分挖掘该地农业生产潜力，具有明显的优势。

1. 立体农业具备较高的经济效益

　　作为"理性人"，创业者所追求的目标即经济效益最大化，丰厚的经济效益是其竭力创业的原动力。立体农业属于集约型、综合型、高效型农业，利用现代先进技术对传统单一农业进行全面系统改造，在尊重自然规律的基础上，充分挖掘当地土地、气候、水源等自然资源潜力，融入现代农业生产技术，实行多层次、多门类农业生产，可大幅提高该地农业产出，为农民带来丰厚的经济效益。因此，立体农业是农业创业者追求经济效益最大化的理想选择。

2. 立体农业具有良好的生态效益

立体农业以科学生产理念为指导，以尊重自然规律为前提，具有持续性、安全性等特征，具有良好的生态效益。一方面立体农业可以提高资源尤其是自然资源的利用率，减少资源的闲置和浪费，对生态环境起着一定的保护和修复作用；另一方面，立体农业有"变废为宝"之能，对生态环境有清污净化的功效。在常见的利用作物秸秆作饲料养猪，猪粪养蛆，蛆喂鸡，鸡粪再施于作物这一模式中，以食物链为基础，合理利用废弃物，直至"变废为宝"，在增加农民经济效益的同时，也对生态环境起到良好的净化保护作用。

3. 立体农业拥有广阔的发展前景

立体农业具有良好的经济效益和生态效益，早已获得了人们的普遍认可和欢迎。据史料记载，早在春秋战国时代我国就开始了多层次种养，在而后的历史岁月里我国农民对其不断进行发展，同时也积累了丰富的相关经验。随着现代科技的飞速发展和运用，立体农业向着科技化、现代化、生态化方向不断迈进，并凭借其良好的经济效益和生态效益，赢得了人们的普遍认可和青睐，各地都涌现出了许多立体农业的先进典型，也受到党和政府的高度重视，发展前景广阔。

（三）立体农业的应用

1. 以市场需求为导向

随着我国市场经济的进一步健全和完善，市场在资源配置的基础性作用将进一步增强，市场与人们生产生活的联系越来越紧密。市场是选择创业项目的指向标。农业创业项目的选择，必须以发展立体农业为形式，但在立体农业中，到底应该选择什么内容，必须以产品的市场需求为导向，用市场需求信息来有效指导农业项目的选择，避免或减少投资亏损或增产不增收现象的发生。

2. 以现代科技为支撑

立体农业是高效集约的农业，需要以现代科技为支撑。农业创业人员仅凭一腔热情是很难获得成功的，因此，必须掌握该领域的相关先进技术。为此，应当积极参加农业创业培训班，学习和掌握先进的生产技术并运用于创业实践，才能达到立体农业应有的效果，获得创业的成功。在创业中，如果能够灵活运用创业的理论知识，结合自己项目的实践，就可以获得自身的核心竞争力。因此，农业创业必须以现代科技为支撑，可以在参加创业培训的基础上，进入农业创业孵化基地学习实践一段时间，引入他人成功的创业操作技巧；也可以和农业高等院校、农业科研院所进行联合，请专家定期到创业基地实地指导。

3. 以当地实际为基础

创业经验虽然可以学习借鉴，但同样的经验在不同的地方，或由不同的人来操作，其效果也不尽相同。因此，不能照搬照抄。立体农业有多种类型、多种模式，该采取何种类型哪种发展模式，都必须从当地的客观实际出发，需要考虑当地的优势资源、自然环境、科技水平和本人的社会资源等客观条件。特别是在发展立体农业中的循环农业时，一定要根据当地的自然条件和社会条件，合理设计循环农业项目，而非将其他地区的循环农业项目生搬硬套[①]。离开当地客观实际谈立体农业发展，就有可能成为重蹈"纸上谈兵"覆辙的笑话。因此，发展立体农业必须以当地实际为基础，充分考虑分析当地的优势及不足，恰当选择发展模式及类型，力图立体农业发展取得经济效益、社会效益和生态效益。

4. 以尊重规律为前提

自然规律是客观存在的，遵循自然规律就可以事半功倍，违背自然规律就会付出相应的代价。在发展立体农业中，尤其要按照生物链的理论，合理设计生物链的衔接，充分利用不同生物生存的不同空间、时间和食物链的规律。在立体农业创业中，必须以尊重客观、自然规律为前提，并有效融入现代科学技术，充分开发利用土地、水源等自然资源，有效挖掘立体农业的潜力。

5. 以低碳环保为底线

立体农业因为具有良好的经济效益和生态效益，备受人们的关注和推崇，也是各级政府大力提倡和推广的一项技术。随着社会经济的不断发展及生态环境的持续恶化，人们的生态环保意识日益觉醒并日趋增强，生态环境对人类持续发展的重要性也逐渐为人们所重视，国家和地方政府突出对重点区域、重点行业和重点企业的整治，加大污染物排放总量的控制力度，强化环境执法和监测[②]。因此，

---

① 徐卫涛，张俊飚，李树明. 影响农户参与循环农业工程的因素分析[J]. 中国人口·资源与环境，2010，（8）：37.
② 姚伟国，李晔. 看浙江如何做好建设项目环保"三同时"管理[J]. 环境保护，2012，（15）：61.

低碳环保逐渐成为创业的重要因素。片面追求经济效益的增长，而忽视生态环境保护的时代已一去不复返。因此，选择农业创业项目必须着眼长远，放眼未来。良好的生态效益才是企业持续发展的不竭动力，才能获得社会和政府的支持，也是赢得市场和广大消费者的资本。因此，农业创业在选择项目时，必须把低碳环保作为底线，从而获得创业应有的经济效益。

第九章 诚信：企业发展的根本保证

诚信是中华民族的传统美德，是中国道德文化的核心，也是现代法律的精髓所在。诚信，是品行更是责任，是道义更是准则。古人云："人无忠信，不可立于世"，即人无信而不立，那么，作为企业，则称为企业无信而不达。从现代意义上看，诚信不仅是一种道德要求，即一种用来评价人的基本尺度，也是现代企业的一个黄金原则。《民法通则》第四条规定，"民事活动应当遵循自愿、公平、等价有偿、诚实信用的原则"，《合同法》第六条规定，"当事人行使权利、履行义务应当遵循诚实信用原则"。因此，诚信是企业无形资产的重要组成部分，在市场经济的一切活动中，企业都必须遵纪守法，以信取人，从而促进企业的不断发展和壮大。

一、守信是立于不败的根本

（一）企业诚信是企业的优良文化

1. 企业诚信文化的内涵

现代社会是一个文明的社会，文化是文明的重要标志。因此，企业必须具备自己的企业文化。那么，什么是企业文化呢？企业文化是企业在长期的发展中树立形成的，能为组织成员普遍认可并共同遵循的基本信念和认知。企业文化集中体现为一个企业经营管理的核心主张，是一个组织由其价值观、信念、仪式、符号、处事方式等组成的特有的文化形象。

企业诚信是企业在长期的经济活动中，企业组织内部逐渐形成的一种特有文化。这种文化在企业组织的各个层次得到体现和传播，涵盖了企业和人员的一切思想和行为，体现的是企业经营管理、战略目标及价值理念。实践证明，在市场经济中，企业诚信具有融资便利、市场开发、品牌塑造等方面的重要经济价值，并构成企业无形资产的重要组成部分，对企业可持续发展具有重要意义[①]。每一个获得持续发展的企业，都拥有一套清晰的价值理念，并作为其每一步发展进程中共同遵守的精神指引。

---

① 张静，谭中明，文学舟. 私营企业诚信管理的模式选择和制度构建[J]. 征信，2014，（5）：63.

2. 企业诚信文化的作用

也许有人会想，自古云：无商不奸。企业为什么一定要建立诚信文化呢？从企业的建设和发展来看，企业只有建立了诚信文化，才能得到社会的认可，才能在同行中立于不败之地，才能在企业内部形成实事求是的作风，才能形成上下一心的良好氛围。从企业开拓外部市场来看，只有诚信才能赢得客户，只有诚信才能不断开拓市场，只有诚信才能吸引人才，只有诚信才能推动企业的发展壮大。而且企业诚信文化在企业发展的不同阶段，需要有不同的内容。因此，很多管理学家主张企业文化的再造。管理学大师彼得·德鲁克指出："大量而广泛的实践证明，在企业的不同发展阶段，企业文化再造是推动企业前进的原动力，但是企业诚信作为企业核心价值观是万古长存的，它是企业文化与企业核心竞争力的基石"。企业诚信，作为企业文化的重要组成部分，孕育于企业文化，扎根于企业文化，渗透于企业文化，是企业文化不可或缺的重要组成部分。而且企业的营销也是以诚信、公正等方面的因素为基础的，哪个企业的信誉度最高，哪个企业的营销就会赢得更广阔的市场①。

3. 企业诚信文化的特点

（1）**企业诚信文化具有隐形性**。企业文化是企业在经营实践中，通过长期的打造而形成的办事风格、处事习惯，只能让人去体会、去品味、去感受，而不能一眼看出，因而具有隐形性。

（2）**企业诚信文化具有科学性**。诚信意味着客观真实，以真实面目示人，但并不是说诚信就一定要把企业的所有秘密公之于世，因而诚信是一个相对概念，诚信必须遵循科学规律。

（3）**企业诚信文化具有时代性**。随着时代的发展，不同的时代对诚信有不同的标准和要求，因而企业诚信文化必须随着时代的发展而不断改进和完善。

（4）**企业诚信文化具有系统性**。一个企业诚信文化打造得如何，不是哪一个方面的问题，而是体现在企业的各个环节、各个方面，必须从企业的一点一滴抓起，因而企业诚信文化具有系统性。

（5）**企业诚信文化具有具体性**。企业诚信文化虽然隐蔽而且抽象，但仍然非常具体，体现在企业的各个环节和层面，需要企业的每个员工去实践。

（6）**企业诚信文化具有动态性**。世界在快速发展，企业随着世界的发展不断改变，因而企业诚信文化不是固定不变的，企业诚信文化的打造过程就是一个动态的发展过程。

---

① 韩丽娜. 从古代卫鞅"立木为信"窥见中国营销之"诚信" [J]. 兰台世界，2014，（5）：52.

（二）企业诚信是企业的形象象征

1. 企业形象是企业发展的基础

企业形象是通过企业的外部特征和经营特点、经营实力表现出来的，能被消费者和公众所感知和认同的企业总体印象。但企业的形象只能通过企业自身的努力来实现，一般由企业的外部特征和内在特点表现出来。企业的外部特征包括企业的招牌、门面、徽标、广告、商标、职工服饰、经营场所的风格等，这些都给人以直观的感觉，经过长期的展示而形成印象。企业的内部特点是通过企业的经营实力和处事风格表现出来的，是企业的深层形象，包括企业的员工素质、生产经营能力、管理水平、资本实力、产品质量、营销策略、营销理念、处事风格等。企业的表层形象以企业深层形象为基础，或许有人会说不需要企业深层形象同样可以打造企业的表层形象。其实，没有企业的深层形象作为基础，刻意去打造企业的表层形象是不可能成功的，只能是短期的虚假表现而已，是不可能长久保持并发展的。

企业只有建立起了良好的诚信外部形象，企业才能得到社会的认可，才能获得政府及其部门的支持，才能有长远的发展和未来。试想一个形象不好的企业，给人留下的只可能是反感，不可能得到政府及其部门的支持，不可能得到消费者的认同，企业不仅难以发展而且生存都会很困难。因此，企业形象是企业发展的基础。

2. 企业形象是企业立足的根本

作为一个企业，诚信无疑是生存发展的根本，在这个竞争激烈的社会中，很多老板、企业为了追求利益往往忽略了诚信，致使企业从兴旺走向衰败，甚至破产。而农业创业企业是近年刚刚建立的新型企业，要想立足于世并获得长期的发展离不开社会各界的支持。那么，刚刚创立的农业企业凭什么立足呢？主要凭自己企业的形象。企业生产的任何产品都是为了满足顾客的需要，因此，必须得到顾客的认可。生产企业要与经销商建立伙伴关系，流通企业要与消费者建立信任关系。这些关系如何建立起来？在建立关系的早期，相互间并不了解，只能靠企业的表层形象，因此，让合作伙伴满意，让消费者满意就显得格外重要。但在长期的合作中，特别是在处理利益关系中，深层形象就更加重要。企业表层形象和深层形象的好坏就决定了企业是否可以立足于世。因此，说企业形象是企业立足的根本。

3. 企业形象是企业精神的体现

企业在发展过程中，必然要同多方面交往。那么，企业拿什么去交往？其他企业和人员凭什么愿意同自己的企业交往？这就要靠企业的形象。而企业形象应当说是企业精神的外在化表现。那么，什么是企业精神呢？企业精神是指企业基于自身特定的性质、任务、宗旨、时代要求和发展方向，并经过精心培养而形成的企业成员群体的精神风貌。企业精神要通过企业全体员工有意识的实践活动体现出来。因此，它又是企业职工观念意识和进取心理的外化。

企业精神是企业文化的核心，在整个企业文化中起着支配的地位。企业精神以价值观念为基础，以价值目标为动力，对企业经营哲学、管理制度、道德风尚、团体意识和企业形象起着决定性的作用。可以说，企业精神是企业的灵魂。企业精神通常用一些既富于哲理，又简洁明快的语言予以表达，便于员工铭记在心，时刻用于激励自己；也便于对外宣传，容易在人们脑海里形成印象，从而在社会上树立起个性鲜明的企业形象。企业树立起了诚信良好的企业形象，具备了良好的企业精神，就具备了同各方面交往的本钱，就具备了开拓进取的基础。为此，农业创业企业必须选择恰当的诚信管理模式，建立起全员参与、全方位实施的诚信运行机制[①]。

（三）企业诚信是企业的无形资产

1. 企业诚信可以破解资金困难

农业创业企业发展最大的困难在于缺乏资金。那么，如何才能破解发展资金的困难呢？解决的途径是多方面的，可以申请政府补贴，可以申请金融业贷款，可以争取和其他企业联合。但这一切只有建立在企业诚信的基础上，才有可能获得。试想政府扶持资金是非常有限的，政府也希望把有限的资金使用在最需要的地方，并能发挥出最大的效益。因此，不可能把资金拨给一个不诚信的企业。只有建立起了诚信文化，在与政府部门的交往中始终诚信，才能赢得政府及其部门的支持。

在市场经济条件下，金融业也是企业，也需要追求利益最大化，也需要考虑资金的安全性。因此，在发放贷款中，一般都要求贷款企业提供担保。农业创业企业存在着先天不足，即资产的权能不完整，只有使用权，而缺乏所有权，因此，难以提供担保。在此特殊情况下，农业创业企业还能用什么提供担保呢？唯有一条就是信用。在市场经济社会中，诚信对于维护经济的正常、有序运行具有重要价值。信用制度是市场经济能否健康发展的关键，诚信可以降低经济交易成本并减少交易风险[②]。因此，如果农业创业企业在实践中建立起了诚信形象，就可以争

---

① 张静，谭中明，文学舟. 私营企业诚信管理的模式选择和制度构建[J]. 征信，2014，（5）：63.
② 秦安兰，吴继霞. 诚信概念的历史嬗变及其启示[J]. 征信，2014，（5）：62.

取金融业的信用贷款，从而破解企业发展的资金难题。同样，企业要想和其他企业联合，仍然是诚信最重要，如果缺乏诚信基础和相互信任，企业间的联合只能是相互算计，不仅很难走到一起，还会相互影响甚至相互诋毁，从而导致两败俱伤。只有诚信，才能合作共赢。

2. 企业诚信可以争取市场扩大

企业的发展前景很大程度体现在企业的市场占有率上，市场占有率越大企业发展前景就越广阔。怎么样才能扩大企业的市场占有率呢？同样需要靠企业的诚信。当然，企业市场的扩大毫无疑问需要产品本身的价值和使用价值。但在企业商品的价值和使用价值一定的条件下，就要靠企业的诚信了。企业诚信度越高，市场占有率就越大。因此，企业无论是在产品质量上，还是在各项优惠条件上，对待客户的一切承诺，应当无条件地做到，而绝不能失信于客户。企业的发展从硬件上讲产品质量最重要，从软件上讲形象建设以诚信为本。

3. 企业诚信可以促进联合壮大

在现实条件下，作为一个初创的农业创业企业，既没有过硬的产品，又没有知名品牌，那么，靠什么和其他企业联合？无疑只能靠企业的诚信，所以说诚信是促进联合发展的根本。在企业间的联合上，只有双方之间建立在诚信友善的基础上，才可以把生意长久地做下去。诚信是促进企业内外有效沟通的桥梁，也是企业获得最大利润的基础。互利共赢才是两个企业之间联合、和谐发展的状态。

在现代经济社会中，诚信已经不仅仅是一种道德规范，而是能够为企业带来经济效益的重要资源，在一定程度上甚至比物质资源和人力资源更为重要。良好的信誉带来较好的口碑，人们都更愿意与信誉良好的市场主体进行交易，而在合同签订过程中也能因良好的信誉和口碑而免去繁琐的诚信审查工作，降低了交易成本，提高了交易效率[①]。所以说，诚信是企业发展中最重要的价值观，诚信必须成为企业健康发展的独特文化特征，诚信意味着企业经营永远遵循法律的精神，诚信意味着企业立世永远追求互利共赢。诚信是推动企业从无到有、从小到大、从优秀迈向卓越的巨大动力。那么，应当如何建立诚信机制呢？在市场经济社会，现代诚信建设的重点应强调信用制度的建设，主要通过国家法律的他律机制，运用法律强大的惩戒手段和震慑力，规范和引导人们做出诚信行为[②]。

---

① 宋学明，宋斌. 社会诚信体系形成的经济学分析[J]. 江汉论坛，2014，（5）：25.

② 秦安兰，吴继霞. 诚信概念的历史嬗变及其启示[J]. 征信，2014，（5）：61.

二、学习是发展壮大的基础

（一）建立学习型企业

1. 建立学习型企业是时代的要求

我们处在一个知识快速更新的时代，农业创业企业创办时间短，企业员工一般是新招聘进企业的，自己的知识和经历都很有限，因此特别需要不断完善和丰富。同时，企业和相关企业间的关系变得更加紧密，商业活动的影响因素比以往更多，企业成长的环境更加复杂多变，因而企业必须建立成学习型企业，员工必须更加注重学习。加之，行业之间的相互竞争更加激烈，每个企业的技术和管理必须通过不断学习，加以改进、完善和创新才能保持领先地位。当一个企业成为学习型组织的时候，才能既让各个部门有自己的专攻方向，保证创新源源不断地出现，同时，又在互相深度融合中，共享信息与资源，使企业的各个系统协调运作，整个企业效益达到最佳状态，从而使企业具备快速应变市场的能力，充分发挥人力资本和知识资本的作用，也才能实现顾客满意、员工满意、股东和社会满意，企业发展的最终目标。

2. 建立学习型企业是诚信的基础

也许有人会认为，诚信与学习无关。其实这是不正确的观点。俗话说，无知才能无畏。这充分说明人的胆量与人的知识有关。一些人敢于实施假冒仿冒行为、商业诋毁行为，造成不诚信且违法的不良影响，其根本原因在于这些人对法律知识学习不够，缺乏对法律的认识，缺乏对法律的敬畏。也就是信息不对称，不明白自己的行为可能带来的法律后果。从这个意义上讲，建立学习型企业是诚信的基础。一个企业只有不断组织员工开展系统的学习，建立起学习型组织，才能提高员工的思想素质、法律素质、业务素质，才能打造诚信的企业形象。

3. 建立学习型企业是发展的基石

企业的发展离不开企业的组织管理，也离不开企业对科学技术的运用。而企业管理水平的提升需要企业主要管理层面素质的提升，也需要员工整体素质的提升。只有企业主要管理层面素质提高了，才会对市场作出正确的判断，从而作出正确的决策；只有员工整体素质提高了，管理层作出的决策才能得以正确地贯彻执行，并获得预期的效果。同时，只有全体员工素质高，才能学习好新的科学技术，并正确运用科学技术。因此，企业的竞争就是人才的竞争，而人才既需要从外界引进，也需要企业自己培养。有了企业发展所需的人才，企业才能顺利地发展，所以说建立学习型企业是企业发展的基石。

（二）组织经常性学习

1. 创建经常性学习组织的方法

农业企业要想建成学习型企业，必须组织经常性学习。通过对企业决策者、职能部门和骨干成员进行专业培训+领悟+实践，使企业中主要力量、关键人员能系统地掌握"学习型组织的五项修炼"的方法及创建策略，以促进学习型企业的形成。

2. 创建经常性学习组织的要点

（1）**创建优良的组织文化**。创建学习型组织，首先是要创建优良的组织文化，倡导全体员工养成积极向上的精神风貌，明确学习是为了更好地工作，工作需要不断努力学习，使学习成为员工的自觉行为。

（2）**实践"以人为本"的管理理念**。管理者应该把每一位员工都看成是企业的主体，重在关心员工的疾苦、理解员工的困难，以企业目标、员工目标激励人，以规章制度约束人，让每位员工能自觉遵守企业规章制度。同时，积极引导员工参与企业创新，注重利用一切机会向员工传播科学的管理理念和创新思维，让员工成为企业创新和管理的主体。

（3）**建立员工共同认可的价值观**。企业应该根据自己的发展战略形成核心价值观理念，并将这一理念贯穿于企业管理的始终。同时，引导员工围绕这一价值观自觉学习新知识，竭尽全力做好本职工作，不断提高自己的工作水平，改善自己的服务态度和服务模式。

（4）**树立企业经理层的人格魅力**。构建学习型组织，关键在于培养管理者的学习能力，提高管理者的人格魅力和个人影响力。在企业中，经理层居于企业的主导地位，也是企业中利益的最大获得者，对员工具有非常大的影响。因此，必须树立企业经理层的人格魅力，只有良好的品格才能获得公众的认同感，增强企业的凝聚力，从而加快企业目标实现的进程。

（5）**建立统筹全局的思想**。管理者应围绕已经确立的共同愿景和目标，建立起全面的激励机制，促进全体员工形成正确的价值取向和系统的思维能力，从而提高工作效率，降低经营成本，增强质量意识，减少资源浪费，正确处理好个人利益与企业利益、短期利益和长期利益的关系。

（6）**充分调动全体员工的创造力**。开拓创新是一个组织持续发展的不竭动力，企业应该通过各种活动开展观念创新、管理创新、服务创新和技术创新。并将全体员工的工作与学习结合起来，把员工的创新效果与个人价值的实现结合起来，形成全体员工积极向上的氛围。

3. 创建经常性学习组织的运作

（1）制定学习方案。围绕企业创业的需要，制定一个既有理论高度又有实用价值的学习方案，学习内容至少应当包括企业法律实务、企业管理运作、企业团队组建、经济管理知识、企业领导艺术、专业知识前沿等内容。每项内容可以包含多个专题，每个专题讲座 2 小时左右。

（2）聘请学习教师。教师是讲座成效的关键，必须聘请既有高深的理论知识，又有丰富实践经验的双师型教师担任专题主讲。讲座中应当穿插一些讨论和启发，可以结合讲座内容现场开展一些实践。从而增强讲座的新颖性、实用性、趣味性，使学习在轻松愉快的氛围中度过。

（3）坚持不断学习。学习是一个长期的过程，必须坚持不懈。因此，企业必须结合自身生产经营的特点，坚持一个月一次学习。这样既不至于因学习频繁而疲倦，也不至于因学习松懈而流于形式，可以收到预期的效果。

（三）紧跟最前沿知识

1. 知识爆炸决定必须紧跟最前沿知识

现代社会是知识经济时代，离开了现代知识，就不可能开拓出灿烂的事业。统计资料显示，知识更新的速度十分迅猛，也就是说我们已经进入了一个知识爆炸的年代。随着社会的发展，信息通信技术带来了人类知识更新速度的加快，知识更新周期越来越短。联合国教育、科学及文化组织曾经做过一项研究，在 18 世纪时，知识更新周期为 80~90 年，19~20 世纪初，缩短为 30 年，20 世纪六七十年代，一般学科的知识更新周期为 5~10 年，20 世纪八九十年代，许多学科的知识更新周期缩短为 5 年，而进入 21 世纪时，许多学科的知识更新周期已缩短至 2~3 年。

也就是说，在马克思生活的时代，知识总量翻一番需要 150 年，在 21 世纪的今天，知识总量翻一番只需要 3~5 年。因此，一个人的"学历"只代表他过去学习的经历，并不能完全代表他所掌握的知识。况且一个人掌握的知识会随着时间的推移，在知识爆炸中过时，而对新知识的无知，又会使一个人对社会、对事业无所适从，而被社会所淘汰。因此，要想跟上社会发展的步伐，只有紧跟最前沿知识并不断获得新的知识。

2. 经济发展决定必须紧跟最前沿知识

创业企业资产的积累、事业的发展必然受国家乃至世界经济发展变化的影响。

而世界经济发展变化非常复杂，既受各国生产要素，如土地、劳动力等的影响，又受国家间关系发展变化的影响。近年来，我国生产成本全面提高导致全球化红利日渐减少，人口老龄化趋势也使人口红利逐渐减少，再加上经济发展方式粗放所积累的结构性矛盾已十分突出，环境污染、产能过剩、房地产风险都导致经济的进一步快速增长受到制约。这一现状是我们每个创业人员必须正确认识和面对的现实。

同时，我们也应当清醒地看到我国正处于城镇化、信息化、工业化和农业现代化进程中，经济增长的动力和潜力依然较大。在这一经济增长中，我们创办的企业在整个经济发展中占什么位置，创业企业和国家宏观经济发展是什么关系，创业企业融入国家经济发展中的切入点在哪，这些问题的回答都必须立足于对整个国家经济乃至世界经济发展的了解。因此，经济发展的复杂性决定，创业要想成功必须紧跟最前沿知识。

3. 市场变化决定必须紧跟最前沿知识

农业创业企业是一个新生的市场经济主体群，无论其组织构造还是市场营销模式，都处在不断规范和完善中，而且都必须适应市场形势的变化。而市场变化越来越快，有时变化的速度甚至让人们应接不暇，难以适应，而化解困难的重要法宝就是知识，而且必须是最新的最前沿的知识。可以毫无疑问地说，谁掌握了知识，谁就掌握了未来，谁就掌握了主动。因此，企业要主动适应市场变化，就必须紧跟最前沿的知识，并运用新知识观察市场变化特点，分析市场变化规律，对企业的组织结构、企业的产品定位、营销策略做出相应的调整，使企业能更好地适应市场变化的特点、宏观经济的发展、目标顾客的需求、消费者行为的变化。对于经营时间长、难以适应市场的企业，甚至还要进行"企业再造"。对企业的发展定位、产品定位、组织结构、工作流程等重新设计、修改，即"企业流程再造"。这些都需要知识的支撑，离不开最新的知识，所以说为了适应市场的变化必须紧跟最前沿的知识。

三、创新是适应市场的法宝

（一）适应发展需要，树立创新理念

1. 开拓创新是企业的生命

"创新"是个外来词。1912 年，经济学家熊彼特在他的德文著作《经济发展理论》中，首次提出了创新的概念。熊彼特认为，"创新"就是把生产要素和生产条件的新组合引入生产体系，即"建立一种新的生产函数"，其目的是为了获

取潜在的利润。1934年，熊彼特的理论以英文出版后，立即引起了学界的广泛关注。20世纪90年代，我国把"创新"一词引入了科技界，形成了"知识创新"、"科技创新"等各种提法，进而发展到社会生活的各个领域。"创新"已成为当今社会出现频率非常高的一个词汇。企业要想取得核心竞争力，就必须不断从产品到市场，从理念到管理，从人才到技术等进行开拓创新，从而使企业不断焕发出新的生命。因此，企业旺盛的生命力，关键在于创新。纵观改革开放以来，所有做得风生水起的企业，无不是在发展的各个阶段实施了一系列创新，从而取得了显著的成效。

2. 开拓创新是发展的动力

开拓创新，简单地讲就是"开发出去，拓展开来，创造、发现和应用新东西"。新东西的应用使人们不得不去寻找与之适应的配套办法，从而成为企业发展的动力。其实，人类社会的每一次进步都离不开创新。社会的进步靠政治家的创新，企业的兴旺靠企业家的创新。思路决定出路，管理者的超越性思维是管理创新的基础和原动力。因此，企业家不仅必须具备创新的天赋，还必须发动和组织企业全体员工参与到企业的创新行动中，使整个企业形成创新的氛围，使创新成为企业发展的动力。

3. 开拓创新是永恒的规律

开拓创新能不断突破旧有的框框限制，帮助企业家培养超越性思维，增强创新意识，拓展国际化视野，提升企业自身的发展战略水平和运营效益。开拓创新能创造出新的产品，创造出新的市场和新的消费群体，从而取得卓越的企业经营业绩。创新的根本是思维上的超越与突破，敢于做前人没有想过的事，敢于想前人没有试过的办法。因而，就可以源源不绝地创造出企业发展的动力。因此，开拓创新就是科学地洞悉未来，打破常规的举动，是企业和社会发展的永恒规律。

（二）适应市场需求，不断改进产品

1. 产品创新才能适应市场

产品创新就是指将新产品、新工艺、新的服务成功地引入市场，以实现商业价值。产品创新包括生产新产品、采取新工艺、应用新技术、吸纳新原料等。产品创新后可以刺激消费者的购买欲望，满足消费者对产品的新需求，因而能适应市场发展的需要，能为企业带来商业价值和源源不断的新利润。产品创新的内容和方法很多，不仅包括技术上的创新，还包括新材料、新工艺、现有技术的组合和新应用等。产品创新做得最好的是国内的汽车行业，一款汽车出厂后，半年左右就会推出新款式，老款式立即停产。新款式虽然只在原有基础上作了些许改进，但价格明显上升，而且又能吸引一大批新的消费者，并能引导汽车消费者不断更新自己的汽车，生产商从中获取丰厚的利润。

2. 市场创新才能激发活力

市场创新是企业适应市场需求的重要方面。市场创新是指在产品推向市场阶段，基于现有的核心产品，针对市场定位、整体产品、渠道策略、营销传播沟通，为取得最大化的市场效果或突破销售困境所进行的创新活动。市场定位创新就是选择新的市场或者挖掘新的市场消费群体，从而获得新的产品利益点。通过创新，企业就可以激发出新的活力，保持旺盛的生命力。当然，在创新的过程中，也绝不仅仅是市场创新。一个成熟的企业，往往采取整体产品创新服务于市场创新。所谓整体产品创新指企业基于现有的核心产品，或改变包装设计，或变换产品外观设计，或组合外围配件或互补的产品，或提供个性化服务。整体产品、渠道策略、营销传播和客户服务的创新必须要在重新调整后的市场定位策略的指导下开展，以取得整体最佳市场效果。

3. 管理创新才能新增利润

管理模式创新是指基于新的管理思想、管理原则和管理方法，改变企业的管理流程、业务运作流程和组织形式。通俗地讲就是商业模式创新，就是对整个企业的运作采取新套路，运用新机制，获得新效果。著名的管理大师彼得·德鲁克认为，一个好的商业模式必须能回答这样几个问题：谁是我们的客户？客户认为什么对他们最有价值？我们在这个生意中如何赚钱？我们如何才能以合适的成本为客户提供价值？只有准确回答这几个问题，我们的管理创新才能获得成功。在管理创新中，通过成功对现有商业模式的要素加以改变，组合出新的模式，从而可以解决企业管理中存在的主要问题，降低经营成本和费用，提高效率，增加客户满意度和忠诚度。最终就可以使企业在为顾客提供价值方面有更好的表现，同时，企业自身获得新增利润。

管理创新的方法很多，从管理理念的突破上讲，可以通过和本行业以外的企业进行标杆对比，找出自己存在的不足，借鉴他人的经验做法；可以对本行业或本企业内普遍接受的现成规定提出质疑，打破条条框框的限制；可以重新思考现有经营方式，寻找新的方式方法，突破"不可能"、"行不通"的思维约束；可以分析日常运作中出现的问题事件，思考如何使这些问题从管理上做到永久克服，从而提出管理上的新流程、新制度。每一项管理上的突破都可能给企业带来新的生机，创造出一个阶段利润的提升。

（三）适应事业需要，完善壮大企业

1. 增加新产品横向扩大

企业经营必须达到一定的规模，才能减少生产经营成本，获得总体收益的增加。作为农业创业企业扩大规模，在不同的阶段可以采取不同的方法来实现。农业企业成立初期，一般先要使自己的产品在市场上站稳脚跟，然后，再慢慢扩大。扩大的方法是通过增加企业产品品种，增加不同包装的产品，满足不同消费群体的需要。例如，养殖普通家鱼的淡水养殖企业，如果扩大规模，可以在不同环节进行扩大。在养殖环节，可以既开展家鱼养殖，也发展鳝鱼养殖、黄鱼养殖；在包装环节，可以销售新鲜鱼，还可发展简包装、精包装、大包装、小包装等；在加工环节上，可以通过深加工，生产袋装鱼、瓶装鱼、罐装鱼等。

这种横向扩大投入资本相对较多，但应用技术简单，容易实现。同时，因为能满足不同的消费群体，市场开拓较为容易，是企业发展壮大最常规的方法和路径。

2. 沿着产业链纵向扩展

企业经过最初发展阶段进入较为成熟期时，可以选择纵向一体化路径扩大规模，以获得规模经济效益。纵向一体化，亦称垂直一体化或纵向整合，按照纵向一体化的程度可以分为简单纵向一体化和综合纵向一体化。简单纵向一体化是指单个企业在自己生产产品的基础上，向原材料生产和销售各阶段延伸，最终实现原材料生产、产品加工和商品销售一条龙。综合纵向一体化是指企业通过纵向合并，或建立新的生产或销售组织，进入另一个生产加工或销售阶段的行为。

企业通过纵向一体化形成产业链，可以实现由赚取一个环节的利润到赚取多个环节利润的目的，通过企业内部的组织取代外部市场来组织生产经营，可以减少企业对他人的依赖程度，形成一个更加完整的生产、营销体系。纵向一体化战略作为一种有效的企业扩张战略，有利于发挥资源的整体优势，发挥企业的原材料、技术、技能和销售市场的优势，形成企业最佳的经济规模，充分发挥规模效益。

3. 突破产业链实业发展

当企业发展到产品成为知名产品，市场供不应求的阶段，就必须考虑突破产业链的约束，走实业化的综合发展道路。这种扩大规模需要大量的资金投入，是一般企业难以满足的。那么，在资金有限的情况下，怎样实现企业的扩张呢？有以下几种方式可供选择。

（1）**通过突破式发展，组建实业有限公司**。随着企业产品知名度的提升，市场占有率的扩大，企业可以瞄准市场上高投资、高利润、见效快的行业，将企业改造成实业有限公司。并通过对企业实行挖掘潜力，整合资源，向外拓展等一系列办法，使企业从原有产业走向综合化发展的道路。近 20 年来发展的一些房地产企业，走的基本上都是这样一条道路，这条道路的关键是盘活企业现有资产，可以通过对企业现有资产向银行进行抵押，获取可观资金，并运用于高利润行业，快速获取利润，实现企业的拓展扩大，迅速从单一性企业向综合性企业发展。

（2）**通过股份制改造，组建股份有限公司**。面对新发展起来的一些高额利润的新兴行业，企业往往因资金短缺无法插足，而望着丰厚的利润兴叹。那么，要想从中分一杯羹，该怎么办呢？可以通过与新兴行业企业相互参股的办法加入其中，从而与相关企业组成一个稳定的利益共同体。

（3）**通过市场化竞争，实施企业兼并重组**。企业在发展的过程中，也可以瞄准那些难以为继的弱小企业，实施兼并重组，在兼并中实现企业规模的扩张。当然，兼并必须以经济利益为纽带，以企业自愿为原则，依照法律规定进行操作。由于市场竞争的激烈性，规模较小的企业往往由于受到各方面条件的限制，处于竞争的不利地位。兼并无论对兼并方还是对被兼并方，只要有利于企业发展，都是企业做强做大的有力措施。在实践中，兼并或被兼并都是一个非常复杂的问题，在决策中，必须运用定性分析和定量分析的方法，认真考虑企业自身的实际情况与外界环境，经过充分反复的分析论证，并综合平衡各相关因素的影响，最后才能做出科学的决策。

第十章 团队：企业壮大的根本力量

选择团队、组建团队、依靠团队，是创业获得成功的重要法宝。团队可以集全体成员所长，聚全体成员之力，在充分团结协作的基础上，完成个体难以完成的任务，取得个体难以取得的成效，达到个体难以达到的高度，从而共同实现企业目标。因此，在完成任务的速度上，在组织内部的协调上，在战略能力的提高上，团队都显示出了强大的优势[①]。在现代市场经济条件下，市场竞争更加激烈，仅凭个人之力是难以把企业做强做大的。因此，团结协作、互利共赢成为现代企业发展的主要形式。战略人力资源管理就是要通过一切手段来保持这种高知识密度和强互动强度的团队，培养和开发那些可能转变为战略人力资源的团队[②]。为了在激烈的市场竞争中获得更好的发展，创业者必须组建一支目标一致、制度健全、权责分明、结构合理、素质过硬、热情洋溢的创业团队。

一、组建团队的基本原则

（一）目标一致原则

共同目标为团队长远发展指明方向，是团队得以持续发展的基础条件。团队成员目标一致，可以有效激发团队成员的工作激情，能够充分发挥各成员的聪明才智，达到"拧成一股绳、力往一处使"的理想效果。为此，创业者在组建团队时，必须坚持目标一致原则，并将企业盈利、成就事业和奉献社会等目标有机统一，充分发挥团队成员的聪明智慧，推动创业团队不断向前发展。

1. 追求企业盈利

利润最大化是企业生产经营的根本目标，也是企业不断发展壮大的有效基石。创业者在组建企业团队的过程中，应该将企业利润最大化作为基本目标，积极采用先进技术设备和现代管理模式，不断提高企业的生产效率和盈利水平，为企业利润最大化的实现创造有利条件。同时，也应该具有长远发展眼光，进一步健全

---

① 黄建英. 层级组织的网络化变革研究：基于团队的协调管理[J]. 科技进步与对策，2005，（8）：88.
② 黎赔肆，丁栋虹，李利霞. 基于知识的战略型人力资源团队：一个探索性研究[J]. 科学管理研究，2006，（5）：

和完善企业利益分配机制，逐步形成"利益共享、风险共担、共同发展"的良性发展格局，将企业的盈利目标与员工的切身利益有机结合起来，在确保企业盈利水平不断提高的基础上，尽可能提高员工的薪酬福利待遇水平，以有效调动企业员工生产经营的积极性与创造性，为企业的持续发展提供可靠保障。此外，还应该积极营造出一种"增加盈利，做强企业，发展自我"的文化氛围，进一步增强企业员工的全局观念和盈利意识，从而有效增强企业的盈利能力和竞争实力。

2. 奋发成就事业

创业是创业者追求经济利益的重要手段，也是成就事业、实现人生价值的重要途径。创业者在将企业盈利作为追求目标的同时，应该将创业作为人生事业来不懈追求。在创业过程中，无论是创业者个人还是整个创业团队都会面临诸多困难，经历万般艰辛；也正是这些困难和艰辛促使创业者及其团队不断发展壮大，并逐步实现其存在的应有价值。因此，创业的过程既是创业者克服困难、战胜挫折、不断壮大的过程，也是成就事业、实现梦想的过程。将创业活动与创业者及团队的奋斗事业紧密相连，不断提高创业者的思想认识水平，尽可能地激发创业团队的内在动力，有效调动创业团队成员的主观能动性，逐步形成强有力的组织合力，可促进农民创业取得预期成效。

3. 愿意服务社会

无论是企业组织还是单独个体，均为社会的重要构成单元，都不可能离开社会而孤立存在，社会为企业壮大与个人发展提供着诸多基础性条件，整个社会的持续和谐发展是企业组织与单独个体得以发展壮大的基本前提。因此，在追求企业盈利的同时，还应该将服务社会、回报社会作为企业团队的又一重要目标。首先，应该高度重视服务社会的重要性与必要性，积极树立服务社会的思想意识，打造服务社会的企业文化，有效提升整个企业服务社会的认识高度，为企业更好地服务社会、回报社会创造条件。其次，企业在具体生产经营过程中要勇于承担社会责任，应该生产出更多品质优良、价格合理的产品，尽最大可能满足广大消费者的多样化需求，有效提升企业服务社会的水平。最后，需要积极参与各类社会公益、慈善事业，积极主动承担社会责任，尽最大努力服务、回报社会，促进整个社会和谐发展，反过来也为企业发展壮大创造有利的社会环境。

（二）共同信仰原则

共同信仰可以将团队成员有效地团结在统一的旗帜下，为着共同目标而不懈奋斗，即使其间充满无数艰难险阻，也无法阻挡团队前进的步伐。同时，共同信仰也规范着团队及其成员的行为，让其有所为有所不为，为人类社会持续发展贡献力量。一个缺乏共同信仰的团队，必然是一个思想混乱、纪律涣散、无所作为的组织，也难以在现代社会上立足。因此，创业者在组建团队时应该坚持共同信仰原则，积极引导成员形成敬畏并遵守法律、善良并遵守公德和学习并尊重科学等共同信仰，从而为团队持续发展奠定基石。

1. 敬畏并遵守法律

我国是社会主义法治国家，法律在维护社会和谐稳定、促进经济有序发展、维护全体公民合法权益等诸方面发挥着极为重要的作用，无论是人们的日常生活还是生产经营，都与法律、法规息息相关、紧密相连，法律在当今社会经济发展中发挥着越来越重要的作用。因此，学法、懂法、守法和用法律约束自己的行为成为创业者的"必修课"，也是创业过程中不容忽视的关键性因素。农民在创业过程中应该重视法律、敬畏法律，积极树立法律观念和意识，抓住一切机会、利用一切资源加强法律、法规和政策等方面知识的学习，尤其要着重学习经济法、民法等，做到"学法懂法"，进一步明确创业过程中哪些能做、哪些不能做，确保创业活动合法。与此同时，还应该遵守法律、法规，严格依法创业，并用法律手段维护自身的合法权益。在创业过程中，应该严格按照相关法律、法规的有关规定进行创业活动，凡是法律、法规所禁止的行为坚决不做，但凡法律、法规所要求的条件竭力做到，认真履行法律、法规所规定的责任和义务，并运用法律手段维护自身在创业过程中的合法权益，做到"守法用法"。

2. 善良并遵守公德

社会公德是人们在长期社会生活实践中逐渐积累起来的、为社会公共生活所必需的、最简单、最起码的公共生活准则，是维护公共秩序、促进社会经济和谐发展的又一重要因素。社会公德具有基础性、全民性和相对稳定性等特点，是对法律、法规"硬约束"的"软补充"，需要社会公众不断提升思想素质自觉遵守。遵守社会公德既是社会经济健康发展的客观要求，也是个人崇高品德的有力彰显，对社会经济发展与个人全面进步具有深远意义。因此，创业者应该将社会公德作为基本要求和共同信仰，并在具体创业实践中积极践行。一方面，将企业文化与社会公德有机结合，在企业文化建设过程中弘扬社会公德，推动企业员工"人人守公德、处处显品德"氛围的形成；另一方面，团队领导带头，身先示范，同时，积极鼓励企业员工认真遵守、践行社会公德，为社会经济健康发展营造有利的外部环境。

3. 学习并尊重科学

"科学技术是第一生产力"，随着现代化建设的不断推进，科学技术在生产经营中的地位和作用更加突出。谁若率先掌握了先进的科学技术，谁就在激烈的市场竞争中占据着更为有利的地位，谁就能够优先分享到科学进步带来的丰硕成果。因此，创业团队成员应该高度重视科学的重要作用，积极树立科学意识，突出科学运用，将尊重科学、学习科技作为创业团队的基本要求和共同信仰。在创业具体实施过程中，创业团队应该积极主动地学习、领会科学与技术，深入掌握创业项目的相关技术，进而为其成功创业提供强有力的科学技术支撑。同时，还应该高度重视科学人才建设，集中优势资源打造出结构合理、业务精湛的高素质科研队伍，搞好产品研发与深加工，有效提高产品的科技含量，进一步挖掘产品潜在价值，从而为创业者提供更为丰厚的经济效益。

（三）优势互补原则

优势互补、团结协作是团队组建的理想状态，是增强团队综合实力的关键所在。唯有优势互补、团结协作，才有可能"扬长避短"，充分发掘团队成员的特长优势，有效增强团队的凝聚力与战斗力，促使团队战胜重重困难，取得预期目标。因为个人能力有限性与任务复杂性的矛盾决定了高管团队必须科学合理地组合人才，进行能力与知识的互补，将文、理、工科人才合理搭配，才能满足组织成功所必需的各个特定职能方面的要求，发挥团队最大的功效[①]。在创业企业中，既需要产品开发的科研能手，也需要严谨有序的内部管理，更需要市场开拓的能人。唯有如此，才能形成创业团队优势互补、协同奋斗的格局，最终取得企业的成功。因此，优势互补是创业者组建团队时必须遵循的又一重要原则。

1. 个人特长显著

企业生产经营涉及人财物、产供销等诸多方面，需要相应的专业人才来具体实施企业的生产经营活动。倘若创业团队所有成员仅有一种专业特长，即使这种专业特长再优秀、再突出、再强大，也难以解决企业发展中面临的各种问题，无法满足企业持续发展的客观需求。因此，在组建创业团队时，必须综合考虑企业的全局发展，突出人才的个体特长，积极吸纳创业所需的各类专业人才，以满足企业发展对专业人才的多样化需要。内部成员的创造性思想是组织创新、变革和提高竞争力的源泉所在，也是形成组织创造力的关键，而组织创造力才是组织进行创新变革、提高整个组织竞争能力的根本所在[②]。具体而言，企业发展需要"精打细算"的会计人才、"能说会道"的销售人才、"技艺精湛"的技术人才和"深

---

① 华艺，陶建宏. 企业高管团队高效运作的影响因素及对策探讨[J]. 企业经济，2012，（8）：54.

② 周耀烈，杨腾蛟. 个体创造力向团队创造力转化的机理研究[J]. 科学学研究，2007，（Z2）：410.

谋远虑"的管理人才等，在组建农民创业团队时重点突出这些特长优势，确保所组建的团队成员个性鲜明、特色明显、优势突出，促使各成员均能够在相应的岗位上有实力可发挥，有潜力可挖掘。

2. 团队优势互补

成员特长优势为团队整体实力的进一步增强奠定了坚实的基础，但若要让团队真正形成"1+1＞2"的有效合力，获得成员简单相加难以达到的整合效果，必须根据成员的特长进行优化组合，形成"优势互补"的良性创业格局。唯有充分发挥成员间的特长优势，才能形成一个富有凝聚力和战斗力的优秀团队。因此，对农民创业团队的组建来说，团队成员既要能够在资金、技术、经营、管理、土地资源等方面各有所长，又要能有效组合促进"优势互补、实力大增"良好局面的形成，确保创业团队合力得以有效形成和发挥。通俗地说，就是有钱的出钱，有力的出力，有技术的出技术，有土地的出土地等。此外值得注意的是，大多数创业团队的成员是因为共同的兴趣或认同创业机会才走到一起来的。也就是说，大多数创业团队在组建时，并不考虑成员专业能力的多样性或互补性，因此比较缺乏相应的管理、营销和财务等方面的能力[①]。为此，必须考虑团队成员优势互补，还要注意合理控制成员结构，同一类型的人才数量要适中，防止团队整体失衡和产生不必要的内耗。

3. 愿意合作奉献

合作与奉献精神是促进团队和谐，推动团队壮大的关键因素之一。一个富有战斗力和凝聚力的优秀团队，不仅能够实现优势互补，更重要的是成员之间能够团结协作，无私奉献，各尽其才。"金无足赤，人无完人"，在一个团队里，每一个成员都是个性鲜明的独立个体，都有其优势与不足，而往往优点突出的人，其缺点和个性也比较突出，需要有包容之心、奉献之德，唯有如此才能形成强大的凝聚力和战斗力，才能推动整个团队不断向前发展。与之相反，一个团队如果缺乏包容奉献，没有团结合作，就无法形成彼此之间的优势互补，就会变成一盘散沙，无法抱团前进，优点也会变成缺点。所以，对于农民创业团队的组建，团队成员不仅要各有所长，还要相互信任、相互认可、心胸博大、宽厚待人，懂得如何把握"合作"，最终通过彼此之间的团结协作产生"1+1＞2"的效应。唯有和谐、奉献，合作才能愉快，才能激发出合作者最大的工作热情和才智，打造出一个富有凝聚力、战斗力和竞争力的优秀团体。

---

① 王飞绒，陈劲，池仁勇. 团队创业研究述评[J]. 外国经济与管理，2006，（7）：19.

二、组建团队的方法技巧

（一）明确团队目标

团队目标为团队发展提供方向指南，是团队克服创业路上各种困难的力量源泉。在组建创业团队时，必须首先明确团队的总体目标、阶段目标及个人工作目标，从而为团队及其成员的长远发展指明方向，确保农业创业企业的发展方向。

1. 明确企业总体目标

企业总体目标是对企业未来发展的总体规划，指引着企业不断向前发展的方向，对企业长远发展影响深远。创业者唯有明确企业发展的总体目标，才能做到有的放矢，才能循序渐进、有条不紊，也才能有所成就。企业总体目标涵盖着生产、销售、管理等诸多方面的内容，但归根到底，即实现经济效益最大化，确保企业持续健康发展。总体目标的制定与落实需要站在企业发展全局的高度，需要遵循企业发展的客观规律，需要依据企业发展的具体实际，需要考虑企业所处的社会背景和要求。一方面，创业者必须高度重视企业总体目标的制定，根据市场供需信息及国家的产业政策，立足于企业长远持续发展，运用科学发展理论制定企业总体发展目标，为企业发展提供科学的总体规划，确保企业能按规划有序地不断发展壮大。另一方面，要高度重视企业总体目标的落实与执行，贯彻落实是企业总体目标得以发挥功效的关键一环，在制定总体目标的过程中，严格遵循可实现的原则。

2. 明确企业阶段目标

企业总体目标的实现需要分步骤、分阶段来逐步实现。企业总体目标的实现需要以阶段目标的顺利实施为前提，没有阶段性目标的有力支撑，企业总体目标便成为无源之水、无本之木。因此，在明确企业总体发展目标的同时，还必须高度重视企业阶段目标的制定与落实。企业阶段目标是在某一阶段内企业生产经营需要达到的水平与高度，是在企业总体发展目标指引下的阶段性任务与要求。与企业总体目标相比，企业阶段目标的内容更具体、更深入、更明确、更细致，与企业生产经营活动、员工福利待遇等的联系也更为紧密。在具体制定和落实执行企业阶段目标的过程中，既要立足于当前企业发展的客观实际，充分考虑企业面临的机遇与挑战，明确企业发展的优势与不足，确保阶段目标切实可行；又要兼顾企业长远持续发展，遵循企业总体发展目标，确保阶段性目标与总体目标科学统一、相互促进、相得益彰；还要坚持发展变化的哲学观点，根据客观条件的发展变化对阶段性目标作出及时正确的修正，确保企业目标兼具科学性和实效性。

3. 明确个人工作目标

无论是企业总体目标的实现，还是企业阶段目标的完成，均需要企业团队成员来具体实施落实，企业团队成员是企业目标的具体践行者，对企业的长远持续发展影响深远。因此，在明确企业总体目标和阶段目标之外，还必须明确企业团队每一个成员的个人工作目标，衡量的指标是目标的明确度。目标的明确度是指目标能够加以准确衡量的程度，目标设定得越明确，越能满足行为主体希望了解自己行为目的的认知倾向，就越具有激励作用①，就越能为企业目标的顺利实现提供可靠保障。此外，根据企业团队成员的特长安排其具体分工，确保合适的人可以在恰当的工作岗位充分发挥聪明才智。每一个团队成员也应当从工作实际出发，制定个人的具体工作目标，尽可能地做到"服从总体目标，紧扣阶段目标，细化个人目标"，同时要加强成员之间的沟通与协作，逐步形成"既分工又合作"的良性团队格局，确保企业目标得以有效实现。

（二）选拔合适成员

成员是团队的组成人员，是企业的宝贵资源，是创业成败的关键因素，有什么样的团队成员就有什么样的企业。对于创业者来说，选择合适成员非常重要，只有将合适的人才作为团队成员予以吸纳，并安排在恰当的岗位上，才能充分发挥其应有的价值。在创业团队的成员选择上，要杜绝感情用事，坚持任人唯贤的原则，根据企业发展的具体需要选择、重用那些经济意识强烈、协作观念明确、个性特长突出等，对企业发展切实有用的人才，以最大限度地发挥其聪明才智为企业持续发展服务。

1. 有强烈经济意识

我国正处于社会主义市场经济全面发展时期，市场在资源配置中起着基础性、决定性作用，竞争成为市场经济的显著特征，也是其充满活力的关键所在。为了在激烈的市场竞争中胜出，获取更多的经济效益，创业团队的每一名成员都必须具备强烈的经济意识。因此，具有强烈经济意识成为创业者选拔团队成员的一个重要衡量指标，也是创业者适应现代市场经济发展的客观需要。同时，创业团队成员具有强烈的经济意识，能在创业实践中提高资源的利用效率，减少资源浪费，降低投入成本，逐步达到"人尽其才、物尽其用"的理想效果；也可以更加主动地去融入市场、占领市场和利用市场，进而有效分享市场发展所带来的丰硕成果，

---

① 林涛. 团队学习目标对团队学习有效性的影响[J]. 山东社会科学，2013，（12）：65.

促进企业不断做大做强。所以，选拔具有强烈经济意识的人才组建创业团队是企业做大做强的客观需要。

2. 有团结协作精神

强大的凝聚力无疑是团队理想绩效的保证，其表现为团队成员之间相互信任、尊重和关爱，工作积极性高，人际氛围特别和谐友善，团队成员能自由表达情绪，各抒己见，并对组织有强烈的忠诚感和归属感等①。单个人的能力和作用都是极为有限的，拥有团结协作精神，组建优秀团队，才能集众人之长，实现优势互补；才能形成新的巨大合力，书写更宏大的华丽篇章。创业团队往往汇聚了各类人才，每个成员既有明显的优势特长，也存在着一定的缺点不足。要想充分发挥其各自特长优势，实现优势互补，形成"1+1＞2"的有效合力，促进企业持续健康发展，就需要创业团队成员具有团结协作精神，形成"包容、团结、和谐、共进"的文化氛围，为着共同目标不懈奋斗。"天时不如地利，地利不如人和"，在组建农民创业团队时，要高度重视团结协作精神的培育，将团结协作精神作为创业团队人才选拔的重要衡量标准，选拔一批具有团结协作精神的人才为我所用。同时，将团结协作精神作为企业文化的重要组成部分，并在日常生产经营中积极营造团结和谐的文化氛围，引导广大员工树立团结协作意识和理念，将团结协作的优良传统发扬光大。

3. 有独特个人特点

随着现代科学技术与社会经济的不断发展，社会分工越来越细，对专业人才的需求也越来越大。同时，团队实力的大小在很大程度上直接取决于团队成员自身的素质与水平，那些个性鲜明、优势突出的成员是团队发挥整体效应、不断壮大的宝贵财富。因此，在组建创业团队时，应该进一步突出成员的个人特长优势，根据具体创业需要选拔一批具有一技之长的专业人才为我所用，有效提升创业团队的专业水准和综合实力。因为，创业活动涉及生产、管理、销售等诸多方面，各方面相互影响、缺一不可，需要由相应的专业人才来具体操作实施这些具体的生产经营及管理活动。所以，在具体组建创业团队时，应该着重选拔一些懂技术、会经营、善管理、能销售等的专业人才，确保创业团队有实力可发挥，有潜力可挖掘，从而为企业做大做强提供强大的专业人才资源支撑。

（三）合理划分职权

创业团队合理的职权划分，可以明确成员职责，减少相互推诿，有利于形成

---

① 华艺，陶建宏. 企业高管团队高效运作的影响因素及对策探讨[J]. 企业经济，2012，（8）：53.

"既分工又合作"的理想格局；可以充分利用团队的优势资源，不断提高团队的工作效率。同时，在强调明确职责、分工负责的同时，还应做到定期碰头通报工作情况，协调督办，确保各项工作齐头并进，有效提高创业团队的整体工作水平。

1. 职责明确，分工负责

职责明确、分工负责是企业得以有效运行的关键所在。职责明确后，可以增强创业团队的责任意识，团队每个成员可以知道并认真履行自己的职责。在分工负责的条件下，有利于团队每个成员尽力完成自己所承担的工作任务，从而减少责任推诿。在明确职责的过程中，团队每个成员的职责要尽可能地具体，即"责任到人"，让其充分知晓其固有职责及应尽义务。同时，也要尽可能地避免职权划分的重叠和交叉，从而避免相互推诿事件的发生。此外，职权划分应该根据客观实际的发展需要适时变化，以提高团队的整体运行效率。在分工负责的过程中，应根据每个员工的不同特点，将员工安排到合适的工作岗位上去，确保"人尽其才"。例如，外向型人才，善于社交、言谈，适合做市场营销方面的工作；随和型人才，能够愉快合作，给人以信任感，适合做协调管理工作；思维敏锐，善于分析，能冷静处事，统揽全局，适合做团队负责人。创业者要学会用人之长、容人之短，充分尊重角色差异，有效发挥成员个性特长，实现优势互补、共同发展。

2. 定期碰头，通报工作

创业团队是一个整体，需要在明确分工的基础上实现有效合作。因此，团队成员必须定期碰头，通报相互分工负责的工作完成情况，确保企业生产经营活动井然有序。也可以通过聚餐、文娱活动、心理咨询等非正式渠道，营造和谐民主的沟通和决策环境，鼓励不同的意见，提供宣泄各种情绪的平台，并对各种情绪进行充分疏导，使得成员之间能够进行真诚坦率、深入透彻的交流，消除误解，增强彼此间的了解和信任感，提高团队互动合作的效率和频率[1]。具体而言，团队负责人在定期碰头中，要详细通报自己分管的工作情况，做到不隐瞒、不夸大，实事求是，有困难要提出来，共同讨论，共同克服。通过这种碰头会，使团队成员能掌握全局，服务全局，服从全局。从而提高自己的工作效率，为全面实现企业目标服务。

3. 协调督办，齐头并进

团队成员实行分工负责后，工作进度不可能完全达到齐头并进，可能会存在一定差异。因此，需要团队负责人进行督促、协调，尽量保证齐头并进。因为企

---

① 华艺，陶建宏. 企业高管团队高效运作的影响因素及对策探讨[J]. 企业经济，2012，（8）：55.

业是一个整体，必须协调发展才能产生效益。仅凭单个部门的快速发展不可能实现企业的目标。为此，团队负责人必须搞好协调督办，促进团队每个成员分管的工作能协调发展。协调督办的方法很多，大多以定期或不定期碰头，相互通报工作的形式为主。同时，应当建立健全企业的协调督办机制，针对工作进度迟缓的部门，做好协调和沟通工作，深入分析问题产生的原因，并有针对性地采取适当的督办措施及方法，提高相关部门的工作效率，促进工作进度迟缓部门及时赶上，争取与其他部门保持齐头并进之势，推动整个企业不断向前发展。

（四）建立团队制度

制度是团队科学管理最有力的工具，是团队逐渐走向正规化的必备条件。如果一个国家没有法制，社会就没有秩序。如果一个企业没有制度，管理就没有效率。制度是法律、法规的延伸，只有通过制度将最基本的责、权、利明确下来，团队每个成员才能做到有章可循，才能有效地减少不必要的矛盾，激发全体团队成员的积极性，促进团队健康发展。在建立创业团队相关制度时，应该坚持制度健全可操作，制度具体能落实，制度严格有弹性，从而为企业发展提供完备可行的制度保障。

1. 制度健全可操作

管理制度化是增强创业团队整体实力的重要手段，是企业走向科学化、正规化的必经之路。同时，团队中人员相对复杂，管理涉及范围广、管理难度大，需要一整套相对完善的制度来实现。因此，在建立团队制度时，应该涵盖团队管理及运行的方方面面，尽可能将团队管理及运行的相关主体及活动均纳入制度规范或者约束的范围之内，明确规定相关主体的基本权利及必须履行的基本义务、完成工作的时限等；并根据工作的实践和团队发展的客观需要，对各项制度进行调整和完善，从而进一步增强团队制度的实效性与可操作性，以充分发挥制度对团队管理运行的规范及约束作用。同时，在制定团队制度时，应该充分考虑到团队成员的切身利益，促使团队利益与成员个人利益得以尽可能兼顾，从而有效增强制度的科学性与可操作性，确保制度在团队管理及运行方面发挥更大功效。

2. 制度具体能落实

落实是制度发挥作用的关键性环节，倘若制度制定后不能落实或者落实不到位，再好的制度也丝毫不能在团队管理中发挥作用。制度的落实需要以明确具体的制度条款为依据，因此，制定制度切忌空泛、模糊，从而保证制度能具体落实。这样，制度就可以发挥出对团队成员的约束力。为了确保团队制度能够具体落实，在建立团队制度的过程中，应该将各种制度尽可能具体细化，尽量让权、责、利具体和明确，即通过制度能够非常清晰地知晓职责在哪里、权利有哪些，以及如何去更好地履行职责，更加充分地享受应有权益等，进而充分调动团队成员遵守制度的积极性和自觉性。同时，在建立团队制度时，也要认真听取和采纳团队成员的意见及建议，确保所建立的制度能够代表绝大多数成员的意志，在一定程度上也可以促进制度的贯彻落实。

3. 奖励惩罚要分明

制度必须体现出赏罚分明的原则，对工作积极、成绩突出的成员，必须公开明确予以奖励。对于工作不力，不能按期完成任务的团队成员，必须从经济上予以惩罚，从而有利于调动团队成员的积极性。在建立团队相关制度时，一方面，应该将奖励与惩罚制度化，明确规定哪些情形是企业团队所提倡的，哪些行为是所反对的，哪些情形可以受到奖励，哪些行为应当受到惩罚。唯有如此，才能让团队成员拥有明确的行为判断标准。另一方面，要以制度的形式明确各种奖励与惩罚的详细标准，并严格按照相关的赏罚标准执行，对积极遵循制度、为企业团队做出重要贡献的单位和个人，根据有关制度规定给予适当奖励，这种奖励既可以是物质性奖励，也可以是精神性奖励，抑或二者兼有，进而鼓励和引导团体成员共同遵循制度规定，严格按制度办事，全心全意为企业团队发展多做贡献；对违反制度相关规定的行为及时进行惩罚，以有效发挥其应有的劝诫和警示作用。

（五）不断融合调整

在组建创业团队时，除了明确团队目标、选拔合适成员、合理划分职权、制定团队制度外，还应该认真促进团队成员之间的相互融合，不断调整团队成员之间的分工，使团队效益发挥到最大。

1. 严格执行团队制度

团队制度一旦制定就必须严格执行，制度执行是否严格直接关系到团队的兴衰存亡。团队制度只有得到严格执行才能发挥应有作用，才能确保团队成员的行为符合团队的总体发展需要；才能将团队成员有效组织起来，为企业团队的共同目标而不懈奋斗。在团队制度的执行上，应该坚持严格执行标准，不论是团队成员中的任何人，都必须严格按制度执行，不得有任何例外。只有严格执行团队制度，才能确保团队的高效运行，团队成员才能养成按章办事的习惯。只有严格执行团队制度，企业的效益才有可能得到保证。在具体执行中，必须坚持一视同仁，无论是团队领导，还是团队普通成员，都必须严格按照制度办事，认真履行制度规定的职责和义务，充分享受制度规定的合法权利，在制度面前任何人不得有特权思想，做到人人平等，从而有效维护制度的权威性。

2. 人文关怀弹性操作

随着社会的不断进步，人才资源的巨大潜力不断显现，"以人为本"的思想也深入人心。企业除了严格执行规章制度外，还应该在团队管理中充分体现"人文关怀"，在不涉及原则性、根本性问题时，在不破坏团队规章制度的前提下，可以根据实际情况进行弹性操作，以更好地彰显出企业经营管理的"人情味"。不仅如此，企业在对普通员工的管理上，也应当体现人文关怀。在管理上尽量为企业员工提供便利条件，不断改善企业员工的福利待遇，有效调动企业员工的积极性与创造性，使其心甘情愿地为企业持续发展做出新的更大贡献。

但在具体操作过程中应该注意：一是要坚持适度原则，人文关怀、弹性操作不可滥用，要控制在一定的范围之内，将其用在必要时、恰当处，万不可与团队有关制度相违背、相抵触；二是进行人文关怀与弹性操作过程中应该从团队自身的客观需要出发，不可盲目照搬照抄其他团队的"标准模式"；三是人文关怀，弹性操作不可流于形式，要真真切切地为团队成员带来实实在在的实惠，以充分调动其工作积极性与创造性。

3. 落实奖惩优化组合

该奖则奖，该惩就惩，不偏不倚，赏罚分明，如此方能形成良好的企业奖惩机制，促进企业团队成员的优化组合，最终把团队打造得更加优秀、高效。企业可以通过团队制度的实施，落实奖惩措施。在落实奖惩的过程中，坚持一视同仁的原则，只要是团队制度明确规定该予以奖励的，无论主体地位如何，无论事情大小，均必须严格按照制度加以落实；但凡是团队制度明文规定该惩罚的，不管是团队中的什么人，都必须予以惩罚。通过这种严格的奖惩制度的落实，淘汰不适宜的团队成员，吸收社会上的优秀人员进入团队，使团队组合不断优化，团队办事效率不断提高，团队管理水平不断提升。

三、组建团队的注意事项

（一）成员真诚合作，彼此坦诚相待

团结合作是一个组织得以茁壮成长的关键所在，是增强组织凝聚力和战斗力的核心所在。因此，任何团队中的成员都必须真诚相待，坦诚交流。如果团队成员不能做到这一点，就难以形成凝聚力，就可能在激烈的市场竞争中被淘汰。为此，创业企业团队成员必须精诚团结与合作，坦诚沟通与交流，互相理解和包容。

1. 工作上就事论事，不提旧账

在具体工作中，团队成员难免会有各自不同的意见，甚至也难免会犯一些或大或小的错误，这些不同意见和错误是客观存在的，更是团队不断发展壮大的宝贵财富。在面对工作分歧时，无论是团队负责人，还是团队普通成员，都应该具有宽广的胸襟和包容的精神，承认并允许工作分歧的客观存在，特别是管理高层要允许不同意见、不同看法的存在，更要积极采纳对团队发展有益的一切意见。同时，还应该坚持就事论事原则，要对事不对人，只对工作本身做出客观分析与评判，万不可"假借工作之名行人身攻击之实"。唯有就事论事，才有可能对成员及工作做出准确判断与分析，也才能让其他成员信服，从而有利于在团队成员之间达成有效共识，为团队的持续健康发展创造有利条件。此外，团队成员沟通交往中也必须做到就事论事、不提"旧账"，要善于"翻篇儿"，过去的就让它过去，以形成准确有效的评价，维护团队的和谐与团结。特别是，针对其他成员过去所犯的错误要尽量少提，以免滋生新的隔阂与芥蒂，影响团队的和谐与团结。

2. 交流中坦诚相待，不遮不掩

坦诚的交流与沟通，有利于减少团队内部的猜疑与误解，增进成员间的情谊与感情；有益于整个团队和谐氛围的形成，于团队、于成员均为有利。人是感情丰富的"高级动物"，感情交流、情感沟通尤为必要。团队成员在交流沟通的过程中，首先要坦诚相待、将心比心，设身处地为他人着想，用自己的赤诚之心去感染、打动对方，从而换来对方的以诚相待。"尺有所短，寸有所长"，每个人都有自己的优点与长处，也存在着明显的缺点和不足，在与人交流沟通时，不要因为对方存在不足就不愿与之交往和沟通，而要善于取人之长，补己之短。同时，要善于表达自己的思想感情，特别是对自己的短处，要做到不遮不掩，要让其他成员真切感受到你的真挚情感，减少其他成员在交流沟通中的顾虑，从而逐步在团队内部形成"处处有真情、时时现温馨"的良好氛围；在面对其他成员的误解时，要及时主动做好解释沟通工作，将误会与猜疑化解在萌芽状态。此外，在面对其他成员的缺点与不足时，要讲究策略、掌握火候，既要有效指出缺点所在，又不能伤其感情，从而进一步增进团队成员间的感情，促进团队和谐，推动团队发展。

3. 批评上客观公正，不偏不倚

批评是一门艺术，需要掌握火候，需要讲究策略。批评得当，对方欣然接受，对你感激不已；批评不当，对方强烈回绝，对你心生猜疑。"人非圣贤，孰能无过"，团队成员既有着自身突出的优点，也存在明显的不足，优点需要鼓励与发扬，缺点需要批评与改正，团队的和谐发展更需要恰当的善意批评。面对其他成员的缺点和所犯的错误，要及时进行客观公正的善意批评，以使其能够得到及时有效的改正，改小错为大善，积土成山，将有利于成员的不断进步，也有利于团队的茁壮成长。特别是作为团队的负责人，万不可"意气用事"对成员缺点及问题不讲策略进行粗暴批评，如此不仅难以取得预期效果，还会事与愿违；正确的方法是本着客观公正的原则，就事论事，不偏不倚。要通过对成员存在的问题与不足的批评，促使成员既能看到问题所在，又能乐于改正，使其在客观公正的批评中不断成长。

（二）打造团队精神，夯实事业基础

团队精神是激发成员奋斗激情、促进组织持续发展的关键因素，一个没有团队精神的组织，其成员往往只为自己的蝇头小利而弃全局大义于不顾，如此，组织发展缺乏根本动力而难以发展。鉴于此，在组建团队的过程中，应该高度重视打造团队精神，大力倡导团结协作、齐心协力和奋发开拓的精神。

1. 团结协作，建好创业基地

创业基地是创业者实现理想的物质基础，如果没有创业基地，创业理想就难以实现，创业谋划就不可能落实。因此，搞好创业基地建设意义重大而深远，万万不可小觑。同时，创业基地建设是一个长期的系统工程，需要大量的人力、物力和财力投入，更需要充分发挥成员间团结协作的宝贵精神。创业团队只有团结协作，充分利用一切能够利用的资源，才可能把自己的创业基地建设好。因此，在建立创业基地时，应该高度重视创业团队成员的重要作用，积极引导团队成员团结协作，想方设法将成员的积极性与创造性有效调动起来，充分利用国家的政策，做好土地流转，形成相应规模。让各成员踊跃参与进来为创业基地建设出谋划策，即集众成员之聪明才智建好创业基地。

2. 齐心协力，塑造商品品牌

在激烈竞争的市场经济条件下，商品的品牌就是效益，品牌就是资本，品牌就是金钱。可以说商品品牌是企业赢得市场竞争胜利的利剑，是企业实现经济利益最大化的法宝。创业团队必须高度重视商品品牌建设，投入充足的人力资本和金钱资本，做好商品品牌打造。一是要从企业发展的具体实际出发，有效组织创业团队成员，厘清商品品牌塑造的基本思路，分析自身商品的突出特点，做好商品品牌的设计规划。二是要在充分调查、论证的基础上，投入充足的人力、资金，做好商品品牌名称、图案设计，确保所设计的商品品牌美观、新颖，特征鲜明，具有较强的市场震撼力。三是搞好商品品牌的宣传推广与维护，不断增强商品品牌的市场知名度和影响力。在进行品牌推广的过程中要综合考虑企业的发展实际、商品的基本特性、品牌推广的成本费用等因素，选择恰当的传媒方式来具体实施，尽可能以最小的推广成本赢得最佳的推广效果。同时，也要高度重视商品品牌的维护工作，确保商品品牌保持持久影响力。

3. 奋力开拓，建立营销网络

市场份额的争夺已经到了白热化程度，其成败的关键点在于营销策略的比拼。营销是商品实现其价值的关键一环，随着社会经济的不断进步，市场已经由卖方市场转变为买方市场。消费者在市场中处于主动地位，如何博得消费者的喜欢，是企业发展的重大课题。因此，创办企业必须明白"销售第一"的道理。生产企业没有广阔的营销渠道，没有完善的营销网络，必然造成生产积压，生产越多亏损越大。因此，无论是何种企业，生产何种商品，都应该将商品营销摆在企业发展十分突出的位置，想方设法扩大商品的销售渠道，建立完善的商品营销网络。一方面，创业团队要深刻认识商品营销的重要性，投入充足的人力和资金扩大销售渠道，逐步建立起相对完善的商品营销网络，以减少销售不畅带来的风险损失，为企业经济效益的增长提供可靠保证；另一方面，要重点打造一支富有开拓进取、团队协作和敢想敢干精神的高素质营销队伍，为企业商品成功营销提供有力的人才支撑。

（三）营造团队文化，塑造团队形象

团队文化集中体现为团队的经营哲学、价值观念、组织使命等，是团队得以发展壮大的重要依托；而团队形象是社会公众对团队的总体印象与评价，良好的团队形象是团队的无形资产，能够为团队的发展壮大增光添彩，有利于促进团队持续健康发展。在创业过程中，无论是团队的负责人，还是团队的普通成员，都必须高度重视优秀团队文化的营造与优秀团队形象的塑造，达到团队文化与团队形象促进企业发展的目的。

1. 营造竞争意识，树立拼搏形象

竞争是现代市场经济的突出特征，也是激发市场经济活力的关键因素。优胜劣汰是市场竞争的必然结果，是市场主体必须遵循的基本法则。要想更好地适应市场经济的发展要求，占据更大的市场份额，获取更大的经济利益，创业团队必须牢固树立竞争意识，树立拼搏进取的良好形象。因为，企业职工的创新精神和拼搏精神根植于整个团队创新氛围中，团队的精神和形象必须深刻地影响团队的每一个成员，甚至影响企业的每一名成员。反过来，企业也可以通过成员个体的主动创新，通过不同的团队成员使用新技术、新方法创造性地完成工作或解决问

题的累积，进而实现团队创新①。因此，创业团队要将拼搏、竞争、进取等作为团队文化，将这些优秀品质融入到团队文化建设当中，积极开展相关的学习、实践活动，正确引导团队成员树立竞争意识和拼搏形象；同时，无论是团队负责人还是团队普通成员，都应当保持饱满的精神和昂扬的斗志。企业要建立健全科学的竞争机制，努力做好团队协作，将所有成员的精力集中到技术创新、思路创新、管理创新上来，确保整个团队的竞争实力不断提升。

2. 营造服务意识，树立优良形象

企业就是服务，为市场服务，为消费者服务。从服务中获利，从服务中崛起。优质的服务可以为企业树立良好的社会形象，赢得消费者的广泛青睐，带来实实在在的经济效益。相反，一个不看重服务质量的企业，要么对顾客傲慢无礼，要么对顾客冷若冰霜，即使产品再好、价格再低，也难以获得消费者的认可，也就难以在激烈的市场竞争中占据一席之地。因此，在组建创业团队过程中，要积极主动地增强服务意识，不断提高团队成员的服务水平、服务质量，树立优良的团队形象，为团队持续发展创造有利的条件。同时，服务质量的优劣是团队每个成员共同作用的结果，无论是团队管理层，还是企业普通员工，都必须牢固树立服务意识，在日常生产、营销中践行落实。只有不断提升团队的服务水平，才能树立起企业良好的外在形象。在提高企业对外服务质量的同时，必须不断提高企业内部的服务质量，树立为团队成员、企业员工服务的思想，努力营造和谐、温馨的工作环境，确保团队综合服务水平得以有效提升。

3. 营造开拓氛围，树立奉献形象

任何组织与个人都离不开社会的支持，如何树立起良好的社会形象是一个重大课题。为此，创业团队在充分利用社会资源，实现企业发展目标的同时，必须营造开拓氛围，树立奉献社会的形象，必须积极承担起力所能及的社会责任和义务，树立奉献消费者的形象。团队的每一位成员都必须开拓进取，勇于克服困难、勇于承担责任，做到为企业无私奉献，为社会优质服务。创业团队负责人既要正确引导团队成员敢于担当，积极投身社会慈善事业，踊跃承担社会责任，为社会公益事业作出可能的奉献，又要鼓励成员积极为团队持续发展贡献力量。为此，创业团队必须建立健全激励机制，对富有开拓进取精神、能为团队发展无私奉献的成员给予奖励。通过一系列的努力和奉献，牢牢地扎根于社会之中，从社会中吸取营养，从奉献社会中树立形象，成为和社会牢不可分的优秀企业。

---

① 宋源. 团队信任、团队互动与团队创新[J]. 河南社会科学，2014，（1）：93.

第二篇　农业创业模式总结

创业模式之一：农业创业技术主导型模式

创业成功的典型很多，失败的典型也很多。那么为什么有些人可以成功，而有些人却不能获得成功呢？每一个成功的人都有其独特的方法、机遇和技巧。技术主导型创业模式，就是靠创业者本身拥有的技术特长，通过自己的努力，获得创业成功，最后成为带领一个新型农业经营主体致富的典型。

一、技术主导型创业模式的特点

1. 拥有一项实用技术

技术主导型创业模式必须拥有一门过硬的实用技术，而且这门技术必须具有可操作性，可应用性。例如，湖北省赤壁市羊楼洞佑香茶叶农民专业合作社理事长魏艳香的创业经历，她和丈夫 1993 年参加工作就在湖北赤壁市羊楼洞茶场，从事过种茶、制茶、销茶工作。经过 5 年的工作，两人都学到了一手做茶的好手艺，积累了茶叶生产、制作、销售一条龙的经验。当 1999 年茶场实行改制的时候，他们看准这一商机，毅然承包下了一片茶园。在有一定产量后，及时注册了商标，创立了自己的品牌。这些就构成了她创业的无形资产，有了经营的资本。在此基础上，及时地创立了农专茶叶专业合作社，借助合作社的力量，既带领他人致富，又壮大了自己的事业。分析魏艳香成功创业的经验，最关键的一点就是夫妻俩拥有制茶技术。试想如果他们没有制茶技术，而选择承包茶园，那么，在制茶上就受制于人，制不出好茶，就会导致亏损。因此，技术主导型创业模式必须拥有一门过硬的实用技术，而以该技术为基础就可以发展壮大。

2. 热爱一种创业事业

俗话说"热爱是最好的老师"。在创业中必须拥有过硬的技术，是不是有了技术创业就一定能成功呢？其实也不尽然。在实践中，也有一些人拥有过硬的技术，但仍然创业失败。那么，是什么原因呢？关键就是缺乏事业心。可以说在没有资本的情况下，过硬的技术是创业的基础，而事业心是创业成功的关键。仍然以魏艳香夫妻俩为例，1999 年当茶场实行改制时，可以想象，那个羊楼洞茶场该有多少职工，但为什么别人没有想到要承包茶园，而魏艳香夫妻俩想到了就提出了承包茶园呢？这就是事业心。他们在工作中喜欢上了茶叶事业，正是这种热爱，也鼓励了他们学习茶叶技术，激发了他们承包茶园的勇气。因此，在靠技术创业的过程中，除了有过硬的技术外，一定要有对这种创业事业的热爱。只有心中充满了对这种事业的热爱，才可能发现商机，才可能抓住商机。

3. 心中充满创业冲动

成功是一种结果，但这种结果如何获得呢？除了要有过硬的技术，有对创业事业的热爱外，必须要有成功的冲动。这种冲动是激发人克服一切困难，勇往直前，不达目的誓不罢休的决心和勇气。人如果有了这种勇气，那么，没有什么困难不可以克服，没有什么事业不可以成功。当然，我们不能夸大冲动和勇气的作用。如果一个没有技术、没有事业心的人，仅凭冲动和勇气，必然会遭到惨痛的失败。而且冲动的程度越深，失败的程度也越大。仍然以魏艳香夫妻俩为例，当他们刚接手茶场时，也曾制作过茶叶，由于茶叶品种不好，无论多么好的技术也做不出好茶。面对困境怎么办？他们并没有退缩，而是想到必须要成功。因此，他们克服困难，改良茶叶品种，对茶园进行大刀阔斧的改造。有了好的品种，再加上好的制茶技术，就有了制出好茶的可能。果然，茶场从困难中获得新生，经济效益开始显现。试想，当他们在碰到茶叶质量不好，销路不畅，生产亏损的情况时，如果没有创业必须成功的冲动，可能就半途而废了。

二、技术主导型创业模式的机制

分析技术主导型创业模式，其成功过程一般要经过 5 个环节，每一个环节都是必需的，都有其独有的运作机制（图 2-1）。

1. 在偶然因素的作用下学习掌握技术

凡依靠技术主导创业成功的人员，都有一个学习技术的过程。这个学习技术的过程也许是有意识的，也许是无意识的，很多甚至还是在偶然因素的影响下参加学习。但这个学习的过程是非常重要的，是真心实意地学习。在学习的过程中做有心人，通过学习扎扎实实地掌握了一门技术。虽然在学习时并没有想到，这些技术对自己今后的创业会有什么作用和帮助。但这种认真的学习体现了一个人的责任心，正是这种责任心的驱使，才能使人扎扎实实地掌握一门技术，为今后的创业打下坚实的基础。

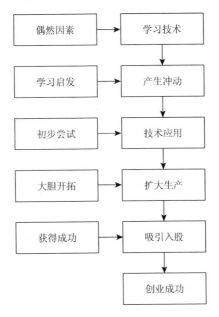

图 2-1 技术主导型创业模式的运行机制

2. 在学习启发的激励下产生创业冲动

依靠技术主导创业成功的人员，都曾先后经历过理论学习或实践的历练，也正是在这种过程中，他们通过学习受到启发，产生创业的冲动。正是这种冲动，指引着他们不顾一切地抛弃既得的利益而去追求更大的利益。那么更大的利益在哪里呢？显然只能是在自己的事业中，这种事业就是依靠创业而开拓出的一种事业。当然，这种冲动源于他们对财富的追求，对未来的梦想。也就是说创业成功是需要理想作支撑的，只有内心深处对未来充满了希望，充满了理想和信念，才敢于舍弃既得的小利益而着眼于未来的大利益，最终获得创业的成功。

3. 在初步尝试的吸引下大胆应用科技

在创业的初期，一般是小规模摸索生产经营。经过一段时间的实践，独立生产经营就会获得一定的收获。成功的喜悦，独立当老板的成功感受，都会鼓舞着创业人员去开拓、去奋进。由于依靠技术创业的人员都有一手好技术，他们对技术理解深刻，对技术情有独钟，对技术有敏锐的感觉。因而，可以大胆抓住技术的发展前沿而大胆应用新技术。在新技术的推动下，创业事业又可以获得突飞猛进的发展。而且自己的技术会更加成熟，在技术应用的过程中还会掌握更多的技术。例如，襄阳市襄城区欧庙镇曹帮杰，原本有 20 多年种植麦冬的经历，掌握了麦冬种植、加工、销售一条龙的经验。在此基础上，大胆引入并采用了"麦冬高产栽培模式",使自己的财富得到极大的丰富,知名度也得到快速提升。到此阶段,就算是已经获得创业成功。

4. 在大胆开拓的鼓励下扩大生产规模

依靠技术创业致富的人,在经历了大胆应用科学技术,获得财富的极大丰富后,在创业理念、创业做法上就会有一个质的飞跃。他们已经不满足于一般的赚钱,而是从一般的生意人上升为商人。也就是在创业项目选择上表现出长远目标的定位选择,而不是只为眼前赚钱而缺乏长远目标。例如,黄冈麻城市毛利兵开展油茶种植,在获得成功后,2012 年投资 1600 万元,扩大油茶种植规模,油茶种植面积达到 6000 多亩。实现了从小规模经营到大规模产业化经营的飞跃。在扩大生产规模的同时,基本上就实现了产供销一条龙的生产经营,完成了创业的第一次扩张。

5. 在获得成功的名气下吸引他人入股

一个真正的创业者是不会就此止步的,他必然要继续自己的事业。当然,事业开拓的方法有多种多样,最为简单省事的方法是实施资本运营。就是通过自己的品牌、知名度、市场占有率等优势因素吸引他人入股公司、加入专业合作社,实现企业的扩张。例如,黄冈市黄梅县独山镇宛习平自 1991 年在浙江金华市打工,学得一手葡萄栽培技术,1997 年回到黄梅利用自己的技术,承包了 20 亩荒山创办鄂东葡萄良种场,很快获得成功。在此基础上,注册了黄梅县绿兴生态果业有限公司,成立了黄梅县小宛葡萄专业合作社,吸引 187 户农民加入合作社,葡萄种植面积达到 2000 多亩,实现了合作社+基地+农户的发展模式。

在发展股东或社员的情况下,应当说创业已经成功了。只要认真依照章程的规定组织开展经营活动,就可以稳扎稳打,逐步将企业发展壮大。

三、技术主导型创业模式的注意事项

1. 必须掌握可操作的技术

技术和知识是不一样的两个概念,最大的区别在于知识是对事物的认识,技术具有可操作应用性。农业创业需要具备知识,但仅有知识也是不够的,必须具有技术,这种技术是可以应用于生产实践的具体操作方法。例如,黄冈市黄梅县独山镇宛习平不仅掌握了关于葡萄的知识,如葡萄的生长规律、种植方法、市场前景等,而且掌握了葡萄的具体栽培技术,如行距、株距、品种的选择、种苗的购买地点、销售的地点和联系人等。这些就是具体的技术,而非一般的知识。农民只有掌握了这些具体的技术，真正开始创业时才知道从哪里下手，才可以把宏伟的创业理想付诸实施，而获得创业的成功。

2. 必须充满想创业的冲动

创业是一种必须付诸实际行动的劳动，没有想法是不可能创业的，仅有想法，同样不可能创业，只能成为创业理论家。凡创业成功者内心深处都充满了巨大的冲动，蕴藏着巨大的能量，这种能量可以冲破一切阻力。那么，这种能量从何而来呢？来源有多处，可以来源于对财富的热爱，可以来源于对事业的执著追求。纵观世界上大多数成功的企业家，基本上都有过受穷的经历，也正是那些受穷的经历，锻炼了他们的意志，激发了他们获取财富的巨大动力。当他们一旦发现财富的踪迹时，就会不顾一切地去追求，这就是创业所必需的条件，也是我们每一个人在创业中所应当具备的素质。

3. 必须付诸实施稳步推进

创业是一个创造财富的过程，最忌讳坐而论道。当我们发现财富时，要审慎分析，一旦决定下来就必须不顾一切地去付诸实施。在实施的过程中要胆大心细，稳步推进。创业中发现的所有项目，必须是自己亲身体验和感受的，也就是说是在自己的实践中感觉到的，切忌道听途说。最好是自己在打工、学习的实践中感受和发现的项目。如果自己对创业项目有了深切的感受，要把所涉及的环节全部去实践一遍。如果是理论上学习到的项目，那么，必须亲自去现场学习，最好是以打工者的身份去实践一年。在实践中要从创业工作的每一个环节学起，包括种子（苗）来源、购买地点、联系方式、种植具体过程，都应当亲自体验、操作。这些技术掌握后，还应当就产品的包装、印刷、销售、宣传等环节进行实践，通过实践，全面掌握自己准备从事的项目的操作技巧。待完全掌握后，就可以辞职自己创业了。这就是所谓用他人的钱学自己的艺。

在具体创业过程中，切忌急躁冒进，应当稳步推进。因为即使是同样的产品，在市场上还有个知名度的问题，还有个市场占有率的问题。在稳步推进的过程中，可以逐步提高产品的知名度，逐步占领市场，从而达到逐步扩大生产规模的目的。其实，人的管理水平也不是一天形成的，也需要逐步锻炼。在逐步扩大生产规模的过程中，人的管理能力也可以逐步提升，以适应企业的规模和层次。如果急躁冒进，则可能因为某一个方面的能力跟不上而导致全面失败。

创业模式之二：农业创业毅力主导型模式

人是世间最复杂的"精灵"，很多人并没有技术，也并没有丰富的资源和资金，同样取得了创业的成功。这些人可能经历了常人没有经历过的苦难，经历了常人没有经历过的打击，经历了常人没有经历过的辛酸。因此，这些人创业的成功依靠的是坚韧不拔的毅力，这就是人们常说的百折不回。说实话，我们鼓励创业，号召创业，但并不主张完全靠毅力来创业。因为这种成功的机遇实在是太小，所经受的打击实在是太大。

一、毅力主导型创业模式的特点

1. 具有创业的理论知识

依靠毅力创业的人员一般都是爱学习的人，或通过网络学习，或通过培训学习，或通过报纸、期刊学习，掌握了某种项目的理论知识，而且对这种项目有强烈的愿望。于是，就会毅然开始自己的创业工作，由于对所选项目缺乏实际操作，创业的很多环节的技术可能都不过关，必然导致失败。例如，孝感市孝南区杨店镇高峰村向旭辉，经过市场调查对人工养鸭产生了兴趣，借资本、买书籍，自学养殖技术，在自认为掌握了技术的情况下，开始创业，结果事与愿违，因为关键养殖技术不过关，鸭死了一大半，不但没赚到钱，而且亏了本。那么，这是为什么呢？关键是知识和技术不是同一个概念，知识侧重于对事物的认识，技术在于具体的操作应用。在创业中没有知识是不行的，仅有知识也是不行的。在具备知识的同时，必须具备操作技术。因为创业需要一步步实施，每一步具体的实施都含有技术的成分，需要懂得操作的技巧。

2. 具有创业的坚强毅力

对于一般人而言，在遭遇失败后，必然会放弃创业事业，另辟蹊径。而对于依靠毅力主导型创业模式的人员而言，他们不会轻言失败，而是具有创业的坚强毅力，在实践中愈挫愈勇。在经过多次反复失败后，最终获得创业成功。例如，孝感市孝南区杨店镇高峰村向旭辉，在经过失败后，经过反复的实践，终究获得养鸭的成功，并以此为起点不断发展自己的创业事业。毅力是人成功的重要因素，在很多时候，人的天赋差别很小，有时甚至还是相同的。但为什么人的成就却差别很大呢？这就是因为人的毅力不同，在努力的过程中承受失败和打击的能力不同。为此，古人云：故天将降大任于斯人也，必先苦其心志，劳其筋骨，饿其体肤，空乏其身。这充分说明要想获得成功，必须有超人的毅力。为什么在成千上万的人中，成功者总是寥寥无几呢？关键是真正有超人毅力的人是少数甚至极少数，而常人却缺乏超人的毅力，所以成功者往往是极少数。

3. 具有创业的敏锐眼光

在获得创业成功后，由于内心深处具有创业的强劲动力，他们会以初步成功为基础，凭借自己敏锐的创业眼光，不断扩大创业事业，或在原有创业项目的基础上，扩大生产经营规模，或在原有项目的基础上，沿着产业链纵向深入发展。例如，孝感市孝南区杨店镇高峰村向旭辉，在获得养鸭成功后，又进一步开创出了养猪事业，并获得成功。知识决定人是否能发现商机，而眼光决定人在抓住商机时能走多远。只有具备眼光的人对未来的发展才看得准，才敢于大胆地投资，大胆地发展，最终打造出产业链，提高产品的附加值。

二、毅力主导型创业模式的机制

分析毅力主导型创业模式，其成功过程同样要经过 5 个环节，每一个环节都是必需的，都有其独有的运作机制（图 2-2）。

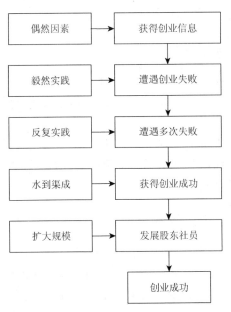

图 2-2　毅力主导型创业模式的运行机制

1. 在偶然因素作用下获得创业信息

凡依靠毅力开展创业并获得成功的人员，都是爱学习的人员，而且对新生事物特别敏感，具有创业的内在冲动和激情。他们可能在偶然因素的作用下，获得某一方面的创业信息，而且在对有关信息进行思考后，下定创业的决心。例如，前面讲到的孝感市孝南区杨店镇高峰村向旭辉，在获得养鸭信息后，经过自学养鸭技术就开始了以养鸭为项目的创业事业。

2. 在财富强烈吸引下毅然开展创业

毅力主导型创业模式的主人都对财富有着强烈的追求，有强烈的事业心。在他们对自己获得的创业信息确认可行后，就会不顾一切地投身其中，毅然开始自己的创业事业。由于对自己选择确定的项目缺乏实践操作，因此，可能会遇到技术上、经营上的难题，不可能轻易获得成功。

3. 在反复失败实践中坚定坚持探索

依靠毅力主导创业的人，都是毅力特别坚强的人，由于他们缺乏创业实践的锻炼，可能对项目看得过于简单，一些关键技术或经营技巧可能并没有完全掌握。因此，在创业的过程中，可能会出现反复的失败。但他们可以凭借自己坚强的毅力，在失败中实践，在实践中再次失败。他们并不会因为失败而放弃，他们会反复向内行请教，再反复地实践下去。

4. 在反复失败过程中掌握创业技术

当然，反复的失败并不会让他们放弃，他们是一群头撞南墙也不回头的人，因此，会在失败中愈挫愈勇。每一次失败后，他们都会去总结经验和教训，并通过向他人请教、自己摸索等方式，克服失败的因素。但失败的一种因素克服了，新的失败可能又会出现。他们会反复去请教他人或自己研究，经过请教、研究、实践，找出失败的原因，克服一个又一个失败的因素。经过多次反复，最终获得成功。

5. 在获得创业成功中扩大经营规模

依靠毅力主导创业的人员，都是聪明而敏锐的人，只不过他们过分相信自己，而仅仅在获得理论知识时就开始创业，因而由于缺乏实践经验，必然经历多次失败。但他们在获得成功后，会变得成熟起来，会通过多种方式扩大经营规模，从而把自己的创业事业做强做大。

三、毅力主导型创业模式的注意事项

1. 发扬敢于创业不怕失败的精神

毅力主导型创业模式对常人来说是难以适应的，他们必须具备常人所不具备的毅力，能承受得起常人承受不起的失败打击。当然，如果我们在缺乏实践经验的时候，已经开始了自己的创业事业，即使遇到失败和打击，也不要轻言放弃。必须学会坚持，学会在失败中成长，在失败中学习。每一次失败都是一次难得的经历，都可以使创业者变得成熟起来。失败的次数越多，说明我们离成功就越近。其实，谁没有过失败？失败并不可怕，可怕的是经受不起失败的打击，在失败面前丧失自信、丧失理想。因此，有志农业创业的人员必须锻炼自己不怕失败的坚强毅力。

2. 坚持先打工实践再创业的做法

虽然毅力坚强的人是难能可贵的，但毕竟每一次失败对我们的经济、心灵都是难以承受的打击，应当尽可能避免。那么，如何才能避免失败呢？最好的办法是在选定某一个创业项目后，主动到从事这个项目的企业去打工。打工不能只局限于某一个工种和环节，必须全面打工，把生产经营必须经过的每一个环节都经历到，而且在打工中做到用心、用脑，记住每个环节的方法、技巧，如果涉及外部联系，还必须记住联系人的方式。把打工经历当作自己创业的开始，用他人提供的机会学习自己的创业本领，从而增强自己的创业能力，减少失败的可能性，使我们的创业事业更加顺利。

3. 敏锐延长产业链做强做大企业

创业项目获得初步成功后，并不意味着企业的成功，而只是创业工作的刚刚开始。因此，必须依据创业的规律，通过延长企业产业链，把企业做强做大。例如，如果你是从事养鸡行业的创业老板，你的鸡可能养得很好，其至供不应求。也许很多人就满足于此了。那么，我们是否想过，为什么别人都来买你的鸡呢？说明你的鸡有独到之处，有市场需求。那么，你再思考一下，别人把你的鸡买去做什么？这就是你争取延长自己产业链的思维方式，这也是你延长产业链的依据。经过分析，你可能会发现，你养鸡赚的钱还不及卖鸡赚的钱多。那么，你自己是否可以去开办卖鸡店呢？把卖鸡的利润也收入自己的囊中。

当然，延长产业链需要资金，需要人员。也许你会为此犯愁，其实并不一定要等到你有了资金再去延长产业链。现代企业制度已经为我们设计好了资本运营的方法。只要你真心想扩大资本，你可以通过吸收他人入股或入社的方法，迅速增加企业资本，扩大企业生产经营规模，打造企业品牌，提升产品市场占有率。从而逐步把企业做强做大，推动企业稳步向前发展。

创业模式之三：农业创业资源主导型模式

农业创业资源主导型模式在实践中较为少见，因为资源本身是稀缺的，要想获得创业资源是困难的。所以，大多数人都不可能天生就有丰富的资源。但资源虽然稀缺，同样有人会拥有，只是有些人意识到了自己的资源，有些人并没有意识到这就是资源。如果一个人心怀创业志向，当遇到资源时，就会意识到资源的存在，加以利用就可以创出一番事业。

一、资源主导型创业模式的特点

1. 拥有不为人识的天然资源

资源多种多样，不同的资源有不同的利用价值，关键是看人们怎么去认识资源、利用资源。很多人创业苦于没有技术、没有资金，也有人创业苦于没有资源。只要有了资源，巧妙加以利用，就可以成就创业梦想。当然，要能识别资源的存在，必须要有识别的能力和水平。因此，依靠资源创业的人都应当是理论水平比较高，识别能力比较强的人。否则，脚踩资源也识别不了资源，更别说利用资源了。例如，黄冈市浠水县关口镇聂友利原本是个大学毕业生，回乡担任村官后，他看到了成片的荒山、秸秆。这些在他人眼里只是贫穷落后的象征。但聂友利发现了这些荒山的价值，为此，他创出了一番事业。其实，在农村创业的资源是非常丰富的，荒山、荒水、秸秆等都是可贵的天然资源，只要我们拥有开发的能力，就可以据此成就一番事业。

2. 拥有识别资源的禀赋能力

拥有资源是一种幸运，发现资源应当说是更大的幸福。其实资源是客观存在的，关键在于你是否能发现它，是否能正确地利用它。长阳土家族自治县有一句民谣："走路踩的都是钱！"这句话道出了农村、山区资源存在的普遍性。但为什么很多人仍然很穷呢？能致富的为什么还是少数呢？分析这些已经依靠资源致富的人和普通人的区别，关键在于是否能发现资源及是否善于利用资源。这就是富人和穷人思维上的重要区别。一般依靠资源致富的人都拥有识别资源的禀赋能力。这种能力与个人的成长环境有关，也与个人的学习能力、工作经历相关联。例如，黄冈市浠水县关口镇聂友利，他发现了农村的荒山是可以用来创业的宝贵资源，那么，为什么世世代代生活在那里的人们都没有发现呢？聂友利原本也是那里的人，在那里生活了近 20 年，以前为什么没有发现呢？关键在于他是一个大学毕业生，他经过大学的学习，拥有广泛的知识，具备发现资源的能力。同时，他参加了湖北省阳光培训班的学习，激发了他潜在的创业能力和意识，遍地的荒山一下成了可以创业致富的资源。

因此，依靠资源创业致富离不开相应的文化知识，离不开专业的思维方式。如果你参加了农业创业培训班，那么，你的思维方式可能发生转变，你的眼光就会变得独特。过去一些司空见惯的东西就可能成为你创业的资源。

3. 拥有开发资源的勇气决心

人们拥有的资源各不相同，甚至差别很大，而拥有相同资源的人的结局也各不相同。这是为什么呢？除了每个人发现资源的能力不同以外，关键在于你是否有开发利用资源的勇气和决心。如果一个人拥有开发资源的勇气和决心，就会克服一切困难，勇往直前地去奋斗、去拼搏。如果我们仅仅是发现了资源而不去开发，则就是典型的坐而论道，终将一事无成。因此，我们每一个有志于农业创业的人员，必须培养自己说干就干的做事风格，培养自己勇于实践的习惯，而减少或避免坐而论道的习惯，才能成就自己的创业事业。例如，黄冈市浠水县关口镇聂友利，他发现自己所在村庄拥有广袤的荒山以后，立即进行市场考察，很快设计了循环农业并付诸实施。最终，办起了经济林木种植、香猪养殖、蔬菜种植一体化的香猪养殖农民专业合作社。

二、资源主导型创业模式的机制

分析资源主导型创业模式，其成功过程同样要经过 5 个环节，每一个环节都是必需的，都有其独有的运作机制（图 2-3）。

1. 拥有丰富的天然资源

在不同人的眼光里，山川、水源、土地的含义是不相同的。有些人认为农村都是穷山恶水，也有些人认为农村具有丰富的天然资源。当然，无论你怎么理解和认为，你想创业必须拥有这些资源。如果你没有这些资源，那么你就无从下手，无法开展自己的创业事业。依靠资源创业的人员必须拥有这些资源，这是创业的前提，也是依靠资源创业的必备条件。否则，就只能选择其他类型的创业模式。因此，出生在农村的朋友不必自卑，应当看到自己的后发优势。正因为农村拥有

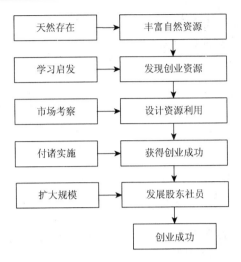

图 2-3　资源主导型创业模式的运行机制

山川、水源、土地等丰富的资源，而这些资源开发利用不够。只要我们用心去开发就可以获得成功，就可以跻身富人的行列。

2. 发现资源的利用价值

资源只是创业的条件，并不等于财富。那么，怎样才能把资源转变成财富呢？其中的奥秘在于一定要研究资源的潜在价值，资源转变成财富的前提是必须认准资源的开发价值。任何资源都是有开发价值的，只是我们要善于去发现其中的价值。例如，荒山可以实行经济林种植、野生动物养殖一体化开发模式；大中型水面可以实行四大家鱼、黄鳝人工养殖；小型水面可以开发小龙虾人工养殖。也许有人会认为，荒山、水面那一定是资源，可是当我们地处平原，一般从事传统的棉花和水稻种植，那么，该怎么办呢？其实，任何资源都是有价值的。棉花是传统的经济作物，近年来，由于受进口棉花的冲击，棉花的市场价格下降，只是单一种植棉花，经济效益受到影响。如果我们把棉花田利用起来，实行种植、养殖一体化开发，那么，每亩棉花田的价值就会猛增；如果你有成片的水稻田，仅仅用于种植水稻也只是部分利用水稻田，其经济效益必然受到限制，如果实行小龙虾和水稻共生开发，经济效益必然会猛增。那么，为什么很多人就没有发现这种开发模式呢？关键是没有去研究资源的价值。利用资源主导创业的人都是善于学习，能够发现资源价值的人。

3. 设计资源的利用方法

任何资源都是有价值的，但这种价值必须建立在科学开发的基础上。否则，其价值就无法体现。当然，资源的价值也是随着科学技术的进步被逐渐发现的，离开了科学技术的进步，再好的资源其价值也难以被发现。设计资源的利用方法，必须遵循科学的规律。首先，要分析资源的特点。可以利用自己的已有知识，分析现有资源可以应用的某一个方面；其次，要深挖资源的价值。也许人们只看到了资源可供利用的一面，那么，我们深入分析，这些资源是否还有另外可以开发利用的地方呢？经过反复分析，就可以做到另辟蹊径，发现资源不为人知的另一面；最后，要进行逻辑思维的整合。可以把我们思考的资源能够开发利用的几个方面整合起来，就可以形成立体种植、立体养殖，或立体种养殖一体化模式。如果你设计出了这样的模式，那么你的设计应当说已经获得基本成功。例如，在辽阔的江汉平原，人们只懂得栽培棉花。那么，平原的土地除了栽培棉花外，还可以做什么呢？在昔日的岁月，我们可以看到棉花田边，时而潜伏，时而蹦跳的青蛙。那么，两者有什么联系呢？其实，这正是分析资源利用价值的开始。如果把成片的棉田围上丝网，在棉花田间隔性挖上水槽，再在棉花田里工人放养青蛙，那么，每亩棉花田的价值就会猛增。这并非天方夜谭，已经有些经过阳光工程培训的学员人工养殖青蛙获得成功；同理，如果我们有成片的荒山，分析荒山的利用价值。荒山可以营造植被，荒山可以养殖动物。那么，两者结合起来，就可以设计出立体种植、养殖模式。当然，这种立体开发模式的设计不能凭空想象，只能是建立在了解生物习性，对生物链非常熟悉的基础之上。因此，实行资源主导开发模式的创业同样需要加强学习，知识仍然是创业的基础。

4. 开启资源利用的实践

当我们发现了资源的可利用性之后，经过精心的设计，就应当不失时机地进行开发。只有付诸行动进行开发，这些资源的价值才能够实现。当然，资源开发的过程就是一个不断学习不断实践的过程。在这个过程中可能还会遇到失败和挫折，但不能因为害怕失败就不实践。通过实践可以及时发现我们知识的欠缺，从而在实践中进行弥补。这样，我们就会成为知识丰富的人，还可以有效地促进我们的创业事业，使我们的创业变得更加完美。

实践的过程既是一个检验我们知识的过程，又是一个考验我们胆略的过程。敢不敢于实践，善不善于实践，都是对人的考验。只有那些经得起考验的人，才可以获得创业的成功。在实践中还可以丰富我们的经历，拓展我们人际关系的平台，从生产到加工，从包装到销售，都必须和人打交道。这个过程就是一个不断克服困难的过程，也是一个不断丰富人际关系的过程。只有经历了这个过程，克服了这个过程中遇到的困难，创业事业的路才会越走越宽广。

5. 扩大资源利用的规模

当我们把自己的资源利用起来后，我们创业的路会越走越宽。但我们也不能仅限于已有的成就，应当在创业的路上不断拓展。那么，到底应当如何拓展呢？至少有三件事情必须完成。一是通过土地流转，扩大创业规模。国家大力鼓励土地流转，鼓励有能力的人员创办农业开发公司，组建农民专业合作社等。可以通过入股、入社、土地使用权租赁等方式实现土地流转，从而达到扩大经营规模的目的。二是通过品牌创建，扩大市场份额。创业事业发展起来后，最重要的就是市场，市场份额大可以促进企业生产。如果市场份额不足，则生产得越多，企业积压的产品就会越多。积压不仅占用资金、资源，而且打击创业者的积极性。因此，应当高度重视企业的品牌打造，从而不断扩大企业的市场份额。三是通过资本运营，提升企业实力。企业的发展有两种方式，一种是靠企业积累不断发展壮大。这种方式发展速度比较缓慢。另一种是靠资本运营，快速壮大企业。现代社会大部分都是通过资本运营，使企业的规模、实力快速发展壮大。资本运营的具体方法是靠企业产品和品牌吸引他人入股，加盟公司成为公司新的股东。或者吸引他人加入农民专业合作社，成为新的社员。

三、资源主导型创业模式的注意事项

1. 必须认真分析资源的特点

任何资源都是有其利用价值的，关键在于我们能否正确认识资源的特点，明确资源和项目的结合部。因此，在资源主导型创业模式中，必须依据各方面的知识，做好资源特点的分析，弄清楚是陆地资源还是水上资源，是平原资源还是山地资源，这些资源在自然状态下都有什么植物或动物繁殖生长。除此以外，这些资源还可以生长什么。这些问题分析清楚了，也就是弄清楚了资源的特点。

2. 必须精心研究资源的利用

为什么要分析资源的特点？无非就是为了对资源进行利用。那么，怎么分析资源的利用呢？或许自然状态下能够繁殖、生长的植物、动物，正是我们可以利用起来进行人工繁育的项目。因为在自然状态下，动植物繁殖、生长速度慢，不成规模，难以加以利用。通过人工的方法，有目的有意识地把这些动植物集中起来，在自然状态下进行培育、繁殖，必然是一个好的项目。而且动植物是可以共生互利的，应用自己拥有的知识，对动植物共生的特点进行分析，设计好立体式种植、养殖项目，创业就有了成功的胜算。

3. 必须准确界定资源的产权

在利用自然资源之前，我们必须明确资源的所有权，以免项目发展起来后，发生产权纠纷。我国已经进入法制社会，一切必须依法办理。我国农村的土地、水面基本上属于集体所有，也有些荒滩、荒坡属于国家所有。因此，在项目正式开发前，必须办理好与产权相关的各种手续。主要是承包合同、使用权的买卖合同。明确使用的年限，以及土地、水面与周边的边界。最好在合同中，以图示的方法对边界进行标明。做到产权明晰，避免不必要的纠纷和麻烦。

创业模式之四：农业创业资金主导型模式

农业创业资金主导型模式是农业创业的重要形式，但与其他模式难以完全分开，一般混杂着其他模式的经验和做法。近年来，很多从事工业企业和房地产业的老板，看准了国家对农业的扶持力度和优惠政策，放弃城市生活而投资农业，就属于典型的资金主导型创业模式。

一、资金主导型创业模式的特点

1. 资金主导型创业人员一般都有创业的经历

农业创业资金主导型模式，需要靠大量的资金启动创业。那么，资金从哪里来呢？分析资金主导型创业模式的特点，不难发现这类创业人员都曾经有过创业经历，只不过不一定是在农业上创业。正是他们创业的经历为他们积累了丰富的经验，积蓄了丰厚的资金。这既是他们开展农业创业的资本，也是他们开展农业创业的缘由。例如，本书中所讲述的公安健明蔬菜种植专业合作社理事长周明，中专未毕业就开展过养兔、养羊，到城里开过餐馆、发展过美发店，下过深圳、到过海南，积累了丰富的阅历、资历和丰厚的财富，他带着大量的资金回到家乡，创办了公安健明蔬菜种植专业合作社。建立了标准化的育秧基地、农产品加工基地、农产品冷藏库。他的创意立足高起点，都是通过国家相关部门立项建设。因此，创业经历是资金主导型农业创业模式的显著特点，没有创业经历的人难得拥有丰厚的资金从事农业创业。

2. 资金主导型创业人员一般都有敏锐的眼光

眼光是决定对未来经济发展走势、创业项目定位的关键。应用资金主导型农业创业模式必须要有独到的眼光，因为农业历来被认为是低效益的行业，少有人愿意投资，对农业的投资本身就意味着敏锐的眼光。资金主导型创业人员或经历了城市创业的锻炼，或跟随父辈经历了城市创业的熏陶。因此，这些人员都锻炼出了敏锐的目光，对国家政策非常熟悉，对经济的发展走势有独到的见解。在国家深化农村改革的关键时期，他们看到了农业的发展前景，感受到了国家惠农政策的力度。因此，对农业情有独钟，他们毅然投身农业、投资农村、服务农民，成为新型农业经营主体的创办人，成为现代农业发展的领头羊。

3. 资金主导型创业人员一般都有政府的支持

资金主导型创业人员带着资金到农村投资，他们是非常理性的投资人，不会盲目投资，更不会冒险投资。因此，他们在反复研究国家农业政策的基础上，会谨慎选择投资项目。他们善于争取政府的支持，在取得地方政府主要领导表态后，决定投资方向和投资地点。在具体的项目中，他们不会投资普通的项目，一般都会按照高起点、高规格的标准进行策划，从而与政府的农业项目接轨，成为政府部门现代农业示范基地。由于有地方政府的支持，项目审批、建设都会非常顺利，基地的使用效率也会很高，投资的经济效益显著。

二、资金主导型创业模式的机制

分析资金主导型创业模式，其成功过程也要经过 5 个环节，每一个环节都是紧密相扣，环环相连。该创业模式有其独有的运作机制（图 2-4）。

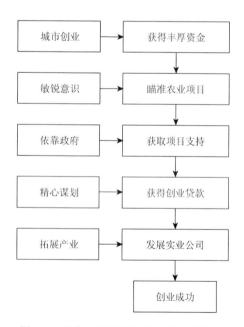

图 2-4　资金主导型创业模式的运行机制

1. 通过城市创业获得丰厚资金

资金主导型农业创业模式启动时需要依靠大量的资金投入，那么，这些资金来自哪里呢？在银行贷款从严控制后，资金一般来自创业者城市创业的积累。他们一般都有曲折的创业经历，克服过很多常人难以想象的困难。因此，通过城市创业，他们积累了丰厚的资金，积累了丰富的创业经验。对于投资项目的选择，投资时机的把握，投资行业的策划，都有自己独到的观点和看法。

2. 通过敏锐观察瞄准农业项目

农业由于产品附加值低，历来被认为是经济效益低下的行业，投资的人很少。但资金主导型农业创业人员，因为有过复杂的创业经历，锻炼出了敏锐的目光，对国家政策敏感而熟悉。由于近年来，国家高度重视"三农"工作，实现了从"以农补工"向"以工补农"，返哺农业的政策转变，农业项目成为投资的最佳领域。但这种变化不是所有人都能感知的，只有经历过复杂创业经历的人，对国家政策高度敏感，才能及时感知国家政策的变化。因此，他们把目光投向了农业项目。

3. 通过联系政府获取项目支持

资金主导型农业创业主要依靠资金投入启动项目，但在具体的投资上，投资人都会非常谨慎。因为他们的资金积累得并不容易，是经历勤劳打拼所获得，所以在具体投资上，会谨慎谋划。他们在初步拟定创业项目后，会找相关部门反复咨询国家扶持政策，并根据国家扶持政策申报投资项目。虽然，启动资金要靠自己先期投入，但后期国家的项目资金支持的力度也会很大。从某种程度上讲，国家扶持资金是促进创业项目成功的关键，自己的先期投入起到了四两拨千斤的作用。不仅争取到国家项目资金的支持，而且在项目建成后的经营上，国家相关部门也会给予支持，从而能保证创业事业的顺利实施和最终成功。

4. 通过精心谋划获得创业贷款

资金主导型农业创业在投资人先期启动投入，国家政策扶持项目资金投入的基础上，仍会争取各种创业贷款资金。由于这种创业项目规模大，气势宏伟，既是地方政府的形象工程，又能带领周边农民发展现代农业。因此，容易争取各种贷款资金。依靠资金主导的农业创业项目，都会精心谋划创业贷款，以农业创业基地为抵押，获取国家低息或无息贷款，从而获得创业所需的丰厚资金。

5. 通过拓展产业发展实业公司

资金主导型农业创业模式，整个创业活动建立在资金丰厚的基础之上。由于投资人本身就有丰厚的资金，加上充分利用国家政策获取大量项目资金，甚至在此基础上获取各种贷款资金，因此，项目建设一般都很顺利。在农业项目建成后，他们会利用各种关系，大力发展实业公司，一般是以主产业为基础，向产业上游、下游延伸，使产业链不断延长，创业事业不断发展壮大。

三、资金主导型创业模式的注意事项

1. 必须选准创业投资项目

农业创业项目灵活多变,可以设计大项目,也可以设计小项目或中等项目。不同的项目对资金的投入要求是不一样的。对于资金主导型农业创业项目的选择,必须按照高起点、高规格的要求,这样可以避免和普通投资者所投资的中小项目争资金、争市场。同时,资金主导型创业模式,因为投资大,回收成本的时间要求长。因此,选定的投资项目必须能长期获利,市场前景良好。同时,由于农业土地的集体性质,必须约定好土地承包年限,尽可能使承包年限长些,以便有足够的时间获得投资回报。

2. 必须争取国家资金扶持

资金主导型农业创业模式,虽然自有资金比较充裕,但仅靠自有资金还是远远不够的,自有资金只能作为启动资金,必须争取国家项目资金的支持。国家对农业投入资金的数额有很大的增长,但国家并不是什么项目都支持,国家支持的项目有明确的导向性。因此,投资者必须充分进行调查研究,保持和主管部门的密切联系,依照主管部门的要求和标准,设计农业投资项目,从而争取国家项目的支持。

3. 必须规范管理制度流程

依靠资金主导的创业项目,其投资额大、生产经营规模大、产业链长、管理流程复杂,因此,管理的每一个环节都很重要。必须制定好管理制度,规范好管理流程,防止因为管理不善导致亏损。在管理中,可以采取分块承包的方式,将整个企业按照生产经营规律,划分为若干段,分别由不同的人员进行承包管理,保证管理工作科学有序进行。

创业模式之五：农业创业机遇主导型模式

人的一生是讲机遇的，有的人一生命运坎坷，办事时时事事不顺。也有人红运当头，凡事顺利。也许人命运的不同有多方面原因，或许是人努力程度不同，或许是人对未来准备不同，但我们不得不承认确实有人运气好。从客观上讲，这就是不同的人对未来谋划不同，有的人善于谋划，因此，办事顺利，机遇好。有的人因为不善于学习，受知识的限制，对未来谋划不当，所以办事处处不顺。

一、机遇主导型创业模式的特点

1. 机遇主导型创业人员一般都善于学习

机遇好只是个表面现象，只是外人的观察和感觉。其实，每一个机遇好的人的背后，都付出了辛勤的学习，从知识的储备上、工作的铺垫上、创业条件的谋划上都做好了充分的准备。当机遇来临时，他们就可以抓住机遇。例如，武汉市黑冰农产品专业合作社魏晓明，大学毕业后，到武汉东西湖农场流转土地种植无籽西瓜，获得成功。而且他的礼品西瓜每亩产值达到 3.5 万元，比其他农户的收入高出一倍多。人们都羡慕他运气好、机遇好，其实，他有大学的坚实文化基础，有长期对西瓜栽培技术的钻研和准备，才一举获得成功。事实上，一个不学无术的人是很难得有机遇的，所以俗话说，机遇只属于有准备的人。

2. 机遇主导型创业人员一般都善于借势

"势"就是事物发展的客观规律，任何事物的发展都有其客观规律。凡机遇好的人都是善于借"势"而为的人，也是对事物发展的客观规律有足够的认识和理解，并能够遵循和善于利用客观规律的人。例如，武汉市黑冰农产品专业合作社魏晓明，在发展蔬菜的过程中，充分利用生物链的规律，采取"蚯蚓—土鸡—蔬菜"生物链模式，设计出了立体农业发展模式，创造出了每亩产值 6 万元以上的奇迹。分析魏晓明的成功秘密，在于他充分利用了生物链的规律，提高了产量和效益。同时，利用人们对有机农产品的信赖，生产出有机农产品，从而获得了消费者的信赖，市场占有率不断提升。

3. 机遇主导型创业人员一般都善于发展

农业创业项目虽然相对固定，但也不是固定不变的，必须按照社会需要，沿着产业链发展。机遇主导型创业人员一般都是善于将产业发展壮大的人。每一个产业的生命力都有周期性，不同时期各个产业的市场行情会有很大变化。机遇主导型创业人员一般都能根据市场变化，决定产业的发展变化。所以，产业做得总是很顺畅，在外人眼里看来，这些人在创业中都是机遇好的人。

二、机遇主导型创业模式的机制

分析机遇主导型创业模式，其成功过程要经过 3 个环节，每一个环节都凝聚着创业者的知识，体现着创业者的智慧。该创业模式的运作机制较为简单(图 2-5)。

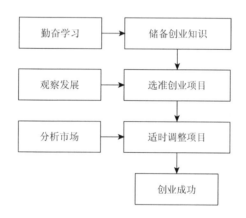

图 2-5　机遇主导型创业模式的运行机制

1. 通过勤奋学习获得创业知识

知识的掌握是逐步积累的过程，机遇主导型创业必须具备足够的知识。只有当知识积累到一定程度，才能够发现创业机遇。因此，世上没有天生机遇好的人，只有勤奋学习的人才可能有好的机遇。例如，宜昌大华园林专业合作社姜少华，2004 年就投资开办花木盆景园。随着城市化浪潮的来临，产品供不应求。那么，为什么姜少华能抓住这种机遇呢？关键在于他从小生活在宜昌城郊，从小喜欢观赏花木盆景，积累了丰富的花木盆景的知识。因此，机遇主导型创业模式并非仅靠机遇，而是靠长期的勤奋学习和丰富的知识积累。

2. 通过敏锐观察选准创业项目

观察力永远是创业者最重要的品质，机遇主导型创业者都具有敏锐的观察能力，对国家政策、经济发展的势头反应敏锐。他们时时刻刻关注国家经济形势的发展，可以从国家经济形势的发展中获取信息，而且他们的判断准确可靠，对创业项目的选择理智可行，因此，表现出创业项目选择的准确性。

3. 通过市场分析调整创业项目

市场分析和判断能力同样是机遇主导型创业人员的独特能力和素质，他们都具有常人不具备的市场分析和判断能力，能够根据市场变化不断调整和完善自己创业项目的内涵、外延，根据市场需要延长发展产业链。从而使自己的产业能符合市场需求，不断发展壮大。

三、机遇主导型创业模式的注意事项

1. 必须认真学习积累知识

知识是创业的基础，知识需要长期的日积月累。无论你机遇多么好，如果你没有相应的知识，就不可能抓住机遇。任何机遇只是为有准备的人提供的，只有平时多学习，才可能抓住随时到来的机遇。不仅要学习农业知识、创业管理知识，而且必须学习国家法律、法规和政策知识。因此，有志农业创业的人员必须加强平时学习，加速知识的积累，为农业创业做好知识上的准备。

2. 必须准确分析经济形势

农业创业与国家经济发展形势息息相关，要想获得创业成功必须顺应时代发展要求，符合市场发展的需要。因此，必须用所学知识准确分析和判断国家经济发展的形势。既要分析经济发展的走势，又要分析国家经济发展的重点，还要分析国家扶持的重点行业和重点产业。对自己准备投资的产业必须进行重点分析，要分析产品的市场需求，也要分析产品的竞争态势，从而做到知己知彼，最终做出符合客观情况的决策。

3. 必须不断调整创业思路

国家经济发展形势是不断变化的，而国家政策的变化必然对每一个行业和产业都会产生重大影响。因此，只要你开展创业，就必须密切关注经济发展的变化，并根据变化情况不断调整自己创业的思路。事实上，固定资产投入量大的产业调整起来是非常困难的，但可以围绕产业的营销策略、配套产业、产品的深加工等进行研究和调整，从而使自己的创业项目更加符合客观规律，符合国家的产业政策，从而达到事半功倍的效果。

第三篇　农业创业典型剖析

依靠博大胸怀开拓出生猪养殖业的一片蓝天

——松滋市汇龙生猪集团专业合作社发展纪实

养猪曾经是农户家家从事的副业，在计划经济年代，是众多家庭食用油和食用盐等基本生活物资来源的依靠，由于常规的饲养技术容易掌握，当历史跨进市场经济的年代，很多人不假思索地投身其中，留下了多少成功者的喜悦，留下了多少财富的故事。市场经济是最无情的经济，市场看不见、摸不着，加上生猪饲养市场波动性大，生猪疾病发病无规律，预防控制难把握，留下了多少创业尝试者的辛酸，留下了多少养猪失败者的眼泪……

在生猪饲养市场波澜壮阔的大潮中，陈松兄弟靠着自己博大的胸怀，从平凡中脱颖而出，从机关干部到生猪饲养个体户，从单干独行到成立公司，从肉猪育肥到种猪培育、猪苗繁殖、小猪茁壮、分栏育肥，从公司规模化养殖到生猪集团专业合作社发展，无不留下了一串串有趣的故事。在荆楚大地，谈起生猪饲养，无人不知陈氏兄弟，无人不知松滋市汇龙生猪饲养有限公司。在不断壮大的武汉市生猪屠宰市场，无人不知生猪养殖行业有个陈氏兄弟。松滋市汇龙生猪饲养有限公司就像不断壮大崛起的武汉市一样，是那样的耀眼，是那样的让世人瞩目！陈松兄弟虽然历经了千辛万苦，趟过了生猪饲养市场上的急流险滩，但在生猪规模化养殖的道路上，开拓出了生猪养殖业的一片蓝天……

这片蓝天是那样的深邃，深不见底，一望无际！这片蓝天是那样清澈，一尘不染，纯净无垠！这片蓝天是猪肉市场价格稳定的排头兵，政府政策扶持，百姓生活难舍，同行事业难离！

响应改革号召　毅然下海闯市场　初显创业才能

陈松，松滋市农村土生土长的小伙，1987年以优异的成绩考取了华中农业大学食品科学专业。他带着全家人无比的期盼离开了松滋，带着自己的梦想来到了风景秀丽的武汉狮子山。俗话说，有梦的日子就甜蜜，这句话正好印证了陈松的生活体验。在狮子山，伴随着对梦想的追求，伴随着对美的期盼，他勤学苦练，期盼着毕业的一天，期盼着事业的成功……

时间在期盼中飞快流逝，转眼就到了1991年7月，那是一个炎热的夏天，陈松带着4年所学，抱着报效家乡的愿望回到了自己成长的地方——松滋市粮食系统。刚参加工作的新鲜时时刻刻激励着陈松努力工作。一晃两年就过去了，转眼到了 1993 年，陈松已长成个帅小伙，在众多美女的追求中，毅然和相恋多年的恋人缔结了姻缘。结婚后，很多事情一下变得现实起来，由于自己的爱人在武汉工作，组织上照顾将其调到了松滋市粮食局驻汉办事处工作，陈松又回到了阔别 2 年的武汉。此时，正值国家改革开放进入攻坚克难时期，各单位的情况变化很大，武汉市的建设如火如荼，日新月异。改革的春风吹动着五湖四海，洗涤着每个人的心灵。这些无时无刻不冲击着陈松年轻而不安的心灵⋯⋯

1999 年 5 月改革的春风吹到了松滋市粮食系统，定岗定编，定责定职，精减人员。在这轮改革中，一些能力强、文化高的人得到了重用；一些文化低，水平差，不能适应信息化时代要求的职工纷纷下了岗。有能力的人放下手中的铁饭碗拾起了泥饭碗，决定闯荡市场，率先接受商品经济的检验；也有个别人思想保守，放不下手中的铁饭碗，闹到局里，弄得领导寝食难安。当年正值粮食买难卖难的时节，领导考虑到陈松年轻文化程度高，决定将其调到松滋粮食局驻湛江办事处工作，希望为江汉平原的粮食打开外地市场。可是，陈松却率先响应号召，提出了下海经商的请求。在计划经济向市场经济转轨的年代，这需要多大的勇气呀！

看着陈松交上来的申请，领导们震惊了！于是，局长和陈松谈心，尊重知识，尊重人才，青年是国家的希望，也是单位的未来，希望他能留下来。可陈松就是铁了心，于是决定买断工龄。按照当时的政策，工作一年算 700 元，这样含社保在内陈松就从单位领了 7700 元买断工龄的钱，茫然地走向了市场。

那么，自己到底能做什么呢？陈松虽然下海态度坚决，但现在也是茫然不知所措，可想他下海并没有完全做好思想准备。陈松的爱人是一个现实主义者，建议他在武汉找个固定工作。这个建议陈松没有采纳，他想：自己本来就是有固定工作的人，为什么下海？不就是想拼搏一番吗！因此，他拒绝了妻子的建议，自己陷入了对未来的沉思之中⋯⋯

经过一番思考，他想起了创业的一句至理名言，创业要选自己最熟悉的行业。考虑到自己是做粮食贸易的，在粮食贸易上轻车熟路，于是决定做米面油生意。他在武汉市八一路某集贸市场租了一个不大的门面，也就 12 平方米，租金也不贵，每月 600 元。门面合同签订下来，进行了简单的装修，批发购进了一些菜油和稻米，生意就开张了。由于自己曾经是粮食系统的职工，对粮油经营轻车熟路，经营还算顺利。很快半年就过去了，到了 1999 年底。回顾自己半年的创业历程，虽然小有收获，但总觉得粮油生意难以做大。主要是自己是个外地人，缺乏市场的客户资源，仅凭有限的零售生意，要想有所作为，比登天还难！经过痛苦反思，他认为粮油生意实在不适合自己做。那么，应当做什么呢？闲来无事，他上网看起了新闻，一则关于某实业公司的创业业绩一下吸引住了他，不觉眼前一亮，感觉创业要想出成效，必须走实业发展的道路。但应当选择什么行业来做，他仍然拿不定主意。在焦躁不安中迎来了中国人的传统节日：新春佳节。只好放下心中的不安，走进了春节的快乐之中……

偶然获取信息　科学选择事业路　历经曲折艰难

2000年新春佳节，陈松带着些许喜悦，又带着几分惆怅，来到华中农业大学同学家做客，朋友们在一起谈理想、谈未来、谈事业，朋友们谈得欢声笑语，陈松听得认真起劲。在这些谈天说地的朋友中，有个朋友是做养猪场的，他谈到猪肉市场价格波动较大，市场获利机会多，养猪完全可以当成一个产业来做。

朋友的观点，一下引起了陈松的重视。他想，自己原来在粮食局工作时，单位就有个养猪场，虽然是单位在承办，其实效益也还是可以。如果自己做养猪，可以做得更精细，效益应当不会差。想到这里，陈松在心中就定下一个决定：从事规模化养猪！回到家，他把自己的想法和家人讲了，由于专业不同，对养猪业的了解不同，出于规避风险的考虑，他的夫人坚决反对。既不同意出钱，也不支持做这个行业。陈松以自己对规模化养猪的理解，耐心做自己夫人的工作。经过反复的考虑，陈松坚定了自己做规模化养猪的决心。他本着背水一战的想法，通过朋友介绍，在华中农业大学附近租了个猪场。说是猪场，其实就是两栋简易猪舍，年租金4000元，就是空间不大，可以勉强容下200头猪。不管怎么说，总算是有了自己的养猪场，事业有了一个起步的支点。

养猪的场所有了，要解决的就是猪仔了。他通过朋友介绍，很快联系上一个专业猪贩子，定下了40头猪仔的购买合同。不久，40头20～25公斤重的小猪从河南购回来了，这次一共花去了8800元。猪买回来后，陈松立马到朋友的猪场学习了一些养猪的经验。虽然陈松非常小心，但一点小小的意外还是发生了，可能是由于天气热、水土不服等缘故，40头猪运到家过了不几天，就死了1头。陈松不敢懈怠，对猪的饲养更加精心。说来也巧，这批猪在饲养的过程中，没碰到疾病。陈松归结为运气好，其实里面暗含了许多科学饲养的道理。经过精心的饲养，到2000年底，这批小猪已长到了200多斤，到年底卖了近2万元。

初步尝到甜头的陈松信心更足了，为了节约成本，2001年初，陈松通过朋友介绍，自己坐车到河南正阳县熊寨镇买回了100头小猪，每头170元，比从猪贩子手上购买，每头便宜了50元左右。这次共花了1.7万元左右。生猪饲养规模扩大了，要做的事也多了起来，为了集中精力研究猪的饲养技术，陈松这次请了个工人师傅，这个师傅原来是个农村兽医，有点治猪病的经验。而且人也很敬业，两人配合得很好，猪的饲养很顺利。

一晃时间就到了2003年夏天，那是一天的早晨。陈松带着饲料去给猪喂食，发现几头猪不吃食。于是，陈松赶快拿起体温计给猪查体温，结果让陈松吓了一跳，猪的体温都在41℃以上。这是陈松从事生猪饲养以来遇到的第一件揪心事，一下变得紧张起来。凭着自己学习到的养猪知识，立即给生病的猪打了抗生素。半天过去了，中午再检查时，猪的体温正常了。下午再喂食时，猪的体温反弹了，又不吃食了，只好继续打抗生素。在焦急的期盼中，3 天过去了，可情况一点好转都没有。

陈松是一个相信科学的人。这时，他理智地将一头最严重的猪拖到了华中农业大学兽医院。几位兽医专家热情接待了陈松，经过化验、解剖，确认猪得了附红细胞体病。这种生猪疾病在当时是一种很少见的猪病，在养猪圈子里人们都没听说过。华中农业大学的专家告诉陈松，这是一种同原虫感染引起的生猪疾病，专家们有针对性地开出了对应的治疗针剂，立刻进行了注射。打过针后，马上见到了效果。这样连续打了两针。陈松怀着忐忑不安的心情，等待着治疗的效果，3天后，感染疾病的猪就恢复了往日的活泼，变得健康了。陈松备受鼓舞，2004 年决定扩大饲养规模。这样一来，陈松感觉自己确实忙得不可开交。怎么办？他想到了在老家松滋种地的弟弟陈俊峰，兄弟俩立即通过电话进行了交流，陈俊峰同意到武汉和哥哥一起奋斗，一起打拼。就这样，一个生猪饲养团队的雏形就开始形成了。

随着饲养规模的不断扩大，与饲养生猪有关的事都变得紧俏起来。一天陈松看到有个饲养猪的朋友为请车拖猪，电话打了 20 多个都没请到。这下他意识到了请车拖猪的困难，也意识到了一个机遇的到来。他想，现在规模化饲养猪的朋友越来越多，请车拖猪却成了一个困难。如果购买一辆货车，不仅可以满足自己运送生猪的需要，还可满足朋友们的需要，万一哪天饲养猪出现亏损，靠货车帮大家拖猪也可赚点钱，至少也可以保证工人的工资。想到这里，陈松下定决心，一定要购买一辆货车，这样他就花 4 万多元购买了福田轻卡货车。货车买回后，经过精心改装，多花了 1 万多元，那辆轻型货车成了一辆合格的生猪拖车。有车的日子真好，不仅满足了自己拖猪的需要，还可以帮助朋友们拖猪。这样，陈松兄弟俩轮流开车，由于经常帮助朋友们拖猪，陈松兄弟俩在饲养生猪的圈子里名气也越来越大，朋友越来越多，小货车拖猪的生意也越来越好，一年下来，这辆小货车就赚了接近 10 万元。

随着生猪饲养事业的不断扩大，陈松兄弟沉浸在成功的喜悦中。可谁又能想到新的困难又出现了。那是一个冬季的早上，陈松像往常一样去给猪喂食，这时，饲养的猪已近 200 头，猪也长得膘肥体壮，每头都有 200 多斤，正是圈栏待售的时节。想到这些，陈松心中不禁泛出阵阵喜悦。当他走进猪圈时，结果眼前的一切让他大吃一惊。他发现睡在地上的猪没了往日的欢愉，见到食物怎么叫唤也叫唤不起来，只是发出一阵阵的尖叫声。他顿感不妙，走近躺在地上的猪，低下身认真检查。他发现猪的脚上起了水泡，顿时，一个可怕的猪病名一下涌上他的心头。他想：这不是人们常说的口蹄疫吗？面对一片卧地不起的肥猪，他心里不禁泛起一阵阵凉意。那么，该怎么办？他凭着一点医学常识，自己摸索着给两头猪打抗生素，结果不仅没医好，反而这两头猪死了！看来仅凭自己的一己之力是难以挽救这些可怜的猪了。他只好请来有多年养猪经验的朋友帮忙，朋友一看肯定地说，这就是口蹄疫。陈松向朋友请教医疗办法，朋友告诉陈松，口蹄疫不是致命的病，但也必须高度重视。在现有技术条件下，医治猪口蹄疫最好的办法是采取保守治疗，即每天给猪长水泡的地方涂抹消炎药。俗话说，姜还是老的辣。这话还真灵验，朋友教的办法就是管用。经过细心照料，猪一天比一天见好，慢慢就完全好了。这一年下来，陈松虽然经历了些许困难，但也学到了很多饲养猪的经验，还获得了 5 万多元的利润。尝到了甜头的陈松，不禁心中充满了成功的喜悦，他定下了扩大饲养规模的决心……

　　2005 年初春时节，陈松又租了 8 个猪栏，扩大了饲养规模，租下的每个猪栏可以养 20 头猪，这样一下把饲养生猪的规模扩大到近 400 头猪。这一年陈松饲养顺利，获得了可观的收入。也进一步增强了他创业的信心。正当他大展宏图的时候，意外又发生了。那是 2006 年初夏的一个早上，当陈松走进充满他的希望和梦想的猪栏时，他发现有一个栏的猪不肯进食，用手一摸发现猪正发着高烧哩，温度高得吓人。按照这几年养猪积累的经验他立即给生病的猪打了抗生素，等待着猪病的好转，在焦急的等待中时间过去了一天，结果生病的猪不仅病情没有好转，而且旁边猪栏的猪陆续发病。在治疗与等待的过程中，他心情焦急不安，盼望着猪病的好转。时间在漫长的等待中过去，这已经是猪生病的第 5 天了，猪不仅没有好转，而且出现了死亡现象。

　　这时，他真待不住了，只好又去找有常年养猪经验的朋友帮忙诊断。结果，朋友饲养的猪也发病了。朋友告诉他，猪得的是蓝耳病，这是一种流行性疾病，这次很多人家饲养的猪都得了这种病，这种病是病毒感染引起的，自己只会诊断，对于治疗也没办法。他和朋友只好把猪运到华中农业大学，华中农业大学的专家对生病的猪进行了诊断，结果证实猪确实是患了蓝耳病，但这种病目前还是猪病领域的世界难题，没有很好的治疗办法。专家还是开出了药方，希望能对陈松的猪病治疗有所帮助。但用药后却没有发生效果，只能眼睁睁地看着猪一头接一头地死亡，只能含着眼泪用货车一车接着一车往外拖。这次发病一共死了 100 多头，这是陈松养猪以来所遭受到的第一次真正打击，他的心情变得很沉重。

　　随着这批蓝耳病的流行，很多饲养生猪的大户人家经受不起打击，只好忍痛把好不容易打拼出来的猪舍卖掉了。看到同行都在卖猪圈，陈松也产生了激烈的思想斗争。他想：坚持下去吧，这蓝耳病流行起来后果这么严重，世界上都没有攻克的难题，自己又有什么办法呢？放弃吧，好不容易做起来的基础，全部浪费了，怎么办？他经过几天的激烈斗争，最终还是决定坚持下来。2006 年下半年，他又找亲戚借了 5 万元，到河南购进了 300 头小猪。这批猪饲养顺利，眼看着每头猪长到了 150 多公斤，而且还在增重，他不禁喜在心头。时间一晃到了 2007 年，由于上一年很多人受生猪蓝耳病的影响，从生猪饲养市场上转行离开了，这样，市场上猪肉供不应求，猪肉价格猛涨。每头猪一般都可以赚到1000多元。这300头猪着实卖了个好价格，很多人都说陈老板你运气真好，我们刚转行，猪肉价格就上涨了，让你赚了个盆满钵满！其实这就是市场规律，当别人都放弃时，一个聪明的人一定会坚持下去。因为别人放弃了，同行业的竞争对手就少了，市场上同类商品就会供不应求。陈松，多么聪明的一个小伙子，虽然他没有说出坚持做下去是按市场经济规律来做的，其实他已经牢牢地抓住了这一规律！

收获着经济收益的喜悦，感受着成功的快乐，陈松看到了坚持的希望。于是他决定扩大饲养规模，开展仔猪的自繁自育。仔猪自繁自育虽不是什么高深的科学，但其中也有很强的技术性。为了做好仔猪自繁自育，他安排自己的弟弟陈俊峰到一朋友开办的猪场学习母猪养殖技术，从饲料的选配到种猪的选育，从母猪的催情到与种猪的交配，从自然繁育到人工授精技术，陈俊峰认真学习，亲自动手实践。经过两个月的学习，全面掌握了种猪的选育、生猪自然配种、人工授精、产仔接生的全部技术。回到猪场，陈松立即投入到了种猪繁育基地的筹备中。

2007年是陈松事业飞速发展的一年，他扩大了养殖规模，实现了肉猪的规模化养殖。加上这一年猪肉价格上涨，一年下来赚了100多万元。这一年他基本完成了创业所需要的原始资本的积累过程。

依靠科学技术　闯出一条养猪路　创立饲养公司

2007年底，陈松考虑到完全依赖在外面购买小猪有很多问题，不仅价格高，降低了利润空间，而且对仔猪的疾病掌控、疫苗都不好把握。于是决定回松滋办母猪养殖场，开展生猪的自繁自育，延长产业链，增加利润环节。陈松拿出75万元交给弟弟陈俊峰，安排他回松滋筹办母猪养殖场。

回到松滋后，陈俊峰处处做有心人，说来也巧，那是新春的一天，按照惯例大家都要走亲戚，相互拜年。亲戚好不容易见上面，大家免不了相互议论下生意。当听说陈氏兄弟准备到松滋办母猪养殖场时，亲戚提到了一个重要信息。松滋市新江口镇望月小学已经废弃了，一直空在那，如果租过来做母猪养殖场应当是很合适的场所。听了亲戚的介绍，陈俊峰喜出望外，立即电话联系上了望月村的领导，在电话中进行了初步商量，准备租下来。同时电话告知了陈松。陈松立马赶车回到了松滋，还没来得及回家看看就直接赶到了学校。

望月小学是一个独立的小院，四周围墙。院内有4栋平房教室，共有15亩地，院内还有3亩鱼塘，后面有座小山。特别是校园三面都没有居民，一面也只有很少的几户人家。陈松看完望月小学的校园，觉得真是一个办母猪养殖场的好地方。他和弟弟一起当即找到村委会领导，经过交谈协商，最终以2万元买下了学校。陈松对这个地方的改造进行了初步设计，交给弟弟陈俊峰，由他负责请泥瓦匠师傅做好施工，将一所原来的小学改造成一个母猪养殖场。交代完事情，自己立马回到武汉，准备去寻找种猪。

回到武汉后，陈松先是找到几个养猪的朋友，跟他们说了自己的想法，希望听听朋友们的建议。朋友们听说后很支持，认为办生猪繁育基地很有必要。那么，购什么品种的猪呢？朋友建议必须繁育杂交猪。经过分析，大家一致认为，时下最好的杂交组合是用长大母猪和杜洛克公猪杂交。杂交组合定下来后，他就到处打听种猪的消息。这样，转眼就到了2007年11月，一切打听清楚了。他们到武汉金龙畜牧有限公司购买了50头母猪，都是50公斤左右重的半成年猪，每头母猪1500元左右。同时，购买了两头70公斤左右重的公猪，每头3800元左右。这样，投资8万～9万元，一个像模像样的生猪繁育基地就建起来了。陈松兄弟的行为得到畜牧界的广泛认同，他们克服困难不断扩大养猪事业的事迹在松滋畜牧界广为流传，也引起了松滋市政府相关部门的重视，2007年底松滋市畜牧局主动送上了5万元的奖励款，并鼓励他们好好干，临走时领导还表示，只要发展好了国家还会有扶持款，可以继续扶持这个项目。

领导的话在陈松心中激起了阵阵涟漪，他不禁惊讶道，养猪国家还有扶持款！以前怎么就没听说过呢？直到此时，他才知道原来养猪国家还有扶持政策。这句话也深深地警醒了他，看来创业办企业还真不能盲目干哩！他暗暗下决心，以后一定要多关心国家的产业政策。领导的表态极大地鼓舞了陈松，他决心一定要把生猪养殖业做强做大！

转眼到了2008年4月，正是春暖花开的时节。人间正是青春少年春情萌动的时节，动物也开始蠢蠢欲动。陈松饲养的母猪开始发情了，到了该配种的时候了。为了提高配种率，他们采取的是人工授精的方法。他们将公猪赶上了采精台，由于经验不足，一下又碰到了意想不到的困难。身强体壮的公猪就是采不出精液来。这下可急坏了陈松兄弟俩。他们找到相关书籍学习，书上虽然介绍了很多知识，可都不是很具体。他们按照书上说的操作，可还是不行。他们只好打电话到武汉请教朋友，朋友在电话上详细询问了情况，认为是采精时握着公猪生殖器的手松紧程度没有把握好，才采不出来精液。建议试着调整手上的力度，经过反复调试，很快就成功了。这样很顺利地完成了配种授精，就等待着新生命的孕育了。时间在等待中过去，一个多月后，眼见配过种的母猪肚子渐渐大了起来，陈松兄弟脸上也露出了笑容。

100多天在焦急的等待中过去，转眼到了2008年7月下旬，母猪开始产仔了，第一头很顺利产下。陈松等人正庆幸猪仔繁育的顺利，可就在这时，一头母猪睡着产仔，眼见小猪已出来一点，但就是下不来，大家伙在一旁又帮不上忙，心里急的呀，那真是无法形容。只好又打电话找到武汉有经验的朋友。朋友告诉他们，可以先给母猪做按摩，再看看情况，如果仍不行，就只能用手掏了。在掏之前先要在手上摸润滑油，手法一定要轻。朋友的经验还真灵验，很快小猪就下来了。这样，第一批母猪产下猪仔 500 头。

按照陈俊峰先前学习的经验，小猪仔养殖的关键是要防止感染病毒。于是，他们采取严格的办法，对小猪进行疫苗接种，具体的办法是对小猪一头头打针，用药滴猪鼻子。到了 9 月，小猪长到了 15 公斤左右，陈松决定拖到武汉自己饲养育肥。为什么非要拖到武汉而不是在松滋自己饲养呢？我怀着好奇请教了陈松，陈老板告诉我，猪要是得了病容易交叉感染，把繁育、猪仔饲养和育肥分开，可以预防和阻断交叉感染源。听到这，我还真是佩服陈老板的学问。看来古人还真没说错，处处有学问！

随着陈老板的小猪不断运到武汉，很多朋友看到了觉得他们的小猪品种好，质量优，疫苗做得全，都提出了购买要求。陈老板也不好驳朋友们的面子，只好同意供一些朋友们饲养。可是，随着名气的扩大，买小猪的朋友越来越多，还真有点供不应求了。于是，陈松毅然决定扩大种猪规模。2008 年他花 12 万元，将松滋原望月小学后面那座荒山购买了 30 年的使用权，全部用于母猪养殖。这样，整个投资达到 200 万元，做了 12 栋猪栏，扩大了规模。松滋母猪繁育基地的母猪由 50 头发展到了 600 头。松滋畜牧局领导知道后，按国家政策给予了大力支持，又扶持了 20 万元资金。

扩大经营规模　公司改造添股东　事业发展如虹

2009 年猪肉市场、价格一直处于成熟稳定状态，养猪行业表现出稳步发展的态势。已有的猪场基本上是猪满为患，难以扩大规模，而猪肉销售市场正旺，以当时的生猪养殖规模，很难满足市场需求。当分析到这些情况时，一个大胆的设想在陈松心中形成，他决定再办一个种猪繁育基地。那么，这个种猪繁育基地应当办到哪里呢？他对全省的生猪市场现状进行了粗略的分析，松滋是湖北省生猪外调大市，在全省排在前列，而松滋没有种猪繁育基地，种猪主要靠从外地购进，如果把种猪繁殖基地办在松滋，应当有较好的市场前景。基于这一判断，他决定再增加一个种猪繁殖场。

根据生猪发病规律，真正科学的饲养方法是实行多点式养殖生产，也就是实行母猪、小猪、育肥分别养殖。无论从市场前景还是从养殖规律，他都觉得自己的判断是准确的，实在是太妙了，他为自己作出的判断感到高兴，充满信心。于是，他很容易就找到了松滋市新江口镇柘树院村，与村干部协商一下流转了 70多亩土地，流转时间为 30 年。这次他在土地流转上一次投资 21 万元，建设种猪场投入 400 多万元，建起了 13 栋 300 平方米的大型种猪养殖场。种猪养殖基地建起后，一次性引进了原种猪 300 多头，形成了柘树院种猪繁殖场、望月村良种猪苗场、武汉商品猪育肥场三场分别养殖模式。一个现代化的生猪养殖、繁育、育肥模式就此诞生了。直到这时，他才感到人手确实不够用了，为此，决定请个货车司机，专门帮助开拖车运送各类生猪。

2009年是陈松的事业突飞猛进的一年。这年他出栏亲本母猪3000多头，每头卖到了1500元的好价格。这一项一下就收入450万元，同时，还出栏了亲本公猪2000头，产值达到80万元。而且实现了小猪仔年出栏过万头，产值400多万元的好势头。陈松及时将自己的成果向松滋市畜牧局领导作了汇报，市畜牧局领导高度重视，多次到他的几个基地视察指导，年底扶持他80万元。谈到这里，我不禁为陈松的决策捏了一把汗，一下子繁育出这么多头种猪、小猪，那都销到哪里去呀？

陈松告诉我，这些事其实他心里早就有数。早几年他长期亲自帮养猪行业里的朋友们拖猪，手上有的是市场资源，加上他的繁殖方法科学，猪仔质量好，抗病能力强，种猪和小猪的销量都很好。主要远销周边的钟祥市、仙桃市、武汉市和宜昌市的各县市区。说到这，我感觉到陈松确实是一个经商的天才，分析市场有理有据，观察市场细致入微。这正是陈松高人一筹的地方，这正是知识分子和普通人处理问题的不同所在！这也正是一种科学的创业态度！用这样的方法去经商，何愁不成功！

成功带来了无穷的凝聚力。2009年，陈松的两个表弟看到陈松在养猪的道路上创出了名堂，也很佩服和羡慕，找到陈松想加入他的创业团队。其实，这也正是陈松在考虑的问题。于是，他决定成立生猪饲养有限公司，股权按照贡献大小科学分配，弟弟陈俊峰和两个表弟共占40%的股份，自己占60%的股份。至此，一个现代化的生猪养殖公司在松滋市成立了。他任命弟弟陈俊峰和两个表弟为部门经理，每个人各分管一个猪场，自己负责全面策划指挥。从陈松的介绍中，我感觉到了陈松决策方法的科学、开拓事业的坚毅，心中不禁感慨，创业确实需要科学的指导，需要知识的支撑！

带动乡亲致富　成立专业合作社　开拓一片蓝天

经过10年的打拼，陈松的养猪事业发展起来了。按照自繁自育，种猪、小猪、育肥分别养殖这样的模式发展，武汉原来的猪场就不够用了，实在显得太小了。于是，他穿行于武汉三镇，到处找更大的猪场。2008年7月的一天，行业里的一个朋友打电话告诉陈松，江夏五里界有个猪场闲置着，比他现在经营的猪场大很多，建议他去看下。陈松喜出望外，立马和朋友一起到了江夏，很快找到了新猪场的位置。这个猪场面积有12亩，有猪栏80间，每个猪栏近20平方米，可装20头肥猪。于是，他决定以每年4万元价格签了5年合同。这样，一批存栏数就可达1300头，每年可育肥两批半。30斤的猪4个月就可出栏，一年可赚近100万元。陈松的养猪事业是真正做起来了，但他并没有就此止步。

2010年10月的一天，松滋市6家万头生猪饲养场的老板聚在一起吃饭，谈到了市场上猪饲料价格太高，占到养猪成本的70%，而且饲料、药品长期依赖当地经销商，无论从价格还是质量上都给进一步发展带来了困难。那么，该怎么办？大家经过议论，都产生了组建合作社的想法，于是，他们几个人找到松滋市畜牧局，向畜牧局领导汇报他们的想法，希望畜牧局能给予他们更多的指导。组建生猪饲养专业合作社，畜牧局表示完全支持，但要说指导合作社也很为难，他们也只是听说过，看过一些资料，对于其中的一些规则、运行机制，也说不出来。时任畜牧局局长王维华当即表示，带他们出去考察。根据王局长掌握的信息，他们选择了江西省万年县万年生猪集团作为参观考察学习的对象，王局长亲自带队。考察很快就成行了，考察回来以后，决定组建松滋市汇龙生猪集团专业合作社。经过筹备，2011 年初，松滋市汇龙生猪集团专业合作社就成立起来了。

看着合作社亮丽的招牌，陈松不禁感慨万千……他回首走过的历程，越来越感觉到知识的重要，越来越感觉到对国家政策熟悉的重要。为此，他作出了逐步安排员工参加学习，不断提高管理人员水平的重要决策。一次偶然的机会，他从电视上看到长江大学农民创业培训基地正招生，于是他决定先安排弟弟陈俊峰参加湖北省农业厅长江大学农业创业培训基地的学习，全面学习创业知识，提高管理水平。陈俊峰不负所望，参加了 15 天的创业培养教育学习，回到养猪基地，陈俊峰除了负责繁育基地的全面管理外，还负责合作社的一系列管理工作，成了合作社的骨干。

那么，生猪集团专业合作社能带来什么好处呢？陈松告诉我们，生猪集团专业合作社可以集中采购养猪用的原材料、药品。饲料保育料是养小猪必须使用的主饲料，每包 20 公斤，集中采购和就地采购每吨价格相差 1000 多元。这些可都是养猪的成本呀！生猪集团专业合作社成立后，陈松亲自到生产厂家武汉安佑饲料有限公司洽谈，签订各类饲料的购买协议，这样生猪集团专业合作社每年可以节省饲料、药品开支 30 多万元。

转眼到了 2013 年 8 月，武汉江夏猪场的合同到期了。下一步该怎么办？陈松分析说，武汉比松滋市场大，生猪出栏单价也高出 0.3～0.5 元，成品猪的销售市场应当立足武汉。于是，他决定在武汉继续扩大规模，便决定找更大的猪场。我不解地问：你现在规模这么大了，还扩大规模？陈松告诉我，我们国家生猪市场价格不稳，就是因为猪场普遍规模过小、过于分散，大家看到猪肉行情好就一哄而上，猪肉行情一跌又一哄而下，使得养猪市场很不稳定。只要猪场都做大了，一些小的猪场逐步淘汰出局了，市场就稳定了。为了我国生猪养殖市场的前景，他要做稳定猪肉价格的排头兵，因此，必须把猪场做强做大。从陈松的谈话中，我仿佛感觉到了陈松成功的秘密，这就是一个男子汉博大的胸怀！

陈松凭着多年经营猪场的经验和知名度，很快在江夏找到了另一个更大的猪场。这个猪场占地近 30 亩，可存栏 3500 头，年出栏 8000 头以上，虽然每年租金10 万元，价格不菲，他还是签下了 3 年的租赁合同。

　　一切安排妥当后，陈松也抽空来到长江大学农业创业培训基地参加了为期15天的学习，我有幸见到了这位农业创业场上的传奇人物，并对他进行了详尽的采访。经过两个晚上紧张的交流，对陈松的采访就要结束了，我感觉到了创业的不易，不仅需要胆略、需要眼光、需要坚强，更需要创业者的胸怀。我感受到了新一代农业创业人员的结构正发生变化，已经不是那种传统的农民了，新的一代职业农民和农民企业家，在农业创业培训的熏陶中，正在茁壮成长……

　　专家点评：创业的关键在于选准项目，做自己最熟悉的事。陈松选择养猪，虽然他开始对养猪并不熟悉，但他的一些朋友是从事养猪的，他乐于向他们学习，他们也乐于为他指导，这样就弥补了他对养猪业不熟悉的弱点；创业同时要选择合适的环境，既要有能提供技术服务的条件，也要有依法行政、支持创业的政府部门。陈松养猪选择了华中农业大学附近，技术支持有保障，松滋市财政收入高、政府部门政策水平高，政府部门能做到依法行政、支持创业，创业环境有保障；创业还需要看准市场，能做到人无我有。陈松看准了我省市场上优良猪仔缺乏的现状，及时建立起了良种猪的繁育基地，满足了自己事业发展的需要，也满足了养猪市场的需要；创业还需要联合，增强市场话语权，他适时组建了生猪集团专业合作社，节省了养猪成本，增强了市场话语权；创业更需要对事业的执著追求和博大的胸怀，陈松看得远，对市场发展分析准确，既以独到的眼光看到了生猪饲养市场的前景，又以博大的胸怀看准了生猪饲养市场的特点。这些就是陈松成功的根本吧！

敏锐眼光推动农业创业事业阔步向前

——公安健明蔬菜种植专业合作社发展纪实

荆州是春秋战国时期楚国的都城所在地，是长江边一个不小的城市。长江仿佛少女飘逸的纱巾一样，绕城而过，给荆州带来了黄金水道的美妙称谓，多少留下了让有志者发展的机遇。荆州是一个古老而又传统的城市，因荆州人的聪明而留下了"唯楚有才"的千古美谈。荆州是传统的农业大市，因盛产棉花、水稻而闻名。荆州是改革开放以来发展不足的城市，因工业、旅游落后而遗憾。荆州是农业创业培训工作的先进城市，因培训工作扎实有效，而孕育了一批农业创业骨干。荆州是新型农业经营主体快速成长的城市，因农业创业骨干人员作用显著，带动了一批新型农业经营主体蓬勃发展。荆州是一个说不清楚的城市，因为人们更善说而给人以实干不足的印象。这就是荆州的特点，这就是荆州的风格。荆州，既让人总想逃离开去又有几分不舍；荆州，既让人觉得过于精明太看重利益又让人觉得善于言谈，微笑的脸上仍然显示出情和义。

也许正是荆州人过于看重利益推动了农业创业事业的发展，也许是荆州人感觉资源缺乏而立足农业，也许是荆州人过于精明抓住了创业的时机……有太多的也许。走进荆州人农业创业的内心世界，走进国家农民专业合作社示范社，一个现代化的农业科技园展现在我们的面前，这就是由农民创业培训班学员周明创立的湖北健明农业科技有限公司暨公安健明蔬菜种植专业合作社。我们穿过现代化的蔬菜加工厂，走过标准化的蔬菜大棚，听着周明创业故事的讲述，感受着农业创业的美妙……

周明，一个两进长江大学农业创业培训班学习的现代农民，身上无不散发出与众不同的特殊性。他，对财富有着执著的追求，对机遇有着特殊的敏感，对知识学习有着孜孜以求的精神，他创业的故事，是那样的精彩，是那样的离奇，就像一串串美丽的珍珠启迪着我们……

心存创业志向　中专中途退学探索创业路　一举成功激发创业志

周明，出生在一个半边户家里。父亲在沙市长江航道管理局当工人，母亲是公安县一个地地道道的农民。1987年周明初中毕业了，家里准备安排他去上高中，将来考个大学，有所发展。可周明从小就喜欢赚钱，坚决不愿上高中。他觉得高中学的那些数理化对他赚钱仿佛没多大作用。于是，他选择上了荆州市农业学校。

来到荆州市农业学校，作物专业、茶果专业、畜牧专业都深深地吸引着他。他经过思考，选择上了畜牧专业。他认真上课听讲，老师讲的动物的习性、动物的经济价值等知识，让他心动。下课后，他总是待在实验室和学校养殖场。他总想办个自己的动物养殖场。不知不觉中专生活就过了一年半，学校理论课也上完了，准备安排学生出去实习。周明想，出去实习不如自己开个养殖场。于是，1989 年 2 月刚开学，周明就背着家人退学了。

他想退学后干什么呢？周明说他想开办自己的养殖场。他从小在公安和沙市两地来来往往，每次到沙市，他都喜欢在父亲单位开办的一个种兔场玩耍。有次，他无意中听父亲说起种兔繁殖很快。他想，要是自己开办一个养殖场，发展养兔应当会赚钱。于是，他毅然决然地选择了退学。回到家里后，他稍稍做了些准备，第二天一大早，带着家里给的 7800 元报名费和生活费，骑着自行车从公安县斗湖堤高建村出发了。经过 5 个小时的奔波，终于乘船过了长江到达沙市。他直接赶到了父亲工作所在的长江航道管理局种兔养殖场。他以 280 元一对的价格引进了 10 对日本大耳兔种兔，又引进了 10 对美国青紫蓝兔。他小心翼翼地把这些小兔装入竹篮，绑在自行车上。下午从沙市出发又往家里赶。走到家里时已是下午 5 点。那时，父亲正好在家，看到周明带着兔子回了家，气不打一处来，忍不住把他打了一顿。看到倔犟的周明硬是铁了心，也只好作罢。周明也不哭也不生气，硬是强忍住痛把自己睡觉用的房子腾了出来，让 20 对小兔住了进去。

兔子总放在家里喂养也不是个办法呀。于是，第三天他早早起来，给种兔喂了食，就又骑上自行车到跑到了沙市种兔养殖场。他带着笔、纸和钢卷尺，在种兔养殖场量起了兔笼的尺寸。他为了学习顺利还给养兔师傅送了一包游泳牌香烟，详细询问了兔的繁殖技术。养兔师傅热情地接待了这个稚嫩的小伙子。一晃天就黑了，他又急急忙忙地骑上自行车回到了公安的家里，忙着去给种兔喂食。就这样，他早出晚归，连续跑了三天。由于自己在荆州农业学校原本就是学畜牧专业的，加上养兔师傅毫无保留地给他讲授了养兔知识和经验。兔子的养殖技术算是基本学成了。

他家后面有个菜园，正是建养兔场的好地方。于是，他就按照在沙市量的尺码，利用家里现成的砖块和栏竹片，自己动手在菜园里修了个养兔场。他首先在与地面连接的地方建了个 120 平方米的整体育肥场。在这个育肥场的上面又建了 2.5 米高、分为 4 层的兔笼。就这样，经过自己 2 个多月的努力，一个 20 米宽，2.5 米高，前后境深达 1.2 米的养兔场总算建成了。他把每一层又隔为多个种兔房。仔细一算，上面四层居然有 80 个种兔房。

周明按照兔子的品种装到了各个兔房中分别喂养。兔子白天基本不吃食，周明就早晚各给它们喂一次。这样，白天的时间就闲了下来，硬是没啥事做。周明感觉白天的时间浪费了，而且还无聊得很。于是，他就想干点什么。那么，到底能做点什么呢？

　　周明也不知道到底能做点什么。他整天想呀想呀，有时候想得入了神连饭都忘了吃，家里人叫也听不见。家里人看着他整天发呆，都担心得不得了。一天周明的灵感来了，他想到在上中专时，看到过杂志上关于山羊养殖的介绍。山羊养殖粗放，肉质又好，很有发展潜力。而且投资成本低，只要买回种山羊，以后繁殖起来快得很。加上，公安县地处长江边，处处都是草场，养殖山羊优势很明显。想到这里，周明不禁笑了……

　　周明家所在的村附近有个马市村，正好那里有人养殖山羊。周明很容易找到了那家山羊养殖户，希望在那里学点山羊养殖技术。周明到那儿后，全面参观了山羊养殖场，并向主人咨询了很多关于山羊养殖的技术。通过聊天交谈，主人知道了周明的来意，热情地向周明介绍了山羊养殖的效益和前景。主人一家育有一儿一女，都是大学毕业生，全靠家里养殖山羊供两个孩子读大学，现在两人都大学毕业了，已经在城里找到了工作。听完主人的介绍，周明更加坚定了养殖山羊的想法。并提出希望从那儿购买种山羊，回家饲养。

　　也是事有凑巧，主人正好准备到城里和自己的儿女一块生活，正准备把自己的山羊养殖场卖了。听了主人的介绍，周明高兴得都跳起来了。周明立马和父母商量，花 12 000 元买下了主人家的 100 只种山羊。他因陋就简在江边建起了个简易山羊养殖场。说是山羊养殖场，其实也就是露天喂养。

　　由于周明有在荆州农校畜牧专业学习的基础，他回到家后，白天养山羊，晚上养兔，有时间了就抽空看动物养殖的书籍和杂志。这样一边创业一边学习，很快全面掌握了山羊养殖技术。购回的种山羊养殖很顺利，很快就开始怀仔了，繁殖一切正常。他一边享受着卖兔子的收益，一边享受着卖山羊的乐趣。这样，他的创业事业发展得非常顺利。

　　由于兔子繁殖率高，每年可以下 6 窝仔，每窝都在 8 只左右，这样，20 对种兔就可以繁殖 960 只，成活率在 85% 左右，这样一年就可以有 800 多只，300 多只作宠物卖了，500 多只在菜场作肉食品销售了。这样，就卖了 15 000 元左右，仔细算账，还真划算，投资近 6000 元购买种兔卖 15 000 元。山羊也已发展到 200多只，春节到了，家家户户杀鸡宰羊准备过年，自己宰杀了 80 只山羊，每只山羊卖 100 元，这样就卖了 8000 元。因为山羊主要是用青草喂养的，除了人工费外全是赚的钱。看到这么多钱，都是自己创业所获得的，想到自己凭聪明才智的收获，周明那个高兴劲呀，真是无法形容……

　　随着兔子和山羊养殖规模的扩大，光靠自己家里的人是明显不够了。时间已经到了 1991 年 7 月，周明决定请 3 个工人，1 个负责喂养山羊，1 个负责喂养兔子，1 个负责做防疫工作。周明一切筹划好了，找到了本村从小一起玩耍的 2 位同伴，负责帮助喂养山羊和喂养兔子，每位每月工资 800 元。另外在兽医站聘请了个兼职预防员，工资按预防数量算，自己买药预防，每只山羊防预费5元。兔子病少，只要兔笼干净，一般不得病，这样，做好消毒就行了。

这一切安排好后，新的矛盾又来了。山羊和兔子繁殖多了，销售压力增加了，这些山羊和兔子的青饲料也成了问题。怎么办呢？为了建立稳定的销售渠道，周明就亲自到外面跑销售。为了建立起便宜稳定的青饲料来源，周明在村里找了200亩半荒地，因为当时正值国家农业提留款高的时期，提留款每亩250元，很多人外出打工不愿种地。周明就借机承包了下来，自己种牧草。

这样一来，养山羊和养兔的青饲料是解决了，但资金又成了问题。怎么办？周明只好硬着头皮找家里商量，需要找家里借款2万元。父母亲认为养山羊和养兔只是好玩的事，不可能成大事，这样投资太大，万一亏损了可能一辈子都还不起，因此，坚决不同意。那么，周明有什么办法解决这一矛盾呢？

图谋创业发展　　父母关爱生矛盾走向县城　　抓住机遇勇闯新潮流

由于周明违背父母意愿请了工人，弄得父母亲很不高兴。周明不在时，父母亲就和工人之间发生了一些不愉快。这样，工人们就不愿意了，虽然口里不讲，但在行动上消极怠工。父母亲看不惯工人们的这些做派，就把工人辞退了。家里养的兔和羊也卖了一部分。这样，青饲料也用不了那么多了，父母亲就把承包的地逐步改成了果园，种上了当时较为流行的碰柑。父母亲怕周明沉溺于兔和羊的养殖中，父亲托人在城里帮周明找事干。1992年7月在家里的安排下，周明到县城学驾驶技术。1992年底，在家里的关心下，周明被安排到公安县制药厂给领导开车。家里养殖的兔和羊小规模维持。周明虽然人在制药厂，可心始终系在兔和羊的养殖上，多次提出辞职回去自己创业。对周明的态度，父母亲非常生气。一气之下，父母亲自作主张把家里养的兔和羊全卖了。200亩承包地留了下来，一直由父母种着果树和农作物。

周明也从制药厂辞职了，吃饭都成了问题。因为和家里闹得很紧张，他也不好找家里要钱。听说在餐馆打工可以管饭吃，他就跑到公安县城找到一个餐馆打工。从端盘子开始，到买菜、配菜、炒菜，样样都学。很快半年就过去了，那是1993年7月，周明又辞职了，他想在公安县城自己开家小餐馆。说来也巧，正好他的一个堂叔是在公安县城开餐馆的，因为要结婚，正好想把小餐馆转出去。两人一拍即合，周明就把这个小餐馆接了下来，用三个月赚的钱作为接下来的条件，这三个月很快就过去了，一共赚了5000多元。这样，生意逐渐提升，每月都可以赚2000元左右。不过就是做得很辛苦，周明感觉很累。加上担心成天开个小餐馆，怕被人瞧不起，找不到媳妇。干完一年后，他又把这个小餐馆转让给别人了，转让费1.4万元。

1994年春天，他带着积攒下来的2万多元钱，开始了新的创业项目的寻找……

　　周明虽然是个不大的老板，但也是一个很讲究的人。他经常到美发店做美发，看到美发店生意红火，就忍不住和美发店老板交谈上了。几次交谈下来，他居然对美发行业产生了浓厚兴趣。经过一段时间的观察，他决定开美发店。经过和他常做美发的那个店老板商量，他以 1 万元的价格接管了那家美发店。美发对周明来说是个全新的行业，要做好谈何容易呀！

　　为了做好这一行业，周明在附近一家美发店相中了一个师傅。经过商谈，周明以和这位师傅利润对半分成的条件，聘请到了这位美发师傅。这样，美发店的生意比过去更好了。周明想，要真正把美发店办好，光靠聘请的师傅也不是长远之计。于是，他自己抽空到武汉天姿美发学校参加培训，交了 6000 元学费，他专学新式发型。一学就是 3 个月，自己感觉手艺有很大进步。于是就回到了公安县城美发店。

　　回到美发店后，周明小试手艺，效果还真不错，受到客人的好评。周明的美发店以发型样式新颖而闻名于公安县城，而且生意越来越好。为了保持在公安县城的领先地位，他每几个月就到荆州、武汉、深圳等地，以剪头为名观察学习新发型新技术。

　　一天，周明听说香港歌星张明敏在深圳开美发店，他恨不得马上就过去开阔眼界。1995 年 6 月，他看到一则广告，在深圳有个美发培训班，于是他立马就交了 5000 元学费，到深圳学习一个月。在深圳，他主要是学习最新式最流行的发型。为了检验自己学习的效果，他到一个发廊去应聘，一下就聘上了，每个月 8000 元工资，一干就是三个月。看到自己的手艺得到了广大顾客的认可，他满意地辞了职，又回到了公安县城自己的美发店。

　　1995 年 11 月，他回到公安县城一下子就推出了 4 款新款发型，都是当时郭富城、周润发等歌星、影星选用的最流行的发型。这样一来，周明的美发店名气就越来越大了。到第二年生意越来越好，人们排队到周明的美发店剪头发。周明看到生意这么好，于是，就顺势而为，于 1996 年 3 月，在县城连开了三个连锁店，取名"梦之城"美发院。

　　随着男士美发生意的红火，女士美容在这个小小的县城也流行起来。看到这一大好的商机，周明就又回到深圳学习女子美容。虽然花了 1.2 万元，可经过两个多月的学习，周明学会了当时最时尚的女士生活美容、女士化妆技巧。回到公安县城后，他立马购进了一批美容仪器，另外租了一个美容院，经过重新装修，生意一下火爆起来，不大的美容院 7 个员工从早上 8 点忙到晚上 10 点，硬是生意红火，应接不暇。为了满足越来越多的时尚女子美容美发的需要，他只好把原先的美发店改成了美容院，又新招聘了人员。这样，整个美容院员工一下发展到 46 个。美容院增加了，生意红火，收入也可观，4 个美容院每月可以赚取利润 15 万元……

周明在城里的事业发展了，于是，他又带着钱把农村家里承包的 200 亩地进行了改造，全部种上了市场上俏销的碰柑，并在柑橘园套养上了 2 万多只土鸡，年年收益都不错。到 2002 年底，土鸡发展到 5 万只，眼看着城里、农村创业形势都不错，周明正盘算着扩大规模，准备大发展。谁曾料想，2003 年遇到了禽流感，一下又亏了 50 多万元。不过，好在周明在城里的美容美发生意好，还能承受得了。

这一年，是周明美容美发生意很好的一年，虽然在公安县这样的小地方，美容美发市场很快就饱和了，但他仍然赚了 200 多万元。随着周明创业事业的发展，他的想法也在逐步成熟，他仍然希望找一个稳定发展的行业去拼搏、去奋斗……

周明经过反复思考，他仍然觉得还是做农业可靠。于是，他边搞美容美发，边回农村发展畜牧养殖业。这次，他选中了圈养波尔山羊。因为有先前养殖山羊的基础，他很容易购进了一批种羊。养波尔山羊需要较大的场地，这点难不住他，自己家住在长江边上，他很容易找到了同村的两户人家，把一荒滩防浪林以每亩每年 600 元的价格流转了过来。虽说这个价格在当时好像有点高，但公安县这地方实行的是习惯亩，一亩足有 1000 平方米，是标准亩的近 1.5 倍。这一块荒滩防浪林足有 20 多亩，土地流转的合同签了 30 年，他准备做标准化养殖。

为了实行科学的标准化养殖，他聘请了一个自己的同学作饲养员，以每年 4 万元的高薪聘请，专职负责波尔山羊的喂养。为了提高养殖效益，周明实行两条腿走路，一边繁殖种羊，一边养殖肉羊，实行圈养结合。这样，他又投资 80 万元，买了 400 只种羊。虽然波尔种羊价格不便宜，划 2000 元一只，但他还是一下买了 6 只。普通山羊根据大小，400～600 元一只，他一共买了 400 只。为了实行标准化养殖，他到新华书店购买了专业书籍，按照书上的介绍构建专业的标准化厂房。为此，他特地请砖瓦工做了 2000 多平方米的羊圈。这一切发展顺利，只两年时间，一个标准化的波尔山羊养殖基地就发展起来了，他每年销售 400 只，留种 400 只。他的专业知识发挥了巨大的作用，就这样顺顺当当地发展起来了……

时间一天天过去，周明的事业日渐发展壮大。时间一晃到了 2004 年，公安县城扩大规模，昔日城区的一些砖厂、砂厂全部转移到了高建村。砖厂发展需要用地，周明把养羊用的 20 亩地转让给了砖厂，获得了 60 万元的补偿款。周明觉得自己创业的农业项目没有了，美容美发市场逐渐饱和，竞争激烈。现在手上有了闲置的资本，应当利用起来做点什么。周明经过考虑，感觉在公安县已经没有合适的项目可做，公安县对周明也失去了吸引力。周明想：看来在公安县是很难做下去了。于是，他又开始寻找新的商机……

准确判断形势　加盟海南旅游品市场竞争　积累下农业创业资本

2004 年，全国旅游风盛行，海南成为全国一个新的旅游热点。周明的妹妹正在海南经商，从事旅游纪念品的生意，生意红火，希望能够扩大经营规模。双方信息一对接，很快达成一致意见。于是，周明果断地以 300 万元的价格将自己经营红火的美容美发店转让了出去，当时，许多人对周明的行为备感不解。这么好的生意，为什么要转让呢？其实，当时公安县美容美发行业已经严重饱和，隐藏着诸多经营危机。当然，这不是一般人能看出来的，只有一个对商业很敏感的人才能看到。周明凭着对商业特有的敏感，已经先人一步感受到了。于是，他决定到海南闯市场。他带着 300 万元资金毅然赶到了海南，加入了妹妹的旅游纪念品销售公司。

海南，中国最火的旅游市场之一。周明到了海南，先考察了海南的旅游纪念品市场，发现海南的南海珍珠颇具特色，在消费者中很有影响。于是，他想外地游客到海南来玩总希望带点有海南特色的纪念品回家，与家人或朋友分享。于是，周明展开了调查，他找荆州到海南旅游的朋友，向他们询问到海南旅游的体会。大家反映，海南真是不错的旅游地方，只是让外地游客也有苦恼，到海南一趟除了能带点和全国各地一样的旅游纪念品外，在各大景点销售的其他商品，也都是珍珠吊坠、珍珠佛珠、珍珠手链、珍珠项链等。这些旅游品虽然是珍珠所做，但很难显现海南地方特色，而且这些商品不少做工比较粗糙，让人感觉来到海南没有东西可带。于是，周明通过调查找到了一家名为南海美稀莎珍珠精品有限公司，这家公司的珍珠制品花样多、做工精细。周明和公司老板经过商谈，由周明入股该公司，将公司的旅游纪念品注册了"美稀莎"商标。公司高薪聘请了一位旅游工艺品大师，联合研发珍珠工艺品。"美稀莎"珍珠纪念品由周明的旅游纪念品公司独家销售。经过 3 个月的攻关，"美稀莎"系列珍珠纪念品开发研制成功了。

2005 年春天，又是一个旅游旺季，周明推出了自己的独家"美稀莎"系列珍珠纪念品。一下子受到了各地旅游客人的青睐，推出的第一天销售额就达到了 2 万多元。望着精细秀美的"美稀莎"系列珍珠纪念品，想到丰厚的旅游纪念品收入，周明那是高兴得合不拢嘴。于是，周明趁热打铁，和许多旅游公司签了作为旅游参观点的合同。就这样，公司的"美稀莎"系列珍珠纪念品随着各地游客流到了全国各地，乃至世界各国。一下子，"美稀莎"就成了海南有名的旅游代表作。游客们认为，"美稀莎"不仅精致独到，而且生动地反映了中国的传统文化。

经过几年的打拼，周明的旅游纪念品在海南做得风生水起，可周明隐隐约约地感到，海南的旅游纪念品市场正在走向饱和，竞争已经接近白热化程度。于是，周明又开始考虑转行开辟新的领域了。

周明天天看新闻，找信息。一天他看到香港、台湾老板投资农业很赚钱，国家对农业非常重视，有很多优惠政策，他觉得农业的春天就要到了。于是他对农业又产生了兴趣，决定投资农业。2008年8月，周明把在海南旅游纪念品公司的股份转让了，带着原来的本钱和赚来的100多万元，回到了公安县……

流转土地创业　　高效益激发做大做强念头　　高起点建农业科技园

回到了公安县，周明筹划着具体的农业项目，忙于县内有名的农业项目的参观考察。2009年春节期间，他所在的斗湖堤镇镇政府召开了一个回乡创业人员大会，鼓励大家投资设施农业，镇里的农业技术员还专门讲解了设施农业广阔的发展前景。会后，周明开始思考投资项目。他根据镇政府动员，结合自己在本地的参观考察，决心投资设施农业。他凭着多年创业的经验和敏锐性，决定外出考察。他要到全国设施农业做得最好的地方去学习他人的先进经验。于是，他先到设施农业发源地的山东寿光市稻田镇进行了参观考察，再辗转到浙江、福建学习农业大棚技术。经过3个多月的学习考察，周明回到了公安县。他下定决心做设施农业，他遇到的最大困难是土地问题。没有成片的土地就不可能做成设施农业。于是，他找到镇政府领导，提出希望领导帮助协调流转成片土地70亩的要求。经过多次商谈，最后以每年每亩800元的价格在城郊高强村流转了70亩土地，由于初次涉足设施农业，他签订了15年的流转合同。

周明用3个月的时间，投资100万元建起了60个农业种植大棚，建起了配套的办公室、养猪场。为了提高设施农业的科学性，他按照循环农业的要求，建起了"150模式"养猪场。为了帮助周明，公安县政府也安排了专门的技术员上门作指导。加上周明有外出参观考察的经验，很快一个像模像样的循环农业设施就建起来了。

2010年，周明从公安县农业局得知长江大学开办农业创业培训班，于是毫不犹豫地报名参加了学习。在学习班上，周明认识了很多同行，经过和同行之间的交流，听专业老师的讲授，解开了心中的一个疙瘩。虽然周明建起了农业种植大棚，但一直不知道种植什么品种，发展的方向不明。经过这次学习，周明确立了设施农业的发展方向，就是发展高端名优果蔬。初步确立了以种植西红柿、黄瓜、茄子、辣椒4大品种为主，并在其中套种丝瓜、苦瓜的立体栽培高效模式。公安原本土地肥沃，气候适宜，加之大棚可以改变自然气候环境，生产反季果蔬，这样，一年四季都有新鲜果蔬上市，周明的果蔬获得丰收。

从长江大学农业创业培训班学习结束回到公安县，周明一直在琢磨成立农民专业合作社的事，他想做强做大延长产业链。说来也巧，那是2011年初的一个晚上，周明和一伙圈里的朋友在一起吃晚饭，他们海阔天空地聊天。一下聊到了产品的销售，周明想起了刚刚学习的农民专业合作社的一些知识，提议成立农民专业合作社。大家一拍即合，认为现在生产规模大了，一年四季都有新鲜果蔬上市，应当成立自己的专业合作社。于是，很快达成共识，5个朋友作为核心成员，发起成立了公安县健明蔬菜专业合作社。合作社一方面统一规划果蔬生产，另一方面谋划实行产供销一条龙的服务。合作社出资 60 万元在公安县楚丰农产品销售市场购买了 2 个门面，建起了第一家果蔬配送中心，新鲜果蔬直接从这里送往学校、酒店、餐馆，一下在县城有了知名度。为了防止他人的果蔬在销售上搭便车，合作社想到了注册自己的特色商标。周明结合在长江大学培训班上学习的知识，将商标定为"健民绿农"。做好设计后，他通过朋友介绍，直接到北京找到了一家商标注册代理公司，花了 3000 元钱，办理商标注册。2011 年下半年，合作社的商标注册公示了。从此，"健民绿农"果蔬就在公安县城走进了千家万户，走进了学校、酒店、餐馆。"健民绿农"在县城的知名度越来越高了，这个商标成了公安县人们购买果蔬时购买健康、购买绿色的代名词。一年下来，合作社获得了丰厚的收入，周明也从设施农业上赚到了 30 多万元。一算账，周明觉得划算，每个棚子赚到了 5000 元左右，利润是普通种植的 3 倍以上。

周明是一个具有现代农业头脑的人，他不是用手在种果蔬而是用头脑在种果蔬。2011 年上半年他到农业局申请无公害认证。经过土样、水样、空气化验等一系列的检测，只花了 8000 多元，周明的果蔬就通过了无公害认证。这样一来，他的果蔬在市场上成了抢手货，不仅俏销公安县城，还有荆州城区的一些大型超市也找上门来了。这样，合作社生产的果蔬就供不应求了。为了满足市场需要，降低生产成本，经合作社理事会商量，决定扩大种植规模。

采取什么方式扩大规模呢？为了既扩大种植规模，又能带领农民致富，他们采取吸收农民入社，由社员带土地入社，由合作社统一经营分户管理的办法，一下新扩大社员 40 户，统一建成 200 亩大棚基地，分户承包管理。每习惯亩（1000 平方米）每年按 600 多元承包，社员根据能力大小自愿承包大棚。合作社统一技术指导，统一销售，统一购置种子、肥料，统一品牌。合作社社员每亩毛利润可以达到 1 万元，是原来传统棉花种植的 4～5 倍。

"健民绿农"果蔬出名了，产品供不应求。但也有人生产的果蔬由于缺少品牌，产品销路不畅。于是，公安县杨场镇 30 几户农民找到周明的健明蔬菜专业合作社，要求合作社帮助销售自己生产的蔬菜，周明毫不犹豫地答应了，并吸收这些农户加入了自己的合作社，并在当地建立了合作社分社。

2011 年长江大学开办农民专业合作社理事长培训班，周明知道这个信息后，又积极地报名参加了培训班的学习。人们不解地问他，你已经参加过学习了，为什么还要参加。周明说，我参加学习收获大，但感觉自己还是没有学好，还有好多知识要学习！周明学习结束，回到公安县，在他心中正酝酿着扩大合作社规模。2011 年他的健明蔬菜专业合作社被评为公安县十佳合作社。

2012 年又有很多农民找到周明，要求加入他的合作社。考虑到这些人生产的土地和自己的土地不在一处，于是，他又建立了一个合作社分社，发展分社社员 30

多户，种植面积增加了 170 多亩。虽然合作社的分社不断增加，但产品仍然供不应求，于是，周明在高建村又流转了 500 亩土地，建立了露地蔬菜生产基地，每亩每年租金根据土地质量定为 400～600 元，合同签了 16 年。为了带动当地农民致富，合作社请当地农民承包蔬菜生产基地。至此，他的合作社成员发展到 116 户，土地1600 多亩。

为了提高自己的生产经营和管理水平，2012 年他随湖北省农合办到台湾考察7 天，他认真参观考察。7 天的时间很快就过去了，这次考察对周明触动很大，虽然他的专业合作社在公安县已经算是做得很不错了，但和台湾的农民专业合作社比还有很大的差距。于是，他决定提高自己合作社的水平，建立农业科技园。

为了高起点、高标准地建设农业科技园，他虚心地到公安县农业局咨询专家，专家们给他详细讲解了农业科技园的建设标准，并表示只要建成标准的农业科技园，国家财政可以支持 50 万元。于是，他提交了建设标准农业科技园的申请，对于建园所需土地，公安县政府给予了极大的支持，县政府安排县国土资源管理局，以设施农业附属设施用地予以批准。周明严格按照标准农业科技园进行了规划，整个农业科技园占地 300 多亩，其中 200 亩是农业部规定的设施蔬菜标准示范园，10 亩是附属设施用地，另外建试验示范场、育苗工厂、冷藏加工车间、科技培训楼。周明的标准农业科技园设计完成了，他的合作社也顺利发展，取得显著成效。这一年，他的合作社又上了个台阶，获得了荆州市示范合作社称号。

2013 年是周明的事业跨越式发展的一年。上半年他按照规划集中做标准农业科技园建设，经过 10 个月的努力，终于建成了。同年 11 月通过了湖北省农业厅的验收，国家的 50 万元资助款也如期到账。在周明的事业顺利发展的同时，喜讯接踵而来，周明创办的公安县健民蔬菜农民专业合作社获得了湖北省示范农民专业合作社称号，周明的心里充满了无尽的喜悦。看到气派的标准农业科技园，周明对未来的发展充满了信心。虽然现在实现了大棚果蔬种植、工厂育秧、科技培训一体化，但还缺蔬菜加工。想到这儿，周明心里总觉得堵得慌，他想一定要想办法把蔬菜加工厂建起来。

有一天，周明习惯性地在电脑上浏览新闻。突然，他眼睛一亮，看到公安县财政正在招标，准备资助建立蔬菜加工厂。周明觉得机会来了，立马写申请，参与投标，凭实力中标，争取到了县财政立项。经过几个月的努力，2013 年底蔬菜加工厂建成完工。这样，周明筹划的农业科技园整体建成。合作社辐射带动农户达到 500 多户，经营土地面积达到 5000 多亩，合作社全年销售收入达到2800 万元。

社会学有个马太效应原理，这个原理认为"当你得到一点的时候，你就可以得到许多"。这个原理在周明身上灵验了，当周明创业事业一件接一件成功发展的时候，好事又来了。2014 年初，公安县农业局把一个水稻育秧项目放在了周明的农业科技园，农业局支持 30 万元建育秧工厂。周明按照规划，投资 70 万元建成了工厂式育秧棚，并在当年投入使用，育出的秧苗供合作社社员和周边农民种植，育出的秧苗供应了 1300 亩稻田的栽种。与此同时，2014 年 6 月周明的蔬菜加工厂项目顺利通过验收，财政支持的 42 万元资金到位。

一个现代化的农业科技园完全建成了，而且发挥出了很好的作用。健明蔬菜农民专业合作社成了真正的新型农业经营主体，合作的效益非常明显。2014 年 6 月，周明创办的健明蔬菜农民专业合作社被评为国家级示范合作社。为了使这个农业科技园区的功能更加齐全，周明在 2014 年 7 月向公安县农业机械管理局申报了冷库建设项目，准备建 50 个 90 立方米库容的冷库，为合作社社员果蔬保鲜服务。

周明创业成功了，他的创业事业一年一个样。他凭着自己敏锐的眼光，在创业的路上一步一个脚印，步步提升，步步成功。他带领着自己的合作社，在现代农业的道路上阔步前进……

专家点评：周明创业成功了，他从事过很多行业，每个行业都做得风生水起。分析他成功的经验，有以下几点值得借鉴。

一是对事业有强烈的追求。一个人创业能否成功，关键看他是否真想成功，也就是说看他是否有强烈的追求。一般人缺乏毅力，在开始创业时，缺乏全面思考，是因为跟风而开展创业。创业过程中也是抱着无所谓的态度。而周明从小就对财富有强烈的追求，因此，有强大的创业动力。

二是对项目有精心的准备。周明在农校学习两年后辞学创业，起步是养兔，继而饲养山羊。这些都是源于周明在农校是学畜牧专业的，在学习期间，他是带着创业理想开展学习，学习的知识为他创业奠定了良好的基础。在以后每次跳槽转换项目中，也是事先去考察，甚至打工，熟悉项目的全部流程，掌握其中的关键技术，然后，再开始自己的项目。

三是对环境有敏锐的认识。周明凭着对事业的强烈追求，对选择项目有独到的眼光，能准确判断宏观经济发展的走势，了解项目的发展前景，能时常关心国家政策，懂得适时调整创业项目。

四是对大势能巧妙地借鉴。纵观古今，凡成功者都会借势，即顺势而为。周明的成功也得益于借势，他响应国家号召开展农业创业，充分享受了国家的扶持政策，及时设计规划了标准化的农业科技园，进而又建起了农产品加工厂、育秧棚、冷藏库等。不仅获得了国家的项目支持，还在较短的时间内把一个专业合作社建成了国家级示范合作社。

立体农业开发展示无限生机

——荆州市祺星养殖有限公司发展纪实

荆州弥市，一个不起眼的小镇。这里东连荆州市区，西接松滋大地，南通湖北省公安县、湖南省临澧县、澧县等地，北临母亲河长江。弥市镇属江汉平原地带，土地肥沃，物产丰富，是传统产业粮棉油的重要生产基地，素有鱼米之乡之美称。然而，由于地少人多，加上传统农业的附加值低，大部分年轻人都外出打工，土地留给了老人和妇女，演绎着中国的传统农耕。随着农民创业培训工作的开展，部分有志人员利用所学知识，对传统农业实施改造，谱写出了许多美好的创业篇章……

熊孝陵，一个年轻漂亮的女士，身高 1.65 米，一笑脸上俩酒窝，给人一种甜甜的自信和百折不挠的感觉。她是一个注定与中国经济改革和创业致富结缘的人。1981 年初，她出生在荆州弥市镇农村，那一年正是中国的中心工作开始转移到经济建设上来的一年。高中毕业后，她一直在创业的路上探索，开办过打字复印社，创办过信息服务部，虽然小有收获，日子过得安稳，但她并不满足。2009 年，国家号召农民创业致富办企业，并给予立项扶持。熊孝陵敏锐地意识到真正创业的机会就要到来了，为此，她开始了自己创业致富的探索，她历经多次失败和曲折，在坚韧不拔的意志支撑下，靠科技知识，于 2011 年 3 月创立了荆州市祺星养殖有限公司，并成为公司董事长。这一年她在前两年艰难探索的基础上，获得了黄粉虫人工养殖的成功。2012 年她参加了长江大学农业创业培训班的学习，实现了个人自我知识的完善和充实。回到公司后，她利用所学知识，大胆构思和实践立体农业模式，经过一年的努力，实现了黄粉虫人工养殖批量生产，2013 年完成了立体农业开发的构建，一个集黄粉虫养殖、野生青蛙养殖、泥鳅养殖、乌骨鸡养殖和葡萄种植于一体的立体农业开发公司初步形成，实现了同一块田地种养殖一体化的综合利用，生产出来的产品绿色环保，远销广西、云南、四川、福建、浙江、湖南等省，市场不断开拓，产品供不应求，表现出无限的生机和活力……

立志农业创业　选定黄粉虫养殖项目　遭遇失败不回头

熊孝陵是土生土长的弥市镇刘家桥村人，在他们村子人们都从事着传统的棉花、小麦种植，熊孝陵的公公是个退休教师，在镇上开了家打字复印店。生意说不上好，但也积累下了一些存款，过日子也还算不错。2009 年初，一家人盘算着下一步的生意发展，展开了家庭讨论。熊孝陵的先生根据现有的生意状况，提出再投入20万元扩大店面，把打字复印做大做强。可熊孝陵认为，打字复印是传统的行业，有没有业务做自己很难掌控，而且弥市镇就这么大一点地方，不可能打字复印业务一下子就有大的发展，这并非是加大了投资就一定是有回报的，20万元的再投资实在是风险太大。那么，投资做什么好呢？大家也没了主意。

一天闲来无事，熊孝陵在网上随便浏览，突然一条消息映入了她的眼帘，引起了她的兴趣。网上说人工养殖黄粉虫有很好的前景，黄粉虫蛋白质含量高，是用来养鸡、养鱼的好饲料，还可以用作食品原料。那么投资养殖黄粉虫到底可不可行呢？熊孝陵作了认真的思考，她想到弥市镇紧靠长江，多条河流与长江相联结穿镇而过，这样就形成了许多鱼塘。水产养殖本来就是弥市的传统，这些年又得到了很大的发展。就弥市镇现实的情况看，每年所用饲料就需要添加鱼粉近4000吨，而黄粉虫的蛋白质含量高，完全可以与进口优质鱼粉媲美，成为替代鱼粉的添加剂。再说养黄粉虫占用地方少，不需要繁重的体力劳动，资金投入量也不是很大，养殖管理也很粗放，应当是一个不错的项目。于是，她提出了黄粉虫人工养殖的设想。熊孝陵的想法得到了全家人的一致支持。就这样，一个新的项目在熊孝陵的主张下开始了。意想不到的曲折在等待着她……

2009年6月，熊孝陵从网上找到黄粉虫的供种地址和联系方式，从襄阳市某黄粉虫养殖基地购回10公斤黄粉虫，每公斤60元，用20个纸箱运到了弥市镇，购买黄粉虫花了600元，纸箱花了70元，共开销670元，就这样熊孝陵的事业就从这小小的黄粉虫开始了。当时熊孝陵家住弥市镇上一栋三层小楼内，她在家从一楼找到三楼，不知将这些宝贝安放在哪里好，生怕出了什么意外。经过反复比较，她觉得楼顶安静也安全，平时家里人上去得少，她就在顶楼找了间20平方米的房子将这些黄粉虫安顿了下来。她按网上介绍的情况，花了350元请木工师傅做了20个饲养黄粉虫的木盒子，将购回的黄粉虫散开放在木盒子里。结果发现里面既有幼虫，也有成虫，还有黄粉虫蛹。她在木盒子底层放上一层纸，分别将这些宝贝放入木盒子。由于怕把这些宝贝干死，她坚持天天喷水，生怕出了什么意外。

时间一天天过去，可那些虫蛹却仍然不见动静，熊孝陵的心也一天天紧张起来。不知不觉一周过去了，部分虫蛹不仅不见动静还变黑了，她实在放心不下，剥开一些发黑的虫蛹一看，顿时傻眼了，里面的虫都死了！熊孝陵心里凉了半截。怎么办？她立马上网查资料，按照网上的说法，是喷水时明水太多了，把虫蛹闷死了。按照网上的介绍，她买回了加湿器，但室内湿度计显示，室内湿度不够。她又将20平方米的房子分成两间，放虫蛹的那间她选择用传统的煤灶来提高水温，让水蒸发出来，再通过水蒸气来提高室内湿度的办法。经过这样改造后，她发现仍然有虫蛹死亡。她打电话咨询卖种的老板，听了她的情况介绍，别人告诉她主要是盛虫蛹的盒子透气性不够导致的。她又将那些木盒子底下钻上洞，垫上尼龙网。经过这番改造，基本上 80% 的虫蛹都化成了虫，而且产下了虫卵。一下子熊孝陵又高兴了起来。可是虫卵经过 10 天的孵化，却仍然不见幼虫。这又是怎么回事呢？她又上网查资料，网上说这应该是由于湿度过高，可能滋生了螨虫，虫卵可能被螨虫吃了。于是她逐一进行检查，果然如网上所说，尼龙网上长满了螨虫。这时，她又悲痛又伤心，可又不敢公开哭，只好偷偷地抹眼泪。

她不声不响地将长满螨虫的尼龙网拿出来，把螨虫从网子上抖落下来，在场子里用火烧掉了。为了解决长螨虫的问题，她又上网查开了资料。通过网上查询，她得知饲养黄粉虫的室内，温度必须控制在 25～30℃，湿度控制在 60% 以上，而且成虫在低于 20℃ 及以下就不产卵了。根据网上的资料介绍，熊孝陵又买回了温度计、湿度计等一些必备的测量器具，认真开始了按科学的方法饲养黄粉虫。时间不知不觉到了 2010 年 5 月，经过反复失败后，各种技术问题终于解决了，黄粉虫小规模养殖获得成功。当初的 10 公斤种虫终于繁殖出了 250 公斤幼虫。可这种小规模养殖只能当作一种乐趣，要是想出效益那还无从谈起，那又怎么能当成一种事业呢？苦闷仍然伴随着熊孝陵……

注册养殖公司　批量引种虫遭遇打击　坚韧不拔终成功

熊孝陵一直在想，要想把黄粉虫养殖当着一种事业来做，必须要有规模。发展养殖规模关键是要有适宜的场地和资金。熊孝陵找到弥市镇代秋红书记汇报了自己的想法和面临的困难。代书记详细询问了黄粉虫养殖可能的效益，需要的场地大小。熊孝陵详细汇报了黄粉虫可以替代鱼粉，可以用来做饲料养鸡、养鸭，还可作为养猪饲料的添加剂。弥市镇作为传统的养殖乡镇，发展黄粉虫养殖应当有很好的前景。代秋红书记对熊孝陵立志创业的想法给予了肯定，并告诉她要先有项目才能征地，最好要有农业公司或者合作社，有一个农业经营主体才好操作，可以先做一个可行性报告。熊孝陵立马做了一个可行性报告，提出了发展黄粉虫规模养殖，带动周边农民一起养殖的设想。计划 2012 年在本镇带动一批能出售鲜虫的普通养殖户及有繁育能力的标准养殖户，2013 年发展普通养殖户 50 户，标准养殖户 5 户。2014 年发展普通养殖户 200 户，标准养殖户 20 户。2015 年发展普通养殖户 1000 户，标准养殖户 100 户。

熊孝陵的想法得到了代书记的大力支持，代书记考虑到小熊刚刚准备开始创业，经济上也有不小的困难，如果自己买一块 20 多亩土地的使用权，怎么说也得300 万～400 万元，刚刚开始创业正是用钱时期，哪来那么多钱呢？因此，代书记给小熊推荐了一块荒地。这块荒地以前是一个废弃的工厂，占地 12.5 亩，还有 3排平房，有 200 多平方米建筑面积。如果租赁，只需一次性向原来的用户付 8650元补偿费，以后每年向镇上交 5000 元租金就可以了。熊孝陵觉得代书记的话在理，就抽空去看了那块土地和房屋，虽然房顶已经烂了，但土地很平，房屋结构还不错，于是，小熊决定租下来。

2011年3月1日，小熊以个人股东的方式注册了荆州市祺星养殖有限公司，公司注册资本20万元，经营范围是黄粉虫养殖、青蛙养殖、家禽养殖、果木种植等农业开发。公司注册完成后，小熊立即投入到了公司养殖场地的租赁之中。2011年4月17日，正是春风送暖的时节，在弥市镇政府办公室，小熊和镇领导签订了租赁合同。租期3年，3年后可以续签，价格再议。场地租下来后，小熊立即投入到了资金的筹措之中，她找到农业银行进行协商，按照农民创业的政策，一个人只能申请不超过5万元的小额贷款。熊孝陵想：创业虽然不说全部指望贷款，可5万元实在是太少了，就连修缮养殖黄粉虫的房屋都不够呀。怎么办呢？这事并没有拦住熊孝陵。经过政策咨询，一个解决贷款的办法很快就有了。她动员公公、婆婆、姐姐、哥哥帮忙到银行贷款，共获得贷款20万元，加上自己家里多年来积累的40多万元，就凭着这60多万元资金开始了自己的创业路。

为了营造一个良好的经营环境，小熊投资15万元，修通了从公路到公司养殖基地的路，并买回了砖、石灰、水泥等原材料，花费15万元做好了养殖基地的围墙和公司门牌。投资10万元对3排平房屋顶进行了翻修，投资10万元购买了黄粉虫养殖设备，还剩10万元就准备购买种虫。为了便于公司的长期发展，小熊投资5400元建起了公司网站，开通了网上营销业务。经过近1个月的努力，一切准备就绪。可大规模养殖还需要批量的种虫，该到哪里去购买呢？

当然，熊孝陵首先想到了原来购种的襄阳市的供种处。同时，熊孝陵也想到了未来规模化生产后的销售市场。虽然从理论上说，黄粉虫有广阔的市场需求，应当是不愁销的，可大批量生产后，在销售渠道没有建立起来之前，市场仍然是影响黄粉虫养殖的关键因素。这样，熊孝陵就不得不和种虫经销商谈起了商品虫的回收问题。在双方的商谈中，不管小熊怎么说，经销商就是不松口，这样，在小熊的销售渠道暂时还没有建立起来之前，可能会有一段时间面临市场瓶颈。为此，小熊一方面同意再考虑一下，另一方面决定再另觅购买种虫的新渠道。

这时小熊又想到了网络。她在网上反复搜索，对几家黄粉虫供种公司的情况进行了解。经过网上资料比较，她初步选择了位于中国某某大学的某某惠民（北京）生物技术有限公司的某某某某II号黄粉虫，并初步拟定为第一购种单位。她想中国某某大学毕竟是我国农业科学的最高学府，那里对黄粉虫的研究应当是最权威的，供应的种虫也应当是最好的。她本着对科学的信任，拨通了网上公布的该公司的电话。电话是位姓白的女士接听的，当听说小熊要引黄粉虫种虫时，白女士本来动听的声音格外动听，仿佛能把一个没有欲望的人的欲望从中勾起似的。白女士特别关心地告诉小熊："我们公司在湖北还没有代理商，你是否想拿省级代理？"小熊问道："拿省级代理需要什么条件，有什么要求呢？"白女士告诉小熊："你只需要向公司交纳 14.8 万元的加盟费，就可以成为省级代理商！"并接着说："公司可以向你提供 1000 公斤的种虫，并可上公司学习 15 天，只要到本公司引种，本公司包商品虫回收，回收价每公斤 7.5 元。"白女士的介绍一下把小熊的积极性调得更高了。小熊想：虽然从理论上讲黄粉虫市场前景广阔，但刚开始创业，一旦产品多了，市场销路从何下手，仍然是个问题。这家公司不仅提供种虫，还包销产品，这是多么保险的事呀！小熊当即向这家公司指定的账号汇去了 14.8 万元，并购买了去北京的机票。

熊孝陵怀着兴奋不已的心情，内心充满了无限的期待和对未来事业的美好想象，在三峡机场登上了飞往北京的飞机。随着飞机的上升，小熊的心早已飞到了北京，她想象着未来事业的发展，心情变得更加激动起来，想着想着，不知不觉在飞机上睡着了。她梦见自己站在一个巨大的养殖场，10 多排平房里全是黄粉虫，自家公司停车场停满了等待购买黄粉虫的汽车，工人们用推车一车接一车往汽车上运送着整箱整箱的黄粉虫。一个急需购买黄粉虫的老板因黄粉虫供不应求，变得焦躁起来，拍着熊孝陵的肩膀说，你就先卖给我吧。她睁眼一看，原来是空姐在拍自己的肩膀，飞机已经到首都机场了。小熊带着尚未做完的梦，多少有些遗憾地走下了飞机。

按照网上介绍的路线，很容易她就找到了位于北京市海淀区中国某某大学西校区、中国某某国际创业园的这家公司。公司负责接待的是白女士，听了小熊的介绍，查验了交款单，便带着小熊在创业园附近的一个小旅馆住了下来。第二天小熊便开始了她的黄粉虫养殖学习生活，说是学习，其实也就是讲了养殖的流程和黄粉虫养殖的前景。转眼到了 2011 年 5 月 25 日，15 天的学习生活过去了。公司按照承诺为小熊装好了 400 箱黄粉虫，每箱 2.5 公斤。这时室外气温已经达到 27℃，小熊担心气温太高，引回的黄粉虫会不会承受不了。于是便向公司提出是不是加点冰块。公司负责帮助发货的技术人员说，不用加冰，保证到家虫不会死亡。听到技术人员这么说，小熊也不好坚持，就按公司说的没有加冰，将 400 箱黄粉虫种虫搬上了从北京开往荆州的客车。小熊交了 3000 元的货运费，车就向着荆州出发了。一路上，小熊是既兴奋又担心，兴奋的是自己的事业就要成功了，梦即将实现。可凭着她的直觉，总担心气温太高，黄粉虫种虫会出意外。

汽车经过近 20 个小时的颠簸，于 26 日凌晨 2:30 到达荆州弥市镇，小熊不顾疲劳，和老公一起将 40 箱满载着希望的种虫拖回到了公司。立即打开来看，结果吓了一大跳，种虫全部变黑了，这分明是死了。立马，小熊的眼泪就哗啦啦地流了下来。这可是花 14.8 万元买回来的呀，它可是小熊的全部希望呀！看到小熊伤心的样子，她老公只好反复安慰，叫她别伤心，天亮了跟公司联系，总会有办法的。从凌晨 3 点苦苦挨到 8 点，小熊迫不及待地拨通了北京公司的电话，接电话的是一个称为黄老师的男子。当小熊说完情况后，黄老师肯定地说："那绝对不可能，你把死亡的种虫照片发过来！"

小熊立即把 40 箱已经死亡变黑的种虫拍了照，从网上传到了北京的公司。很快北京的公司同意补发 300 公斤种虫过来，而且不再另外收费。北京公司的承诺总算给了小熊一点点安慰。接着北京的公司分 6 次，每次 50 公斤，共发了 300 公斤的种虫过来，可虫一到仍然全部是死亡的虫。小熊只好耐着性子和北京的公司交涉，并提出是不是气温太高所致，希望北京在发货时能改包装加上冰块。可北京的公司硬是不同意改包装，以后再打电话，那边不接了。荆州到北京路途遥远，能有什么办法？就这样，14.8 万元的加盟费打了水漂！一颗火热的创业之心遭遇到了无情的打击！

经过一段时间的沉思，小熊被打击的心在时间的冲刷下，慢慢又恢复了往日的活跃，创业的激情又高涨起来。这次她要吸取教训，先到供种地去考察，再作决策。2011 年 8 月，她又上网查找信息，这时江苏省泰州市一个叫秦春林的黄粉虫养殖大户的信息引起了她的关注。通过电话联系，她很快找到泰州秦老板家，在秦老板的引导下，小熊全面参观了秦老板的养殖场，她看到这里的黄粉虫种虫活力十足，便和秦老板谈好了购种协议，每公斤 80 元，购种虫 500 公斤，同时，以每张 40 元钱的价格，购进黄粉虫卵块 200 张。付完款后，就地找车再次将希望运回到了弥市镇。这次小熊小心翼翼地饲养着，生怕有什么闪失。3 天后，仍然出现了一片死虫，经过清点，死亡率差不多有 30%。这是什么原因呢？

小熊找来长江大学昆虫专家帮助诊断。经过专家的研究，泰州秦老板卖给小熊的不是种虫，而是商品虫。卵块经过 15 天的孵化，仍不见幼虫，经过认真检查，发现孵化出来的虫太小，全漏在垫上，大部分死亡了。她小心翼翼地将剩下来的虫用土豆和麦麸仔细喂养着。时间一天天过去，剩下来的虫不仅没长大，而且在萎缩。到第 30 天时，基本上全部死亡。小熊急忙上网查找原因，网上说土豆淀粉过高，不适宜饲养黄粉虫。就这样，4.8 万元购种虫的款又打了水漂！

小熊真是欲哭无泪，欲罢不能。伤心过后，她再次将电话打到江苏泰州秦老板家，希望秦老板能再补点种虫过来，可秦老板说："非常遗憾，家里的黄粉虫全部卖完了"。怎么办，是就此打住，还是继续探索？小熊犹豫了，经过了激烈的思想斗争，她深知坚持下去，仍然可能失败。就此罢手，可心有不甘！最终她仍然决定沿着农业养殖这条路走下去。她再次上网查找关于黄粉虫养殖的信息。这次，她变得格外小心谨慎，对各种信息反复比较，从中甄别真伪。经过比较，河南焦作一则个体户养殖黄粉虫的信息引起了她的注意，她依然按网上的电话找到了黄粉虫养殖个体户王盼，并加了 QQ 好友，在网上进行了仔细的了解。这是一个 26 岁的年轻小伙，对黄粉虫养殖充满了激情。两个同样对黄粉虫养殖事业孜孜以求的青年很快就成了好朋友，王盼向小熊详细介绍了他的养殖经历和经验，并希望小熊能到他的养殖场参观，而且表示会毫无保留地把自己的养殖经验传授给小熊。

2011 年 11 月的一天，小熊带着满腔的希望，怀着复杂且忐忑不安的心情向河南出发了。来到王盼的养殖场，王盼热情接待了小熊，带着她对自己及周边养殖户的养殖场进行了仔细参观。经过仔细观察，小熊有了许多新的发现。她发现这里房间养殖黄粉虫的密度比自己的要小些，每排养殖架之间有较大的距离相隔，房间留了很多通风口。小熊看到王盼这人诚实可靠，决定在他那里再次购买种虫。经过精心挑选，从王盼的养殖场选出了 100 公斤种虫，以每公斤 200 元的价格签合同了。并承诺黄粉虫如果在养殖过程中出现不产卵或死亡现象，王盼亲自到小熊养殖场作技术指导，直到黄粉虫正常产卵，孵化出成虫，一切生长正常为止。看到王盼如此诚信，小熊的心稍稍放宽了许多。就这样，40 箱黄粉虫种虫再次运到了荆州弥市祺星养殖公司。小熊按照从王盼那里学来的养殖方式进行养殖。

一个月过后，又出现黄粉虫死亡现象。小熊将自己养殖场的情况打电话告诉了王盼。王盼同意过完春节就过来现场指导。2012 年春节刚过，王盼就如约而来，还带来 50 公斤种虫送给小熊。看到小熊空空的养殖场，王盼立即指导小熊对养殖场设施进行改造。先是将养殖场的房间全部进行了消毒，接着将原来养殖用的木架子锯短了一截，实行开窗通风，在自然环境中养殖。这次，小熊全面采纳了王老板的建议，再次养上了王老板带来的种虫。王老板看到小熊一切安排妥当，便决定离开，临走时恳切地说："这次保证你养的虫再不会死了！"看到王老板这么肯定的态度，小熊悬着的心终于放了下来。她再也经不住打击了！

经过 2 个多月的养殖，已是春风吹拂，杨柳吐绿的时节，种虫该化蛹了。可在化蛹过程中仍有 50%死亡。小熊又上网查资料，分析可能是房间温度和湿度所致。她自己在养殖房间用不同温度、湿度进行试验，经过观察，探索出了最适宜黄粉虫化蛹的温度和湿度。这次成活了 35 000 只虫蛹。一个星期过去了，结成的蛹慢慢变成纯白色，一天以后又变成红黄色。又一个星期过去了，蛹变成了成虫，一周后产卵了。2012 年 9 月，多年来的失败终于成功了，这次共产了 4000 公斤幼虫。小熊留下 250 公斤作种虫，其他的就准备出售了。她马上在网上发布了黄粉虫销售的信息。过了 15 天就接到购虫电话，接着订货的电话接踵而来，有湖南的石蛙养殖大户，有仙桃市养殖美国青蛙的公司。小熊创业的动人故事，引起了湖北电视台垄上行频道的关注，该频道画龙点睛栏目进行了 10 分钟的专题报道，引起了黄粉虫市场的震动。沙市一个孔雀人工养殖基地通过垄上行联系到小熊，和她建立了长期供货关系。由于小熊讲诚信，这些老板又帮小熊介绍客户。就这样，小熊一下子就建立起了和云南、四川、福建、浙江、广西等 5 省（区）30 多家用户稳定的供销关系。

参加创业培训　构思立体式农业项目　无限生机初显现

黄粉虫养殖获得成功给了小熊很大的鼓励，也让她真正体会到了知识的重要性。2012 年冬，她报名参加了长江大学农业创业培训班。在班上她结识了许多和她一样创业的同行，眼界更开阔了。她觉得创业老师讲得很有道理，听起来好像很普通，可自己以前怎么就没意识到呢？她像久旱的禾苗突然遇到甘霖，从老师讲解的一点一滴中吸取着创业的知识营养。

结束短暂的培训回到养殖公司已是年底，她怀着激动的心情进行了公司年终决算。2012 年，小熊创业探索终于获得了成功，这一年公司共出售商品黄粉虫 2 万多斤。望着充满无限生机和活力的黄粉虫，她看到了创业成功的希望。她长长地舒了一口气，心中充满了无限的感慨！

她并不想就此止步，她创业的激情完全被调动起来了，她希望公司能有一个大的发展。她按照所学知识，结合所从事的产业进行了产业链的规划。这次她没有盲目投资，而是请教咨询长江大学培训专家。2013 年初，长江大学培训中心负责人带着专家组来到熊孝陵的公司进行了实地考察，对她的投资方案进行了科学的论证，并帮她进行进一步完善，特别提醒她要注意的几个环节。专家组认为利用黄粉虫延长产业链，从事立体农业开发，应当大有可为。听了专家的鼓励，她更加充满了信心，她心中暗暗下定了决心……

她将养殖房旁边的 2 亩空地进行规划，开挖成了沟渠状养殖池，沟底铺上加厚塑料薄膜，再铺上一层土，沟渠上搭起葡萄架，沟渠两边种上了 180 株市面上最优质的金手指葡萄苗。2013 年 4 月中旬，她从附近野生青蛙饲养场购回了青蛙小蝌蚪 3 万多尾，并从市面上购回了一批小泥鳅，一并放入了沟渠中。还请来了水产技术员到公司现场指导。这一切完成后，她购回 500 只乌骨黑鸡苗，放在葡萄架下散养。就这样，一个新型的立体农业公司已初见雏形。黄粉虫喂养乌骨黑鸡，鸡粪便肥葡萄，葡萄给沟渠中的青蛙遮阴，青蛙排泄物喂养泥鳅。

2013 年的创业在比较平稳的过程中过去了，黄粉虫繁殖出产 20 000 公斤，还建立起了黄粉虫养殖联营公司，在弥市镇带动了 5 家黄粉虫养殖专业户，在周边的湖南省常德市、岳阳市、益阳市、湖北省宜昌市、孝感市带动发展黄粉虫养殖公司、专业户共 40 家。熊孝陵的祺星养殖有限公司对这些扶持的加盟户实行统一供种，商品虫公司采取自愿的原则进行回收，回收价每公斤 16 元。培育出成品青蛙 300 公斤，全部在沟渠中自然越冬，作为种蛙。500 只乌骨黑鸡全部卖出，产值 4 万元。葡萄长势喜人，2014 年开始挂果。

受到立体农业鼓舞的熊孝陵，2014 年初又以每亩每年 500 元的价格流转了土地 60 亩，建设起了黄粉虫—青蛙—泥鳅养殖基地。初夏时节，我们来到了熊孝陵的立体养殖基地，一阵青蛙鸣叫声，美丽而动听，把我们带进了现代立体农业的梦境中。当被问到公司今年可能的收益时，熊孝陵笑着说："预计 2014 年黄粉虫、青蛙、乌骨黑鸡和泥鳅等，立体综合项目可以实现产值 591 万元。"听了熊孝陵的介绍，我们真心地为她高兴。

2014 年 11 月，我们又来到了熊孝陵的立体农业种养基地。基地门前挂着大幅牌匾，上面写着"湖北省新型职业农民孵化基地"，我们表示了祝贺，并和熊孝陵讨论了她公司的未来。熊孝陵兴奋地说："公司已经粗具规模，现在除了自己创业外，重点要做好新型职业农民的培育孵化工作，争取每年培育孵化新型职业农民 300～500 人，带动一方农民共同致富！"得知熊孝陵经理充满创业激情的计划，我仿佛看到了中国农业未来的发展方向，感受到了立体农业的无限生机和活力……

专家点评：熊孝陵创业终于成功了，总结她创业走过的历程，我们可以深切感受到她创业曲折的原因，以及她成功的根本经验，主要有以下几点。

一是抓住未来农业发展趋势，正确选择项目。熊孝陵创业成功了，为什么能成功呢？关键是她抓住了农业发展的大方向，选择了以黄粉虫为龙头的养殖行业，并以此为基点，利用生物链规律，延长产业链，实行空间的立体利用。

二是缺乏实践经验盲目创业，导致过程曲折。黄粉虫养殖是一项技术性很强的工作，熊孝陵凭着网上查找的资料，经过简单学习就开始了黄粉虫养殖，由于省略了实习实训的创业必经过程，完全靠自己探索，因而导致反复失败，完全掌握黄粉虫养殖技术的探索过程表现得非常曲折。

三是坚韧不拔实践探索总结，迎来创业成功。虽然她省去了黄粉虫养殖实训的环节，但她凭着坚韧不拔的毅力，经历了无数次的探索，并不断请教行业专家，终于掌握了黄粉虫养殖技术。

四是立体养殖扩大生物链条，市场前景广阔。她凭着自己的聪明能干，利用所学知识，在专家指导下，充分利用生物链的自然规律，延长产业链，扩大生产规模。与此同时，她大力发展产业联盟，既增强了公司市场话语权，又开拓巩固了自己的产品市场。

五是顺应发展方向，展示无限生机。传统的农户分散经营，因规模小、缺乏市场话语权、难以实现机械化操作等弊端，已成为阻碍我国农业现代化的瓶颈。

党中央提出了"四化同步"发展的要求，国家鼓励大力发展农业开发公司、农民专业合作社、家庭农场，熊孝陵选择了农业公司的现代企业发展形式，因为产权明晰，权责明确，只要管理科学，就可以不断扩大规模，做强做大产业。加上她利用产业联盟的形式，可以很好地把控市场，发挥产业聚集的作用。因此，前途辉煌，生机无限。

坚韧不拔培育出"金凤玉剑"

——石首金凤茶叶种植家庭农场发展纪实

中国人爱喝茶，甚至超过喝酒。中国也出过茶仙——陆羽。可人们一直感叹，陆羽原本是荆州地区天门人，可在茶仙的故乡，大到荆州小到天门却并不产茶。这也不知道是陆羽的遗憾还是荆州人的遗憾。也许是荆州人太过大意，没有学到陆羽的制茶技术；也许是荆州人过于狭隘，不愿帮助陆羽推广茶学，陆羽只好他乡传艺；也许，有太多的也许……历史无从考证，陆羽也只能遗憾九泉！

如果我告诉你，今天陆羽的家乡——荆州也生产出了国内顶尖的好茶，也许你根本就不信。然而，这事却实实在在地发生了，这就是石首金凤茶叶种植家庭农场制作出的名茶——金凤玉剑。或许你根本就不是茶道中人，也不知道茶的名贵粗劣。那我不妨告诉你，金凤玉剑属于我国茶之上上品，看上去形如芽尖，泡出来色香俱佳，喝进去回味悠长。如果我告诉你，这种茶是出自荆州石首市的一个家庭农场，也许你会大感震惊。因为在人们的印象里，石首盛产化工原料，石首盛产木板，石首盛产可口的鱼肚，石首有彪悍的民风。但石首真真切切地生产名茶，只不过这名茶的诞生经历了太多的艰辛，经历了太多的曲折，靠着王广生坚韧不拔的毅力，才终于让茶仙的故乡有了自己的品牌绿茶……

家庭困难立志创业　谨慎调查包下林场　憧憬着美好前程

王广生，一个20世纪60年代中期出生的汉子，出生于大跃进的经济困难时期，生长于"文化大革命"的动乱时期，成熟于改革开放的发展时期，奋起于农业创业的美好时期。王广生由于生在农村长在农村，就娶了个农村媳妇，媳妇也是个爱读书有文化的人，由于生不逢时，就做了个农村代课老师。由于受传统观念的影响，就生了一儿一女俩小孩。这样，王广生家庭负担就比较重，经济较为窘迫。王广生天生是个敏锐的人，他一直在想如何改变这种经济困难的现状。那是1998年的春天，很多农村人外出打工，农地荒芜，国家号召有能力的人自愿承包土地。值此改革深化之际，王广生想到了承包土地。于是，他向所在的团山镇政府提出想承包100亩农田，种植水果的要求。团山镇政府领导同意帮忙关心留意，有机会就会通知他。机会终于来了，1999年春天，新的一年终于来了，人们都忙碌着一年的谋划。团山镇政府分管农业的副镇长找到王广生，告诉他白果庙村有块地，可以承包。于是，王广生就随副镇长一块到了白果庙村。经过仔细考察，王广生发现那块地是个丘陵，土质过于贫瘠，心想在这样的土地上，水果可能很难生长。因此，没有看中，只好暂时放下了。临别时，副镇长热情地说，"老王，你在镇上自己去找，你相中了需要我们镇政府帮忙协调的，随时找我就行了"。副镇长的话给了王广生很大的鼓励，王广生也就顺着这个思路寻思开了……

团山镇有个村叫过脉岭村，王广生和村党支部书记熟识。有一年村里因上交提留遇到困难，王广生还鼎力相助过。王广生发现那个村有一块山地，很适合搞开发，周边环境很好，没有农户居住，而且三面环水，一面通路。于是，王广生找到村支部书记，提出了承包那块山地的想法。书记提出可以考虑，承包费每年每亩 200 元。王广生仔细盘算了一下，按这种价格承包下来，可能亏损的概率大，赚钱的机会少。因此，只好放弃了。但老王并没有放弃自己的志向，而是继续在全镇农村寻找。王广生找到长林嘴村，有块山地土质好，环境也不错，但面积只有 30 亩，种果树实在太小了，只好忍痛放弃了。

转眼到了 1999 年 8 月，功夫不负有心人，机遇终于来了。王广生所在的团山镇集体办有一个林场，因为多种原因长期亏损，当时已经到了亏损得办不下去的程度。镇里经过多次讨论，大家一致认为应当通过改制，承包出去。否则，这个林场就会成为镇上的包袱。镇领导得知王广生立志创业的志向，镇党委书记首先想到了他，并找到他动员他把这个林场包下来。看到老王心有疑虑，书记说："这个林场很好，面积有 1200 亩，你下点决心拿下来"。镇党委书记的支持给了王广生很大的鼓励。于是，他立马到现场进行考察。经过考察，老王感觉这个林场还真是个创业的好地方，只是原来的债务负担太重。

回到镇上，老王和领导们交换了想法，镇里也及时进行了研究。为了支持老王创业，镇里初步的意见是采取放水养鱼的政策，原来林场每年向镇财政上交 5 万元提留，现在老王刚承包可以在这个基础上适当少交点，等生产发展起来了，再逐年增长。场里所有债权债务、人员全部由镇里处理。镇领导的支持让老王动心了，老王不得不认真对待起来。经过反复考察，自己基本上确定可以承包下来。征求朋友们的意见，所有朋友都持反对意见，认为承包肯定会亏损。回到家里，老王的想法全家都知道了。老父亲是坚决不同意，妻子也坚决反对。王广生是位有个性的人，天生的倔犟而坚韧不拔。他的妻子深知他的这种个性，看到他认准了，也拿他没办法，只好同意了。妻子最后对他说，你实在想搞，我也只好支持你。承包林场的决心总算定下来了。那么，钱从哪里来呢？老王家在镇上有三间二层的房子，有三间门面，只好忍痛割爱卖了。当时卖了 11 万元，加上手上有存款 8 万元，又向亲戚朋友借了 18 万元钱。

老王的决定虽然亲戚朋友都不赞成，但他们都知道老王是一位为人实在、待人厚道的人。因此，在关键时刻都是真心用行动支持老王的决定。老王的弟弟对他劝说道："家里人都不同意，你何必承担这种风险，实在要借钱还是借给你，亏了别说我们没劝你"。说罢，弟弟拿出了 2 万元。老王的姨父是个干脆人，对他说："想搞就搞，认准了就一往无前"。说完亲手递上 6 万元。

钱总算是借到位了，接下来就必须认真调查研究林场的现状了。老王找到林场的老员工，进行了一番摸底。虽然有心理准备，但仍然吓了一大跳。当时是 1999年，上年亏损 37 万，累计亏损 60 多万元。这虽然不能说明老王承包后仍然亏损，但至少说明了经营这个林场的艰难。老王到林场具体查看了林场和周边的边界，了解林场职工的状况。当时，林场种植的大概情况是这样，茶树占 500 亩左右，果树占 50 亩左右，还有 650 亩全是荒山。林场亏损的原因很复杂，大家都认为主要是经营管理亏损。那么，经营管理又有什么问题呢？关键是茶叶无品牌，质量差，销路不畅，当时生产的茶都是低档茶，全部是散装销售。因此，价格很低。

调查结束后，老王心中有底了。更加坚定了承包林场做强做大的信心。到了 1999 年 10 月，镇里对林场承包的事进行了公告，1999 年 12 月 8 日，由石首市招商局公开拍卖。承包期为 30 年，底价 184 万元，分年缴纳。这事公告后，除了王广生报名，没其他人报名。这样，很顺利地就承包下来了，当时的镇长是田同扬，双方签订了书面承包合同。随后就交了 4 万元押金，4 万元当年承包款。

初试牛刀充满信心　　首次出货遭遇失败　　好男儿泪洒江城

林场承包下来后，自己亲自经营一下子还有许多困难。王广生到底是个聪明人，他想到了分包的经营办法。于是，他到林场周边的村里去做宣传，逐家逐户做工作。经过努力，有 32 户农民愿意到王广生的林场承包种茶。王广生提出希望他们来加入林场，有财大家一起发。他把原来的 500 亩茶园分成若干块，分别承包给了 32 户农民，承包费一共 5 万元。这样下来，当年就可以赚到 1 万元。还有 50 亩果园，他以每年 0.2 万元的价格承包出去了。一切安排妥当后，他就考虑农民承包茶叶的加工销售问题了。王广生有个朋友叫田勇，是个制茶叶的行家里手，长期在家里开茶作坊，实行茶叶制作、销售一条龙的经营。田勇也是王广生承包林场的高参。在王广生拿不定主意是该承包还是不该承包的时候，王广生特地登门求教。田勇给了王广生肯定的意见，并且说承包下来完全没问题，如果茶做好了肯定赚钱。也正是因为有田勇的参谋意见，王广生才下定了承包的决心。

现在正是需要田勇支持的时候了，王广生找到了田勇。邀请他到自己林场把茶叶加工厂承包下来，不要他交承包费，免费给他做。这样，田勇负责为 32 户茶叶种植户提供加工，并答应帮忙把 32 户的 5 万承包费收起来。这样，林场已有的项目全部安排妥当。

接下来，王广生想到了那荒芜着的 650 亩荒山。1999 年底，老王以每人每月 400 元工资，包吃住的办法请了 17 个四川民工，请他们帮助开垦 650 亩荒地。经过近半年的努力，到了 2000 年 5 月，终于开出了 100 多亩，加上原来还有些比较熟的山地，一共种了 230 亩板栗。另外的地实在无力开垦，只好继续荒芜着。老王为什么会想到种板栗呢？老王告诉我，因为板栗管理粗放，这里的山地土质特别适合种植，周边也有人种植反映效益不错。因此，决定开荒种板栗。

那么，板栗树苗又从何而来呢？王广生是个细心人，他说，那是 1999 年 9 月，他上网查了全国板栗种植情况。网上信息显示，湖北罗田县的板栗特别有名，于是，决定到罗田考察。2000 年旧历正月初三，老王就动身前往罗田，找到了罗田林科所。经过交谈，当时罗田县林业科学研究所（以下简称林科所）所长方联群热情地接待了王广生。答应帮老王达成心愿，而且提供技术指导。这样，从罗田林科所购买了 2.5 万株板栗苗，每株 1.5～2 元，运到家费用平均一株划 2 元。正月初六开始栽种，到正月十二已经栽了 80%，眼看着大功就要告成，可偏偏下起了小雨，第二天一大早，场里负责管理民工的工头打电话说，300 多株板栗树苗被人偷了。听到这个消息，老王当时头都急大了。虽说石首人彪悍，没想到居然会出被盗之事。王广生立即赶到现场，心里的难受无以言表。亡羊补牢，当即买了 20 多个灯泡，现场搭了 7 个帐篷，晚上安排 14 个人现场守护。这一关总算挺过来了。

2000 年 3 月份，春暖花开的时节，茶树上冒出了嫩绿，叶片一天天长大，承包户们纷纷下田采茶了。田勇按部就班地开始制作茶叶，王广生积极协助组织茶叶销售。3 月 22 日正式开始做茶，为了有个好的开头，邀请了镇干部、电视台做了一些宣传，第二天田勇拿出一斤样品茶，在宣传会上亮相。为了做好茶叶销售，早在 1999 年底，王广生就找到武汉市汉正街进行前期调查，在一个茶叶市场经过反复调查，认识了一个做茶叶销售的朋友，浙江人杜老板。并且在那里买了 150 套茶叶包装。经过详细交谈，杜老板说你有茶叶拿过来我看下，只要质量好我就帮你代销。这样，王广生总算提前找好了销售的渠道，心里一块压着的石头落了地，不由得长长地舒了口气。

2000 年 3 月 23 日，王广生找到田勇商量，希望他能找个最好的师傅做一斤样品茶，再送到武汉市场请人看看。经过半天的功夫，样品茶做出来了。因为王广生原本对茶叶是个外行，也不知道这茶到底怎么样。3 月 23 日晚上，既兴奋又匆忙地将样品茶送到了杜老板处。杜老板看过样品茶，认为应当可卖 90 元一斤。王广生想，这茶生产成本 80 元左右，90 元一斤虽不赚钱，但只要能得到市场认可也就满足了，等着来日方长哩！王广生马不停蹄地赶回石首，立即组织批量生产。3 月 31 日，王广生高高兴兴地背上一袋茶叶，足足有 41.5 斤，就坐着前往武汉的汽车上路了。心想为了长期的合作，这批茶只收 40 斤的钱，亏点也没关系。

4 月 1 日早晨 6 点，天刚蒙蒙亮，王广生就找到了杜老板。杜老板看过后，表示茶形不好看。而且建议说："我这里茶叶很多了，你可以拿去请别人看下。你先和别人谈下价格再说吧"！王广生看到杜老板很诚恳，心想找别人谈好价格也好，免得朋友间不好谈价，伤了和气也不好。说话间，已是早上 8 点，茶市场上的店铺陆续开门了。这个市场很大，足有 100 多家店铺，都是做茶叶批发和零售的。王广生顺着店铺请人看自己带来的茶叶，结果心里顿生了些凉意。有人说这茶只值 20 元，也有人说值 25 元。杜老板说："春茶是一天一个价，你这个茶确实没样品好。如果你愿意，看在朋友的份上 30 元一斤，我帮你卖"。

　　听了杜老板的话，心里凉了半截，但也没有什么好的办法。正好看到一张宣传单，上面介绍在京汉大道崇仁路，中南最大的京汉大道茶叶市场开业。于是又生出一份惊喜。赶快背过去，顺着店铺一家家打听、谈价。结果如何呢？和杜老板说的差不多。最后有家店老板说："一共 1200 元，我帮你全收下。"王老板想了想，也就是每斤划 30 元。王广生万般无奈，只好忍痛卖了。走出京汉大道茶叶市场，心凉了半截。想到自己首次出货就遇到了这样的失败，未来的创业前景一下暗淡起来，不禁悲从心头起，泪从眼中流！这时已是中午 11 点，既没有吃早饭，也顾不上吃中午饭，是一路走来一路落泪。就这样，边走边落泪，硬是走过了 8 里路，到汉口长途汽车站，带着受伤的心回到了家里。

顶着可怕流言蜚语　多方考察寻求真经　初相识茶叶专家

　　回到茶场，还没有从武汉的悲伤中醒过神来，更为可怕的事却在等着王广生……他发现田勇和承包茶园的农户关系非常紧张。是何原因呢？茶园承包户反映田勇在收茶时压级压价，可田勇死活又不承认。而且，王广生还发现田勇在没有和自己商量的情况下，擅自把场里的旧设备和肥料也卖了。最后两个朋友闹得不欢而散。田勇自己出钱收购的茶叶自己带走，一拍两散。

　　在制茶上唯一可以依靠的田勇走了，茶园承包户们眼睁睁地看着王广生，那眼神明显透着期盼……想想自己签了 30 年合同的茶场，看看承包户们期盼的眼神，王广生只好临时上阵，亲自接管茶叶加工厂。好在原来这里就制茶，有一批制茶师傅，王广生亲自上门，请了当地制茶师傅 20 人，继续制茶。到 4 月 20 日，春茶收购结束了。由于生产出来的茶实在是质量不高，只好以低价卖了，原本计划卖 50 元一斤的茶卖 30 元，需要包装的加 20 元包装费。一季下来，春茶收了 8 万元，卖了 4 万元茶叶钱，不得已，只好净亏 4 万元。

　　这时，王广生承包林场的事也在镇上流传开了。人们打趣地说，他不就是有几个钱吗！他来时叫广生，现在叫摸生，再过几天就叫亏生，等到年底一定会叫哭生！听到人们的议论，王广生心里十分难受。但作为男子汉他必须挺住……经过一个春天，自己栽的板栗树基本上成活了，但有一半是承包给当地农民在板栗树间套种黄豆，结果都死了，板栗树总的成活率在 50% 左右。于是，各种矛盾开始出现了。制作茶严重亏损，承包给他人套种黄豆板栗树死了……长此下去，王广生有再多的钱也经不起亏损。于是，他想到在管理上必须改革。

　　他采取了责任分担的方式，自己为茶园承包户免费提供茶叶加工厂，由承包户自己加工自己销售。管理虽然改革了，但制茶技术上不去，承包户意见很大。王广生承诺一定尽力提高制茶技术，提升茶叶质量档次。话是说出去了，可该怎么提高呢？他想到了过去领导机关常讲的一句话，走出去，请进来。王广生想到宜昌市五峰土家族自治县是出名茶的地方，制茶水平高，就决定到五峰土家族自治县去参观考察学习。2000 年 4 月 25 日，王广生带领茶场分管生产的场长，聘请了一个在当地技术最好的制茶师傅作为负责人，三个人到五峰土家族自治县渔关镇。王广生深知如果说明了是去参观别人的技术，别人是不会让进去的，俗话说同行是冤家！那么，怎么混进去呢？王广生想到了一个高明的办法。他自己以买茶叶为名进行现场参观考察，其他两人以打工的名义进入茶叶生产车间。就这样，他们在五峰土家族自治县渔关镇一家茶场打工帮忙做了两天茶。也没要工钱，偷偷跑出来再上五峰土家族自治县采花乡，仍然以这样的方式参观、考察、打工，沿路看了 10 多家茶场，很快 20 多天就过去了，他们发现自己的制茶技术和五峰土家族自治县的制茶技术相差太远了！

　　回到石首茶场，他感觉到要提高制茶技术，必须购买制茶设备。于是，他一边留心制茶设备，一边加强茶园管理，除草、修剪、上肥。为了把茶园管理抓上去，他订了《中国茶叶》、《果树》等杂志，一切按书上说的操作，茶园管理水平有了很大提高。他经常学习杂志上介绍的茶叶知识，从杂志上他得知浙江的制茶设备在全国来说算得上是最先进。有一天，他从《中国茶叶》上看到了一则关于茶叶生产设备销售的介绍，而且正是浙江一茶机制造厂的设备。他很高兴，立马打电话与厂家联系。2000 年 10 月，他向浙江出发准备去购买制茶设备。沿途他先参观了浙江富阳一家大型的茶机制造厂，这家企业生产的茶叶制造设备非常先进，但价格也很高，他感到自己完全无力承受，只好带着几分遗憾离开了。

　　10 月 26 日，他到了浙江衢州，衢州上洋茶叶机械厂正在搞产品推介演示会，他饶有兴致地全程参观。在这次推介会上，他结识了浙江杭州高级农艺师唐学文，在演示制茶的过程中，两人交谈了很多。当得知王广生是开办茶场的，唐学文高级农艺师向他介绍，一般 5 亩地一年可以获取 20 万纯利润。王广生听了顿时感到十分震惊。唐学文高级农艺师认为王广生选对了致富门路，鼓励他好好干，并且向他介绍了很多茶叶种植、制作的经验。听了唐学文高级农艺师的一番话，王广生一下又兴奋起来，觉得离发财是那么的近，只要稍许努力就可获得成功。于是，当时和厂家签订了购买茶机的意向性协议。衢州上洋茶叶机械厂管销售的王雪红厂长，得知王广生的困难后，主动和王广生进行了交谈，王广生毫无保留地向王雪红厂长谈了自己的困难和苦恼。听完王广生的诉说，王雪红厂长建议他找华中农业大学倪德江教授，并且把倪教授的电话号码也告诉了王广生。王广生怀着兴奋的心情，参加完了这次茶叶机械设备推介会，高高兴兴地回到了石首自己的茶场。

真诚感动见到专家　　方知茶叶深有学问　　商标注册遇波折

回家半个月后，王广生怀着忐忑不安的心情给倪德江教授打了个电话，向倪教授说明希望拜访倪教授的意思。不久，王广生就到了华中农业大学。电话联系上了倪教授。当时，倪教授正忙于课题试验，在实验室实在抽不开身。倪教授安排自己的一个硕士研究生接待了王广生。双方进行了关于茶叶种植、制作的交流。虽然王广生颇有收获，但因没见到倪教授，还是带着几分失望回家了。为了见到倪教授，王广生又和王雪红厂长通了电话，希望倪教授到王雪红厂里时，王厂长能够提供信息，等见到倪教授时，顺便把制茶设备也买了。王厂长爽快地答应了王广生的要求。王广生翘首以盼……

时间在等待和盼望中过去，到了 2000 年底。经过年终决算，王广生亏损 40 万元，自有的和借来的钱全部亏完了。不得已，只好把四川民工解散了。团山镇政府看到王广生实在困难，为了支持他发展，把 10 万元押金退给了他，当年的承包费也暂时没提，这多少给了王广生些许安慰和希望。

王广生想虽然企业亏了，但企业还得要发展，必须按正规要求办。因此，在一边谋划企业发展的同时，一边到工商局办理了石首市六虎山农庄的企业执照。

2001 年新春伊始，王雪红厂长打电话告诉王广生，说倪德江教授要去浙江，听到这个消息，王广生激动不已，立即找亲戚朋友又筹集了 1.5 万元钱，踏上了去浙江的旅程。这次果然没有让王广生失望，很快见到了盼望已久的倪德江教授。为了学习真经，这次王广生在浙江住了一个月，有幸认识了湖北省农业厅特产处李处长，经济作物技术推广站站长，这些都是顶尖级的茶叶专家。还认识了宜昌肖氏茶的负责人。这次王广生算是开了眼界，长了见识，学到了不少茶叶知识。回到石首，他细心回忆着所学知识，尽可能用于茶叶生产制作中，制茶水平有了很大提高，一年下来，总算弄了个平账，和往年相比，已经算是个不小的进步了。但王广生清醒地认识到自己的差距，也深刻感受到了知识和技术的重要性，期盼再有机会找倪教授好好学习……

2002 年 3 月初的一天，王广生急不可待地又找到了华中农业大学。经过电话联系，倪德江教授正在实验室紧张地做实验，为了帮助王广生，又安排研究生接待了他，并带他到华中农业大学试验茶场进行了参观。结束后，天还早，王广生就一直站在实验室门口，希望能再次见到倪教授。时间已是下午 6 点，天渐渐黑了下来，倪教授终于从实验室出来了，看到等在那儿的王广生，很受感动，而且邀王广生一起到外面吃饭。在吃饭的过程中，倪教授讲了很多关于茶的事，表态这年一定抽空到王广生那看看。倪教授教学、科研特别忙，一般只受聘县里做技术指导，不直接为个人做指导，但看到王广生确实诚心，表示一定抽空到王广生场里去指导一下，并且建议他为自己的茶注册一个响亮的商标，还介绍他加入了湖北省茶叶学会。

王广生每次见到倪教授,都可以从那学到不少知识。按照倪教授的建议,王广生决定为自己的茶叶注册一个商标。2002年4月,王广生找到了石首市工商局,商标科的负责人热情地接待了王广生,明白了王广生的要求,表示可以帮忙代办商标注册。王广生很快按要求办理了代办商标注册的手续,交清了各种费用,抱着希望回到茶场。经过一段时间的等待,这次王广生又失望了。因为王广生申请的商标与他人已经注册的商标重复了,需要重新设计申报。自己交的5000元代理费就这样打了水漂。2002年5月,王广生找到湖北省工商局华中商标事务所进行了咨询,并且重新确定了商标名称。为了防止重复,这次他用自己夫人的名字加茶叶的特点取商标名叫"金凤玉剑",并再次办理了商标注册代办手续。王广生一颗希望的心又重新燃起……

教授亲临茶场指导 制出顶尖茶叶飘香 金凤玉剑露头角

2003年3月底的一天,王广生接到倪德江教授的电话:倪教授到远安县了,准备到石首市王广生的茶场看下。王广生立即向市里汇报,得到了市政府的高度重视,市政府分管农业的副市长决定出面接待。分管农业的副市长,团山镇的党委书记、镇长出面接待了倪教授。王广生心中多少感到了一丝温暖和安慰!

倪教授是国内顶尖级的茶叶专家,深入基层是他的工作作风。当天晚上倪教授就住到了王广生的茶场,没来得及休息就亲临制作现场指导做茶。听说来了个教授专家,茶场一些做茶的师傅们既好奇,又多少觉得王广生这是瞧不起他们,心中多少有点不快。于是,不冷不热地对王广生说:"你舍不得给我们开钱,还从那么远请教授过来。多给点钱,我们同样给你做得很好"!明白人都听出来了,制茶师傅们这是对王广生请教授过来产生了不满。倪教授也听出了师傅们的话外之音,只是不想多说。

其实,要做好任何一件事都有学问,不是靠多给钱就能解决的。就说茶吧,毛尖在于茶上那一点尖,碧峰在于茶叶顶端的峰,而龙井则讲究的是形。石首的师傅们虽说制茶多年,哪懂这些呀!只不过是追求把茶制熟了,能用开水冲泡,看上去长短不一,扁平不一,完全是杂乱无章。倪教授什么也不说,当场亲自做了一锅龙井,一边做师傅们一边在旁边围观。通过2个小时的演示,一锅茶做好了,当时,满屋充满了浓郁的板栗香。内行人都知道,看茶的好坏,既要看茶形,又要看汤色、闻味香。好的茶,那是"绿豆汤,板栗香"。这时,制茶的师傅们虽说不懂制茶的理论,但也算是喝茶的内行。看到倪教授制出的茶,闻到浓郁的板栗香,个个红着脸、低着头,再也不说话了,算是从心里真服了。

经过倪教授的示范和指点,王广生茶场的制茶技术实实在在地上了个台阶。经过三天两晚的现场学习,自己学到了很多经验,从茶叶的制作技术到市场营销的策略,从科学技术的作用到管理工作的重要,王广生像上了次大学一样……王广生对事业的执著也令倪教授感动不已，临别时，倪教授对王广生说，"我帮你就帮到底，过几天我再过来，农业厅不久要组织鄂茶杯第四届名优茶评比，我过来和你们一起做个样茶送评"。2003 年清明节刚过，倪教授又带着自己的研究生匆匆赶到王广生的茶场，倪教授、研究生和管生产的师傅几个人一起做，从头天下午三点一直做到第二天早上 6 点，茶样做出来了，足有 2 斤 2 两，取名"金凤玉剑"。倪教授帮忙把样茶以"金凤玉剑"的商标送到了鄂茶杯第四届名优茶组委会。

2003 年 6 月底王广生代表茶场参加了评审会，经过专家们的投票、打分，很快评比结果就出来了，王广生的金凤玉剑排名第三，获得鄂茶杯第四届名优茶金奖。这个消息经过媒体报到，王广生一下子知名度就上来了，他的金凤玉剑销路也一下子打开了。这个金奖给了王广生极大的鼓励，这是他盼望了多年的结果，这是他努力了多年的心血。是呀，王广生太需要鼓励了！

回到茶场后，王广生立即派了位制茶师傅到华中农业大学倪教授处免费学习了半年。2003 年 10 月，王广生的金凤玉剑茶被送到韩国参加了第四届国际名优茶评比会，又获得金奖。这一下，金凤玉剑在荆州是实实在在地火了。荆州电视台、石首电视台、江汉商报等地方媒体都进行了宣传报道。

这一年茶叶品牌做出来了，王广生的茶销路也好了。全年生产特级茶叶 80 斤，价格卖到了每斤 653 元；一级茶生产 1200 斤，每斤卖到 280 元左右，还生产了低档茶 4000 斤，随行就市散装销售。虽说茶叶名气大了，销路好了，但做好茶叶的销售始终是最关键的事。王广生深深地懂得这一点。他在石首城区租了两家 50 平方米的门面房，建起了茶叶自营店。通过熟人相互介绍，当年生产的茶叶全部卖完了。

在抓紧茶叶生产销售的同时，王广生也没忘记对荒山的开发。为了集中精力做好茶叶，他把荒山承包给了他人经营。从承包的第三年开始收费，根据山地质量每年每亩 15～20 元的价格不等，一下包出去 300 亩，合同签了 20 年，这一下就收入了近 10 万元。

2004 年，王广生的家庭农场走过了 5 年的曲折探索之路，终于走上了正轨。到 2004 年 5 月，他申请的"金凤玉剑"商标的注册证书也批下来了。当他拿着"金凤玉剑"商标的注册证书时，心里充满了复杂的感受。他不知道是该喜还是该忧，也不知道是该感谢工商局还是该怨恨工商局，眼泪止不住地流了下来……

潜心打造茶叶产业　遭遇创业环境困境　凭借毅力勇向前

2004 年 10 月，倪德江教授告诉王广生，中国中青年茶叶学术讨论会即将召开，王广生在倪德江教授的带领下，参加了这个学术讨论会。会上有幸认识了中国茶叶研究所的所长杨亚军研究员，工程院院士、著名茶学专家"茶院士"陈宗懋。在研讨会上，王广生学到了很多知识，专家们也给他出了很多主意。他准备做好产品升级，申请国家质量安全认证（QS）、有机产品、绿色食品认证。为了实现这个目标，他认真筹划准备进行茶园改造。2005年，随着茶叶商标注册的批准，品牌茶上市，销售量快速增长。原有的茶园因为产量太低，越来越不适应需要了，于是，他决定改换茶树品种。经过这些年的茶叶生产、制作，王广生现在也算得上是半个茶叶专家了。这次，他进行了理性的决策。考虑到中国茶叶研究所在浙江，他就赶到了浙江，从中国茶叶研究所引进了福鼎大白、龙井43号两个优良品种，各引种了50亩，并对老茶园成功地进行了改造。2007年经过了国家绿色食品认证，完成国家质量安全认证（QS）。2010年自己的大儿子王万龙高考了，报什么专业呢？王广生是一个真爱茶的人，想到自己的茶事业，为了把茶叶事业做强做大，保证茶叶质量的稳步提升，他建议儿子报考了福建省漳州科技学院的茶文化专业，也如愿以偿地被这个专业录取。当年7月正是高校放暑假的时期，王万龙利用这个时期专程到中国茶叶研究所学评茶师，前后学习了2个多月，取得了不少收获。

2011年，随着王广生企业的发展壮大，他的"金凤玉剑"质量稳步提升。他创办的石首金凤茶叶种植家庭农场被荆州市政府评为荆州市农业产业化龙头企业。同年，"金凤玉剑"商标也被荆州市工商局评为知名商标。随着他的茶叶的质量和知名度的提升，他的茶叶也漂洋过海到了海外。那是2011年5月，留美的谢博士回石首老家探亲来了，他想给自己的导师带点珍贵的礼品，可就是不知道该送点什么。正当谢博士犯愁的时候，有人给建议了，说是"金凤玉剑"质量好，特别是具有绿色有机的特点。于是，谢博士专程赶到王广生的茶叶销售门市部，提出购买5斤极品茶。王广生看到谢博士对自己的茶情有独钟，特地放弃了每斤1280元的价格，而是以每斤880元的价格给谢博士准备了5斤。就这样，"金凤玉剑"随着谢博士的返校漂洋过海到了海外，美国人也有口福可以享受到茶仙——陆羽故乡的名茶了，陆羽如果地下有知，将会是何等的高兴哩！

王广生的企业成功了，但他没有忘记自己的社会责任。他的企业现在每年安置当地农民工2万多个工时，其中安排了12名固定工，也安排了部分残疾人到企业就业，先后安排残疾人就业达到2000多人次。因此，他的企业是湖北省国税局批准的免税企业。

在王广生的努力下，石首金凤茶叶种植家庭农场得到了快速的发展。2012年产值达到900万元。荆州市虽为茶仙——陆羽的故乡，也就只剩下王广生这家茶场了。在计划经济年代，荆州也曾开办过一些茶场，一度达到13家之多。由于缺乏科学技术的指导，产量低质量差，一家家都在市场经济的大浪中被作为砂粒淘汰得无影无踪了。而王广生的金凤茶叶种植家庭农场却越办越红火。这一年，他的金凤茶叶种植家庭农场以排名第三的成绩被评上荆州市经作类企业前5强。

王广生的家庭农场发展起来了，这得益于他的不断努力和探索，也得益于他的诚信和洒脱。王广生本来就是个很诚信的人，随着茶叶名气的扩大，市场营销范围的扩展，他更加注重信誉。那是 2012 年 5 月的一天，曾经买过 5 斤"金凤玉剑"的谢博士又回家来了，这次他专程找到王广生的茶叶店，说是美国导师很喜欢这种茶，一定要再买 5 斤。王广生听了博士的话是既高兴又犯愁。因为，此时王广生的仓库里茶叶已经卖完了，库里只剩下别人已付过款的 10 公斤茶了。怎么办？王广生本可以一推了之，但他不能这么做，而且他也不是这种人。为了满足谢博士的需要，王广生只好和订货并已付款的客人商量，自己以每斤 1280 元的价格从客人手中先购回 5 斤，再以每斤 880 卖给谢博士，待下一批茶制出来了再请原先那个客人来取货。这就是王广生的诚信，这就是王广生的经营之道！

2013 年 11 月王广生参加了长江大学农业创业第二期培训班。班上他认真学习各种知识，临结束时培训班召开了一个学员代表座谈会。王广生在谈到学习体会时，深有感触地说："品牌建设很关键，企业应当把品牌当生命看待，而不能当生意看待"。王广生的"金凤玉剑"现在销售的范围是越来越宽广。现在除主销荆州外，还远销湖南的益阳、岳阳、长沙。他的家庭茶场是越办越兴旺，近 5 年来，创造了年均产值 750 万元的家庭农场的高效益奇迹，显示出了巨大的活力和发展前景……

2014 年 4 月，王广生根据家庭农场发展的需要，结合在长江大学学习的知识，深感家庭农庄的发展已经遇到了资金上的瓶颈。为此，必须进行资本运营。王广生与朋友张建设商量，适时进行了股份制改造，由张建设购买了企业的股份，将原来的家庭农庄改造成了湖北六虎山生态科技有限公司。企业注册资本增加到了5000 万元，经营范围更加宽泛，增加了一系列水果的开发和生态养生项目。昔日的六虎山农庄呈现出崭新的面貌，正向着生态立体的高科技农业产业发展……

专家点评：王广生成功了，他的成功来得太艰难，经历了太多的曲折。由于他坚韧不拔毅力的支持，遍访名师专家，虚心求教，终于成功。回顾王广生创业的历程，有四点值得点评。

首先，他选择了自己并不熟悉的茶叶生产，处处遇困难。创业必须做自己最熟悉的行业，而王广生选择了自己并不熟悉的茶叶，他并没有做好技术、品牌、市场等创业必须具备的条件准备，这就决定了他必然要走弯路。

其次，他试图努力地弥补自己的创业不足，初现出曙光。在遇到挫折和困难后，他并没有简单放弃，而是采取了多种方法试图弥补自己创业的不足，如到五峰土家族自治县各茶场以参观名义偷偷学艺，到浙江富阳一家大型的茶机制造厂购置先进设备，订阅茶叶期刊，拜访大学茶学专家教授等。由于生产技术的复杂性、核心技术的保密性，不是简单就能掌握。因此，他仍然不能克服致命的技术瓶颈，但他的思路正确了，离成功越来越近。

再次，他聘请到国内制茶专家的亲临指导，创造出品牌。他经历多次失败后，终于认识到只有请到国内顶尖级专家，才能克服自己创业上的不足，终于聘请到大学顶尖级茶叶教授，不仅让自己的制茶师傅学到了高超的制茶技艺，而且倪教授亲自动手帮助他制作出了品牌茶，并且指导他注册了商标，在全省茶叶评比会上获了奖，终于打造出了自己的品牌。

最后，他加入到国内茶叶行业的圈子之中，前途才宽广。王广生虽然成功了，但茶学是没有止境的，要想获得进一步提升，必须深深地扎根于这个行业之中，他参加了中国中青年茶叶学术讨论会，一下进入到了中国茶学的高层领域，有机会接触更多茶学专家、学者。他安排自己的儿子进入大学茶文化专业学习，培养自己的核心人才，掌握了创业的主动权，在茶叶行业走上了宽广的创业之路。

科技创业敲开无尽的财富之门

——荆州梅林山庄采摘园家庭农场发展纪实

自古以来，江南美景吸引着无数有志之士，人们为之拼搏，为之奋斗！公安县地处荆州江南，曾经是刘备任左将军领荆州牧的驻扎地。人们称颂此地为刘备"左公之所安"，取其城为公安，意即左公安营扎寨之地。公安悠久的历史诞生无数仁人志士，在城乡一体化的 21 世纪，这里也诞生了一批创业致富的带头人。汪泽林——一个回乡创业的普通年轻人，创立了荆州梅林山庄采摘园家庭农场，公安县梅林山庄采摘园合作社，荆州市俏佳人科技有限公司，自任公司法定代表人。经过短短 3 年的努力，公司年利润发展到 300 多万元，在农业创业队伍中，人们都说他创造了奇迹。走进荆州梅林山庄采摘园家庭农场，追寻汪泽林创业的足迹，揭开一个农业创业成功的秘密，一串串精彩的创业故事，呈现在我们面前……

立志走出去 旅游中处处留心 萌发创业想法

汪泽林出生于公安县农村，有不少亲戚都在县里和镇上工作，从小受到长大后吃国家饭找个固定工作的影响，因此，心中一直有个固定工作的梦。1993 年 7 月高中毕业后，和大多数农村青年一样，汪泽林回到了出生地农村。面对一望无际的农田，汪泽林不知道自己人生的路到底该如何走。经过几天彷徨后，他来到了舅舅家，他舅舅在县法院工作，见多识广，经验丰富，人脉关系广泛。因此，汪泽林特别看重舅舅的意见。经过讨论，舅舅建议他先去学个汽车驾驶证，然后，再找机会争取帮忙介绍一个工作。这样就可以实现跳出农门，离开偏远落后农村的愿望了。按照舅舅的指点，1993 年 9 月，汪泽林在县汽车驾驶培训学校报名参加了汽车驾驶证学习。当他手握汽车方向盘的时候，就仿佛握着自己未来的命运一样，既激动又兴奋。每天晚上练习过后，都会不自觉地总结经验体会，并不由窃喜。经过 3 个月的学习，1993 年 11 月终于拿到了汽车驾驶证。经其叔叔介绍到中国石化公安县某加油站做了一名加油工人，每天做着重复的事，手握油枪给大大小小的汽车加油。由于工作勤奋，工作得到了上级和同事的好评，从一名加油工，做到了站长。

汪泽林的工作一天天进步，生活也过得有滋有味，不仅有了一个固定的工作，而且有了外出旅游的机会。那是 1995 年 3 月的一天，公司组织加油站负责人到武汉春游。春游安排了半天自由活动时间，在武昌街道口逛街时，他看到一个老人骑自行车倒在路边，立即和三个一起逛街的同事上去准备将其扶起，只见老人倒在地上，但意识清醒，见到他们想扶起自己，便连忙摆手，用手向自己口袋指了一下。汪泽林从老人口袋搜出了一个电话号码本，随即找到公用电话，按照电话号码本的记录给其家里打电话。电话接通后，是老人的儿子接的电话，老人的儿子叫朱波立，听说父亲倒在路边，马上和家人一起赶了过来。汪泽林一行和老人家人一起将老人就近送到医院。老人的儿子表示了感谢之意，双方留下了联系方式，就分手了。1996年的一天，汪泽林接到朱波立打来的电话，他对汪泽林的人品颇为赏识，想介绍汪泽林到上海金刚山韩国料理酒店从事吧台工作，希望汪泽林能接受邀请。汪泽林辞去了中石油加油站的工作，应邀到上海金刚山韩国料理酒店后做采购，由于做事认真，从采购一直做到大堂副理。后来酒店扩大规模，开起了上海双龙池大酒店，汪泽林过去做采购，做了一年，又去上海贵都大酒店做KTV酒吧采购，一直做到1998年底。

正当汪泽林在上海做得风生水起的时候，其父母亲在家里给他介绍了一个女朋友，他只好忍痛辞职从繁华的大都市上海回到了远离城市的公安县。回家做什么呢？当时，客运生意非常红火，他便买下了别人的一台二手客车，跑起了客运。客运市场竞争激烈，生意远没有想象的那么好。一年很快就过去了，时间不知不觉到了1999年10月，经其叔叔介绍，汪泽林卖掉了客车，到中国财产保险公司公安支公司章庄办事处做了主任，这一做就是10年。到了2009年1月，因为自己负责的保险公司办事处业绩做得好，中国大地财产保险公司理赔部罗经理找到汪泽林，推荐他到大地财产保险公司工作，工作地点在县城。由于他家住公安县城，自己又有了孩子，因此，欣然接受了中国大地保险公司的邀请，进了大地保险公司工作。工作时间长了，资历老了，出门参观考察的机会也就多了。那是2009年5月的一天，大地保险公司组织各保险站负责人外出旅游。当旅游到达重庆万州时，参观团考察了万州的休闲农庄。当时农庄生意红火得很，有旅游的，有垂钓的，还有采摘的……整个农庄满山遍野都是游人。这一现象激起了汪泽林极大的好奇，凭直觉他感到这个农庄生意不错，经营得很好。于是，一个大胆的想法在心中萌发，便有了自己当老板做观光农业的想法。汪泽林随团一路旅游，一路考察观光农业。回到荆州公安后，又特意在周边考察了荆州的休闲农庄，虽然荆州的休闲农庄做得没有万州好，但生意也不错，这更加坚定了他自己当老板做休闲农庄的决心，他觉得做休闲农庄很有市场前景。

建立采摘园 谋划中科学规划 显示希望活力

2009年8月汪泽林再次到万州、武汉周边和宜昌考察。找到一些生意红火的休闲农庄，以吃饭为由和老板聊天，详细询问休闲农庄的经营情况、经营策略和技巧。经过半个月左右的考察，他下定决心在公安县开办自己的休闲农庄。开休闲农庄要解决的首要问题是经营场所，汪泽林到县城周边考察，他看中了离县城三公里的夹竹园镇瓦池湾村的一块土地，经过多方努力，从别人承包的手上转让了一块面积30亩的葡萄园，以18万元的价格转让成功，和土地所在村里签订了15年土地承包合同。为了避免不必要的麻烦，汪泽林在经过村主任签字盖章后，将承包协议拿到镇财管所进行了备案。创业最关键的要素，土地有了。

这个葡萄园原来种的葡萄虽然单调，但葡萄品质很好，是做采摘园的基础。汪泽林对整个葡萄园进行了重新规划，整个葡萄园分为采摘区、游乐区、垂钓区。他在采摘区集中留下一片葡萄供采摘园游人采摘用，在采摘区内，规划了一片桑葚种植区、草莓种植区、树莓种植区。规划做好后，立即动手实施。汪泽林利用长期做保险人脉广的优势，通过朋友介绍找到江苏淮安市一个桑葚苗繁育基地，以每株8元的价格引进了500株桑葚苗，通过邮寄的方式运到了公安县，栽种了4亩地。一天，他听一位朋友说山东菏泽的桑葚苗果大产量高，而且就摆在路边卖，听说后，自己就坐火车去了。到了山东菏泽，果然在路边有很多桑葚苗卖，经过讨价还价，很快就谈定了价格，5元钱一株，共买了300株，搭过路的汽车就运回公安了。这次栽种了2亩地。时间一天天过去，桑葚苗带着汪泽林的希望一天天长大。2年时间在期盼中过去，2011年5月，桑葚树上长出了绿油油的桑葚果，慢慢变得鲜红诱人。看到亮丽的桑葚果，汪泽林仿佛看到了希望……

汪泽林根据自己考察的经验，准备引进一批树莓。据网上资料介绍，树莓有水果之王的美称，而且在湖北还没有栽种，全国只有河南省有栽种。于是汪泽林上网查找，按网上查到的地址很容易找到了河南省上蔡县树莓种植专业户王德海家。王德海是上蔡县人大代表，也是中国扶贫基金会的副会长，他种了4000亩树莓，带动周边8个乡镇种树莓，那里形成了树莓种植产业区。王德海热情地接待了汪泽林，并细心讲解了树莓的栽培技术，汪泽林一下以2.5元一株的价格引进了8000株树莓，在采摘园种植了15亩。汪泽林天生就是一个具有创业头脑的人，在上蔡县引进树莓时，特地参观了王德海的树莓园，他看到老王在树莓底下两边栽种的草莓，自己回来后，也如法炮制在树莓底下两边栽种草莓。采摘园旁边是一块6亩面积的低洼地，汪泽林顺势而为很容易地改造成了荷塘，并从本县埠河镇引进了2000个藕尖，种上了太空莲子，还在荷塘开挖了0.5亩的水池养殖龙虾。剩下的一点空地，汪泽林合理利用，建了2间生产用房。就这样，一个丰富多彩的采摘园就建起来了。

销售永远是创业的第一要义，汪泽林深深地懂得这一点。如何把自己的采摘园推销出去呢？汪泽林着实动了一番脑筋。经过考察，汪泽林发现金点子广告公司荆州分公司做广告效果好，2011年4月，汪泽林和金点子广告公司荆州分公司签订合作协议，花1200元面向公安县全境发布广告，发布时间1个月。金点子广告果然带来了神奇的效果。2011 年 5 月 1 日，汪泽林的梅林山庄采摘园迎来了第一批客人，这是一个由学生家长自发组织起来的团队，共有大人小孩 70 人。为了让这批客人留下美好的印象，汪泽林采取了小孩和大人区别对待的办法，凡进入梅林山庄的客人，都受到了热情欢迎。对进入梅林山庄的大人每人收取门票 10 元，对小孩免收门票，当天共获得门票收入 300 元。

梅林山庄的水果游客可以自由采摘，桑葚每公斤 20 元，自采自摘，当天就卖了 1500 元。第二天梅林山庄迎来了更多的客人，而且小孩特别多，这样，汪泽林灵机一动，决定凡进入梅林山庄的小孩收取门票，每个小孩收取门票费 5 元，而对大人免收门票。这天共接待游客 120 多人，水果采摘收费 3300 多元，门票收入 500 多元。第三天，生意更加看好，共接待游客 120 多人，水果采摘收费 4100 多元，门票收入 300 多元。接下来，生意一天比一天红火。整个五一长假门票和采摘销售收入达到 5 万元。长假过后，生意又淡了下来，而树上的桑葚更加鲜艳夺目，成熟喷香。成熟的桑葚无法销售，汪泽林也犯难了！怎么办？他想到了荆州城里的水果市场。于是，他带了 25 公斤香甜的桑葚，到荆州市两湖农产品市场销售，两天卖了不到 5 公斤，剩下的桑葚大部分发酵有了酒糟味，而且甘甜得很。正是这些没有销售出去而发酵有酒糟味的桑葚，激发了汪泽林的灵感，他想，何不利用桑葚酿制果酒呢？

创业理论认为，只有想不到，没有做不到。这句格言在汪泽林身上灵验了。说干就干，汪泽林通过楚天都市报记者田汉斌介绍，找到了华中农业大学毕业的硕士研究生秦东，这是一个生物发酵专业毕业的研究生，对他而言制酒只是小菜一碟。秦东硕士是一个热心的年轻人，爽快地指导汪泽林利用桑葚酿制了桑葚酒、桑葚醋和桑葚果脯。第一批就酿制了 500 公斤桑葚酒。梅林山庄邀请各位友人品尝，大家感觉味道很好。试酿成功，极大地激发了汪泽林对桑葚深加工的热情。在秦东硕士的指导下，梅林山庄挖地窖 4 间计 80 平方米，专门用来储藏桑葚酒。这一阴错阳差的结果，将汪泽林的创业带入了利用科学技术进行深加工的正确道路，他的梅林山庄也显示出了无限的希望和活力……

外出引苗木　问路中偶遇财富　科学借鉴成功

汪泽林不仅成功创办了梅林山庄，还创办了荆州市俏佳人科技有限公司，生产的注册商标为"印佳人"的丝瓜水在荆州也小有名气。说起荆州市俏佳人科技有限公司的创立时，汪泽林笑着说，那是一种巧合，是在到山东引种树莓苗木时偶尔产生的一种想法。创业理论告诉我们，机会总是爱有创业头脑的人。那是 2011 年的春天，汪泽林的梅林山庄已经发展起来，生意红红火火。于是他决定扩大采摘园的规模，到山东去引进树莓苗木。当他乘车到达山东时，在找人打听树莓苗的具体地方时，碰到了一个生产丝瓜水的公司老板。听说丝瓜水都可以卖钱，于是汪泽林便产生了兴趣,临时起心提出可以做丝瓜水销售的湖北总代理。老板便带汪泽林去参观了自己的丝瓜种植基地、厂房,还给汪泽林送了点产品。回到公安后,汪泽林先是把其丝瓜水送给其爱人用于美容,其爱人使用后感觉效果很好。于是就又推荐给自己的朋友们使用,用后大家都感觉很好用。一下子这种丝瓜水美容就在自己的朋友圈子里传开了。

汪泽林看到美女们都对丝瓜水兴趣浓厚,便又约一个朋友,一起再次来到山东丝瓜种植、丝瓜水生产基地参观。经过了解,丝瓜水生产公司的产品97%通过网络销售,只有3%通过代理,一年产值就可达到2000多万元。每年甚至翻一番地增长。丝瓜水的这种俏销形势是汪泽林完全没有想到的,一下让他震撼了。特别是这一次去参观他看到湖北省武汉市武昌区区长正在那里谈引进这个丝瓜水生产企业的事,汪泽林便想,既然丝瓜水的生意这么好,何不自己开办一个公司呢!于是他便专下心来,认真学习别人的种植、采集、生产技术,而且小有所获,觉得丝瓜水的生产并不难。回到荆州公安后,就开始了丝瓜水生产企业的筹划。这两年他又多次到山东参观学习,他采取和丝瓜种植户交朋友的方法,仔细和生产一线员工进行交流,耐心听取销售人员的经验介绍。通过这些方法,基本上掌握了丝瓜水的生产流程、工艺技术和销售模式。

他想,这种丝瓜水的神奇可能是源于丝瓜的品种。于是,2011年到山东参观的一天,他顺便找农户买了一株丝瓜,回公安县经过试种,发现这种丝瓜并不适应本地气候。结果,他改用本地丝瓜试验,发现本地丝瓜汁多味浓,比起山东的丝瓜更适合生产丝瓜水。因此,他决定选用本地丝瓜。经过试种,他发现本地丝瓜根系不发达,藤细瓜小,不仅丝瓜产水少,而且观赏性也不强。于是,他想到自己曾经到海南旅游的体验,那里的丝瓜不仅根系粗壮发达,而且瓜形比湖北的要好。而且由于海南特殊的气候特点,雨水充沛,丝瓜长得特别大。于是,就又带着自己的梦想到了海南。经过简单的考察,便找到种植丝瓜的农民购买丝瓜种子。海南的丝瓜卖得很便宜,一元一颗丝瓜籽,10元可以买一条老熟的丝瓜,一下子他便买到了6000颗丝瓜籽。回到公安后,他便准备着自己种植丝瓜。一个偶然的机会,中央电视台农业科学频道,讲解了杂交优势。这一下激发了他的灵感。他想既然杂交优势这么明显,何不利用海南丝瓜与本地丝瓜杂交。这一想法还真成就了汪泽林的事业,丝瓜原本就是异花授粉作物,汪泽林采取交叉种植的方式,种植本地丝瓜1000株,海南丝瓜2000株,一下子培育出了大量的杂交丝瓜。他利用已经种植的丝瓜一方面采水,一方面培育了杂交种子。一年下来,采收丝瓜500公斤,而且供不应求,丝瓜水每公斤卖到25元。说真话,笔者也不相信,丝瓜水有什么神奇,竟然就卖得这么好!据说丝瓜水可以治咽喉炎、肠炎,特别是现代女性很喜欢买回去用于美容。这一下,汪泽林种植丝瓜不仅赚到了一大笔钱,而且选育出了适应本地种植的丝瓜新品种。

2012年尝到了甜头的汪泽林大胆决策，将已经受益的草莓全部铲除，扩大丝瓜种植规模。丝瓜水市场售价卖到了70元一公斤，2012年就生产丝瓜水3000公斤，而且销售局面良好，远销武汉市，近销荆门市、襄樊市、恩施土家族苗族自治州。仅丝瓜水这一笔就卖了21万元。而且桑葚酒生产销售也获得了成功，2012年产桑葚酒1500公斤，每公斤卖到120元，获利17.6万元。农家采摘园获利5万元。2012年11月，汪泽林看到了丝瓜水广阔的前景，决定改简易包装上精包装，为了有个响亮名称，于是注册了荆州市俏佳人科技有限公司，注册资本50万元。随着公司的诞生，汪泽林的事业也开启了新的一页。2012年对汪泽林来说是不平凡的一年，刚刚开始创业就获得利润30多万元。这给了他极大的鼓励，也完全超出了汪泽林当初的预期，他正酝酿着创业事业下一步的发展……

打造产业链　探索中综合发展　创造无尽财富

2012年12月1日，他从湖北电视台"垄上行"频道看到长江大学举办农业创业培训班的消息，正在为未来发展犯愁的他毅然报名参加了学习。学习班让他大开了眼界，他不仅知道了创业赚钱的道理，更懂得了品牌的重要性，他不仅懂得了选择创业项目的重要，更懂得了立体发展延长产业链的奥秘。在培训班上，他认识了公安同学马朝明、张涛、蔡军，三人一见如故，谈到创业大家志同道合。很快，三人达成协议，马朝明负责种植丝瓜30亩，汪泽林以每一根藤1.5元价格收购，这样每亩可种2000株，两季4000株，马朝明每亩可获收益6000元，彻底改变了以往每亩种植传统作物只能收获1000多元的结果。张涛也试种了5亩丝瓜，汪泽林保证他每亩最低收入3000元以上。蔡军不仅和汪泽林合作种植了丝瓜，还合作种植了120亩中药白芷，一般每亩种一季丝瓜可获收入3000元左右，种一季白芷可获收益5000～6000元。学习不仅带来了经济上的收获，更带来了友谊和合作。大家尽情享受着合作的快乐，展望着美好的未来……

学习结束后，汪泽林回到公安县梅林采摘园，他立马到县工商局咨询商标注册，投资2300元注册了"印佳人"商标。从此，汪泽林的丝瓜水就像安上了市场拓展的翅膀一样。为了使创业事业有更大的发展，汪泽林大胆决策，投资33万元在采摘园建起了300平方米房屋，而且实行地上地下两层，地下房屋储藏酒和丝瓜水，地上房屋开设集餐饮、娱乐于一体的特色农庄。

为了使农庄的服务更加配套，2012年底他开挖了20亩鱼塘，供游人饭前饭后娱乐垂钓。并在采摘园饲养了150只火鸡，100多只土鸡，近百只鸭子。一个新型观光休闲农庄就这样不断丰满起来了。

2013年3月，汪泽林找到上海某设计公司，专门为自己的"印佳人"丝瓜水设计了产品外包装，到徐州铜山区八段工业区找徐州大华玻璃制品有限公司订制了系列丝瓜水产品5种玻璃包装瓶，定做了20万支包装瓶子。虽然设计花了3万元模具费，制瓶花了 10 万元，但想着未来的发展，心里就像喝了蜜一样，生出一种美滋滋的感觉。2013 年 8 月，汪泽林申请了产品条形码，9 月份就获得了批准。汪泽林的"印佳人"带上了精美的包装后，销路更好了，一下销售出去万余套，创收 200 多万元，获得利润 100 余万元。为了迅速占领市场，快速获得财富的增长，2013 年 9 月，在采摘园边又征地 450 亩，种上了白芷、半夏等中药材，药材收获后，再种丝瓜，实现了中药材和丝瓜的连作。

汪泽林创业成功了，他深深体会到了科学知识的重要性，创业平台的关键性，于是，他在创业事业成功的同时，更加抓紧了学习的机会。2013 年他参加了中共中央组织部、农业部农村实用人才带头人培训班。通过 10 天的学习，他与参训学员建立起了广泛的合作关系，合作遍布全国各地，事业的网散向了天边……

专家点评：汪泽林创业的成功，看起来似乎有许多偶然性，但仔细分析他的成功完全是一个必然事件，他从高中毕业就表现出了不安分的心。从他做保险、到酒店打工，就表现出踏实肯干的精神，这些都是他成功的基础。从采摘园开园门票销售策略的变化，就可以看出他是一个市场观念强，眼光独到的人，这就是创业头脑。没有创业头脑的人是不适合创业的，汪泽林是一个非常有创业头脑的年轻人。

在旅游过程中，无数人见识过农家乐的繁荣，无数人品尝过农家乐鲜美菜肴，然而只有汪泽林看到了农家乐的发展前景，并予以实施。这就是创业的眼光，这就是创业的头脑。有了这种头脑，在创业中就可以事半功倍。汪泽林的这种头脑为他成为荆州农民创业的带头人起到了重要的作用。

在购买果树苗木的过程中，汪泽林偶遇丝瓜水生产销售公司老板，他是个有心人，立马抓住了这次机会，通过一系列有目的的参观考察，完成了创业项目具体经验的积累。通过学习实践，利用科学常识，选育出了适合自己的丝瓜品种。通过注册商标、改进包装，实现了产品的深加工和增值，通过独特的合作，扩大了生产规模，延长了产业链，实现了企业的扩张。正是因为汪泽林具有创业的头脑，帮助他实现了以上这一系列的正确决策，他才快速地获得了创业的成功。

胆识加科学撑起淡水特种养殖的船帆

——荆州市圣源特种水产品养殖专业合作社发展纪实

荆州素有鱼米之乡的美誉，不仅孕育出了全国著名的清水蟹、小龙虾，也孕育出了享誉荆楚的野生甲鱼。在改革开放的初期，人们纷纷放下农业外出打工，仿佛只有打工才是唯一出路，只有打工才能致富发家。当历史的车轮进入到 21 世纪，外出打工人员纷纷响应国家的号召，回乡开展农业创业。他们带着新的理念，新的知识，新的信息，回到了家乡，创造了一个个农业创业的神话……

荆州是传统的农业大市，水产品占到了荆州农业的半壁江山。水产品中，清水蟹、小龙虾、野生甲鱼尤其闻名。不过这些都因价高名贵而成了餐桌上的奢侈品，人们虽然会饲养，但也不常吃，偶尔来了贵客也会端上一盘。荆州人经常吃的是香煎大白刁，这种鱼曾经只有湖泊、长江才生长。现在荆州也有人工饲养大白刁的，只是这种鱼喜吃其他小鱼，影响了养殖户的经济效益，人们大都不愿喂养。不过，这并不影响荆州人吃鱼的嗜好。荆州人爱吃鱼，荆州人也会养鱼。鱼就是荆州的特产，荆州的代表。荆州的鱼不同于其他任何地方的鱼，这里的人们会把野生的鱼家养，也会把家鱼拿来野养。这就是荆州人的智慧，这就是荆州人的聪明！荆州的鱼尤以长江肥鱼、野生甲鱼而闻名。特别是"黑狗渊"的野生甲鱼，是典型的野鱼野养。虽然是人工养殖，但一点不比纯野生的甲鱼差。如果你曾经来过荆州，但没有吃到荆州的鱼，那将是你的遗憾，如果没有吃到"黑狗渊"的野生甲鱼，那更是遗憾中的遗憾。

"黑狗渊"原本是一个深不见底的大水塘，到底有多深从没有人探到过底。为什么叫"黑狗渊"呢？传说水中有一种称为"黑狗"的水怪，加上又深不见底，因此，人们称之为"黑狗渊"。在这么一个充满恐怖色彩的地方，人们唯恐避之而不及，可就有胆大的人，不仅不回避，还承包了这么一个恐怖的水塘，搞起了水产品的特种养殖，创办了荆州市圣源特种水产品养殖专业合作社。这个人名叫许德清，是一个对创业有敏锐性，对科学技术的应用有天赋，对水产有机缘巧合的中年男子。他，就是凭着自己的胆识，凭着对科学技术应用的天赋，撑起了淡水特种养殖的风帆。这艘船在许德清的领航下，正在创业的大海中，向着科学致富的目标全速航行……

无心从事养殖　几经反复确定项目　知识技术作用显现

许德清，江陵县马家寨乡赵桥村人，出生于 20 世纪 60 年代中期，一米七八的身高，长得高高大大，说起话来满脸堆笑。看上去，既有农民的朴素，又显示出创业者特有的精明与敏锐。他，1980 年初中毕业，由于天生好动比较顽皮，没有考取高中。这么小的年纪不上学能做什么呢？其父亲怕他在社会上学坏，就四处托人找学校，希望儿子能多读点书，将来有个出息。说来也巧，也算是老许天生和水产有缘。许德清爸爸有个朋友居然和当时荆州水产学校的校长相识，校长同意许德清到荆州水产学校去读中专，只不过学费要自费。听了这话，许德清的爸爸是高兴得合不拢嘴，对朋友千恩万谢。许德清对读书的事仿佛并不关心，他想读也可以，不读也行，抱着无所谓的态度。

许德清在父亲的陪伴下，从乡下来到荆州城，投入到了水产专业的学习中。他学习并不太认真，虽然没花多大气力学习，但成绩也不差，能跟上趟。很快一年半就过去了，理论课也基本上学完了，就要出去实习了。可许德清天生是个不安分的人，据说他和学校一女同学关系较好，其实也就是走得近一点，但不知怎么就被同学们说成是两人在谈恋爱。这原本是个无根无据的事，可学校却如临大敌。谈恋爱在当时来说是违反校纪校规的，也是学校不能容忍的。更要命的是许德清的这事虽无证据证明，但被好事的同学举报了，学校提出了许多惩处措施。虽然是被冤枉了，但许德清也不作辩解，更不想给家里增加麻烦。心想，管你们怎么说，反正我该学的知识也都学得差不多了，那个毕业证要不要也无所谓。因此，主动申请退了学。许德清回到农村老家，这时正是 1982 年的春天，当时农村正推行承包责任制。他们村有一个大鱼塘正在发包，许德清觉得自己在水产学校还是学到了很多水产知识，因此，向村长提出了承包水塘的想法。老许的父亲本来是个很开明的人，对儿子的想法完全支持，于是就向村里交了承包申请书。就这样，老许一下子成了 4500 平方米鱼塘的老板。承包下来后，老许的父亲也不多管，只是强调儿子要认真做事，不要让村里人说闲话。

当时承包的价格也还真不高，这么大的水面，一年只要上交 100 元。许德清也没当回事，只是向塘里投放了一些青鱼、白鲢鱼、花鲢鱼和草鱼，也就是俗称的四大家鱼。由于农村的水塘，人们洗衣、做饭、农田灌溉都在这个水塘里取水，甚至耕牛喝水、水中纳凉都在这个水塘中。说是承包，实质上这个水塘仍是村里在综合利用。再说乡亲们都习惯了在塘里取水，这里也是村里唯一的水源。因此，许德清把鱼苗投放下去后也没有多管，本着望天收的想法。说来也算是老许有财运，水塘里的鱼虽然没有多管，但每年一般也能收入 500 多元。这在当时来说也算是一笔不小的收入。

许德清虽然承包了村里的水塘，但年初把鱼苗投进去后基本上就没什么事了。

这些父亲都看在眼里。那是 1984 年春,父亲看到许德清整日无所事事,怕他学坏,对他提出了新的要求。要求他在养鱼的同时,跟其近房姑父学做木匠。做学徒是不给工钱的,有活计时,师徒各人带上大米,到东家帮忙做家具。没事时,就在家里休息。就这样许德清一边学着木匠手艺,一边坚持饲养着水塘里的鱼。到了1986 年底,许德清已学满 3 年,按照农村的习惯到了该出师的时候了。许家郑重摆了 1 桌酒席,请了师傅、师伯、师叔,算是谢师宴。

出师了,许德清也相对自由了。他通过朋友的介绍,在荆州沙市毛纺厂做了一名木工,鱼塘交由父亲打点。在沙市毛纺厂做木工,每月收入虽不算高,但活计也不太累,每月还有活钱收入。因此,许德清对这份工作还是非常满意的。就这样做了 4 年木工,时间到了 1990 年底,由于市场行情变化,沙市毛纺厂效益下降,一些临时工纷纷被辞退。许德清也就顺势结清了账款,带着积攒下来的工资回了家。1991 年开春,经朋友介绍,他又到江北农场工程队当上了木工。由于工程队生意不景气,工资难以保障,许德清只干了一年就辞职到江北酒厂当了推销员。由于酒推销出去后不好收账,只干了 3 个月就又辞职了。

1992 年,正值通货膨胀时期,有钱的城市人家和单位都开始大搞装修。许德清想,装潢是技术活,工艺性强,利润高,应该能赚钱。他看准了这一点,于是,利用自己的木匠手艺邀了几个师兄弟,一起做起了装潢生意。这一做就是 8 年,结果正如许德清所料想的一样,真赚了一大笔钱。一转眼时间就到了 2000 年底,当时,国家根据经济发展,采取了紧缩银根的政策。赚了钱的许德清及时撤出了装潢市场,带着赚来的钱回到了老家江陵县马家寨乡。回家后,他到其爱人舅舅家讨要一笔 3 万元的村集体借款。由于当时上交提留成为一个压头的政治任务,各村都想办法借钱交提留,时任村会计、副书记的舅舅看到许德清做装潢赚了钱,就先后找许德清借了 3 万元钱帮村里上交了提留款,但村里无钱可还。许德清和舅舅反复商量,但村里仍然是无钱可还。那么,怎么办呢?许德清 8 年辛苦从事装潢的钱大都压在这上面了。看到许德清着急的样子,其舅舅提出只有一个办法,就是村里有个集体渔场,叫资圣渔场,一共有 3 个鱼塘,大约有 3 万平方米的水面,如果愿意的话,就把渔场承包给他,用承包费抵借款。许德清看到也没有更好的办法,只好同意了这个方案。经过和村委会反复协商,最后决定以 10 年的承包期抵 3 万元的借款债务。当时正值国有、集体企业资产大处置的年代,这个办法正好符合当时的政策,因此,很快就签订了承包合同。

转眼到了 2007 年,没想到自己承包的渔场红红火火。真是无巧不成书,俗话说,如果财神爷要找到你那可是门板也挡不住的事,这话还真不假。2007 年年初的一天,有个朋友找到许德清,想请他帮忙参谋承包鱼塘的事。这位朋友帮马家寨乡青安村修路,村里欠下了一笔工程款,实在无钱支付,决定把一个鱼塘承包权抵给这位朋友。朋友思想准备不足,既没有充足的资金,更没有养殖技术,因此，想请老许帮忙参谋一下出点主意。老许告诉朋友鱼塘是可以承包的，关键是一定要有技术。可是朋友没有饲养鱼的技术，那可怎么办？这技术一时半会也学不会！

看到朋友着急的样子，老许提出，建议朋友干脆把那鱼塘转包给自己算了。老许想：现在养鱼经济效益不错，自己一只羊是赶，一群羊也是赶。也不在乎多包个鱼塘，而且正好可以扩大规模，增加经济效益哩！这时老许已经从承包鱼塘中得到了好处，已是腰缠几十万贯的小老板了。于是，通过与朋友协商，很快签订了承包合同，成了马家寨乡青安村 45 亩鱼塘的主人。合同约定，承包期 10 年，鱼塘改造费自己承担。承包费每年 6000 元，共 6 万元承包费。合同定下来后，养四大家鱼。

就这样，老许承包的鱼塘面积越来越大，赚的钱也越来越多，当然人也很辛苦！在大面积承包鱼塘的过程中，老许每年都要外出购买鱼苗，不仅价格高，而且质量还难以保证。老许想：现在自己承包的水面大了，再到外面去进鱼苗实在是不划算，于是，决定利用当年在荆州水产学校学的一点技术自己培育鱼苗。没想到，一试居然就成功了。老许自己培育鱼苗自己用，多的还对外销售。由于老许培育的鱼苗质量好，价格也不算高，特别是省了到外地购买鱼苗运输的麻烦，结果，周边渔场的老板们都找许老板购鱼苗，有些人还帮老许做起了鱼苗销售。老许看到同行们的捧场，是笑在脸上喜在心里。

提议抱团发展　成立专业合作组织　科学选定养殖鱼种

那是 2010 年 11 月的一天，老许觉得大家很捧场，决定请帮忙销鱼苗的 15 个养殖户老板吃饭。聚在一起，大家很高兴，又是敬酒又是闲聊。他们聊天的话题天南海北，无所不及。从政治聊到经济，从养猪聊到养鱼。席间，有位老板提议大家应当聚在一起成立一个养鱼的组织，这样可以抱成团，无论是购养鱼的饲料，还是谈卖鱼的价格，大家都统一行动，在市场上说起话来那份量都要重许多。此话一提出，大家都表示完全赞同。认为聚在一起还可以提高养殖水平，互通有无。就这样，很快大家就达成了一致意见。那么，成立个什么组织呢？通过电视新闻，知道可以成立专业合作社。大家一商量，就定下来了。由老许出面到江陵县工商局滩桥工商分局申请办理合作社。滩桥镇地面小，很容易就找到了工商分局的马局长。马局长向老许讲了办理农民专业合作社的政策，鼓励申办。有了马局长的支持，老许很高兴，当即准备了申办专业合作社的材料。可惜前后跑了 4 个多月，硬是跑伤了心！在多次跑工商局的过程中，虽说老许心中不爽，但想到好事多磨，还是坚持了下来。工商局先是说材料不合格，后又说只能用新身份证，不能用老身份证，刚把身份证换好了，又说代表没签名。把代表签名补齐了，说还缺个办公场所。可怜老许呀，只好一趟一趟地跑。

虽然很辛苦，但心中仍是充满了希望。

2011年3月，专业合作社总算办下来了，老许这才松了一口气。于是，大家商量还是要搞个挂牌仪式，造点声势和影响。合作社核心成员分工，请了乡里主管农业的领导、农办主任和县农业局局长等领导。买了一挂鞭，15户各买了一个冲天炮。县农业局长在挂牌仪式上讲了话，鼓励大家把专业合作社办好，并告诉大家国家对专业合作社非常支持，有很多扶持政策，只要努力干，专业合作社前途远大。听了县农业局长的一席话，大家感到心里暖暖的，本来就兴奋不已的心又变得更加激动起来。特别是老许在心里暗暗下定决心，这次一定要干出个样来，怎么说也不能辜负了领导们的希望呀！

老许和合作社的成员们加强紧密合作，一起购鱼饲料，一起孵化小鱼苗，一起销售成品鱼，做得风生水起。一年下来，也节约了不少成本开销，增加了利润，在当地也算是小有名气。有一天，合作社迎来了一位客人，曾经是老许荆州水产班的同班同学，名叫刘志龙。这位刘同学是荆州水产研究所的高级工程师，对老许的合作社颇感兴趣，在老许的陪同下，参观了老许的水产合作社。还给老许提了很多建议。他告诉老许，水产合作社不能搞常规养殖，光靠养四大家鱼是难以赚到很多钱的。那么，到底应当养什么鱼呢？刘志龙告诉老许，合作社最好搞特种水产养殖，目前在荆州最适合的是养泥鳅、养黄颡鱼、养甲鱼。说到这里，刘志龙还提供了很多水产养殖技术信息和经营信息。

刘志龙走了，但他留下的建议深深地印在了许德清脑海里，许德清觉得刘志龙的建议非常有道理。而特种鱼的繁殖技术对老许来说还真是一道难题。经过打听，许德清找到曾经在荆州水产学校任教的欧阳老师。那是2011年4月的一天，许德清专程到荆州城区拜访了欧阳老师。因为原来的荆州水产学校早已停办了，欧阳老师现在已经是全荆州最有名的鱼药经营老板。听了许德清的来意，欧阳老师非常热情地向许德清讲授了特种鱼的孵化技术，并介绍许德清找长江水产研究所白遗胜老师购买人工孵化最关键的一样药品——鱼激素。万事俱备后，老许在市场上购买了100公斤泥鳅，150公斤黄颡鱼，当年就孵化出了400万尾泥鳅苗，黄颡鱼苗500万尾。

依靠科学技术　　探索立体养殖模式　　注册商品特色商标

说起人工孵化特种鱼苗的体会，老许还真有一些经验。老许介绍说，当时第一批鱼苗孵化出来，正赶上停电，结果全死了。虽然损失不少，但证明自己的孵化技术是成功的，心中仍然充满了欣慰。第三天，接着又打激素，成功孵化了150万尾泥鳅苗，放到了鱼苗精养塘。同时，成功孵化黄颡鱼苗110万尾，也放入了鱼苗精养塘，并用精养豆浆每天向塘里抛散两次。老许一边安排专人向塘里抛散精养豆浆，一边继续孵化。可是，第三次想不到又停电了，老许赶紧找人租发电机，采取人工发电的办法抢救鱼苗，结果还是死了 30% 的鱼苗。面对荆州这地方毫无规律的停电现象，老许只好买来了发电机，在自己可以发电确保供电的情况下，人工孵化特种鱼苗的工作终于走上正轨。

顺利的背后，往往隐藏着危机。两个月后，鱼苗已长到一寸半长，老许准备把鱼苗分给合作社成员饲养。结果，发现被鱼苗的天敌——飞鸟吃了很多，泥鳅的成活率不足 10%。这让老许多少有些懊恼，面对抢劫者一样的飞鸟，老许吃一堑长一智，在特种鱼苗精养塘四周和上面盖上了围网。在鱼苗安全有保障的情况下，再次实施孵化，终于获得完全成功。老许带领合作社社员，把黄颡鱼和四大家鱼进行套养，充分利用水塘资源，实现了水塘饲养鱼的立体养殖模式。

那么，在养殖中还会有什么困难呢？老许说，其实养鱼既要讲运气，还要讲科学。2011 年 8 月的一天，合作社大批鱼出现鱼鳞片充血，眼睛充血，合作社社员一下就慌了神。老许马上找到白遗胜老师，经过白老师的诊断，这些鱼得了一种暴发性出血病。白遗胜老师立即开出了处置药方，就是用苯扎溴胺化水全池泼散的处置办法。经过连续 2 天用药，鱼病果真好了。老许深有感触地说，看来养鱼还真离不开科学技术！

为了节约饲养成本，合作社统一到荆州城区草市街道办事处购买鱼饲料。从欧阳老师的弟弟处购进湖南岳阳产的鱼饲料 80 吨，全部分发给合作社社员。合作社实行统一购饲养，统一技术指导，统一销售价格。到 2011 年底，获得了可观的经济效益。合作社 15 户社员拥有 350 亩鱼塘，结果收获黄颡鱼 6 万多公斤，而四大家鱼的产量也没减，仍然达到 18 万公斤。黄颡鱼是珍贵鱼，市场上卖价每斤11.2 元，而且销售不用愁，都是鱼贩子上门收购。草鱼属常规鱼种，每斤 5.5 元，白鲢每斤 2.8 元，花鲢每斤 4 元。这样下来，合作社一年的收入达到了 206 万元，比起往年传统的养殖模式增加黄颡鱼收入 134 万元。

老许说，黄颡鱼是杂食型鱼，一般生活在水底，可以作底鱼。四大家鱼习惯在水中部游动，一般作中层鱼。这样在水塘中就形成了不同层次的互补关系。实现了水中立体养殖模式。整个马家寨乡也就他们这家合作社，而且知名度高，基本上都是鱼贩子找到合作社收购，而且做到了价格统一。

2012 年春，合作社根据一年来所经历的事，提出请白遗胜老师当科技顾问，白遗胜老师同意免费做一年顾问。年初，白遗胜老师专程到合作社，参与了合作社发展规划的制定，并提出了甲鱼和其他鱼混养的新型养殖模式。在白遗胜老师的指导下，从公安县一个专门养甲鱼的地方购买了公甲鱼苗，每只甲鱼苗 0.8 两左右，共购买公甲鱼 23 000 斤，每斤 24 元，共花了 55 万元。经过消毒先放养了60 亩水塘，作为试养。由于甲鱼公母混养容易发生咬伤，他们买的是公甲鱼，后来发现里面还是掺有少量母甲鱼。到了 2012 年 9 月，发现有甲鱼被咬死咬伤的现象，他们不知是什么原因，又紧张起来。他们只好又请白老师到现场诊断，白老师经过观察指出了问题原因。原来是由于公甲鱼太多，母甲鱼太少，公甲鱼相互攻击，咬死了一些甲鱼，大概损失 10%左右。问题找到后，大家心中的担心才慢慢消除，一颗悬着的心放了下来。

2012 年 9 月，从电视上看到商标注册的新闻，受到很大启发，他们也到江陵县工商局进行了咨询，工商局接待人员说要自己设计好商标图案、名称，不能和别人的重复，2500 元可以注册。商标设计难不住老许，老许的儿子在武汉一家装饰公司专职从事设计工作，设计水平颇有建树。老许到武汉找到儿子，并向儿子说明了商标设计的意图，并说商标的名字就叫"黑狗渊"，不一会儿三张不同图案的商标就设计出来了。老许选中了其中一个圆球状，上面是黑狗渊三个美术字，下部是一条经过艺术化加工的飞游鱼的图案，看上去还真是美妙无穷。2013 年 2 月份拿到江陵县工商局，交给了承办人员。2013 年 4 月份，国家商标局的受理通知书就下来了，因为黑狗渊是自己承包水塘的名字，图案又有特色，黑狗渊商标很顺利地就注册成功了。

那么，2012 年合作社的收成又如何呢？老许高兴地说，2012 年收成不错。年底黄颡鱼卖了 7 万公斤，平均每公斤 23.6 元，计 165 万元左右。四大家鱼有 70万公斤，每公斤 4.5 元，收入 630 万元，甲鱼还在鱼塘养着。

扩大吸收社员 探索共同致富模式 养殖休闲一体发展

由于合作社发展势头好，大家都赚到了钱，在周边的名气也越来越大。全乡有水面 4500 亩，2013 年合作社新吸收周边农户 101 户加入合作社，现在合作社已发展到 116 户，承包水面 3810 亩，占到了全乡水面的 84.7%。现在正常年景，老许所在的圣源特种水产品养殖专业合作社每年的产值可以达到 2000 多万元，基本上实现了稳产畅销。

2013 年 11 月，老许从手机报上得知，长江大学在办农业创业培训班，深切感受到科学技术重要性的他立即报名参加了学习。在学习班上，老许开阔了眼界，见识了立体农业的神奇。老许深有体会地说，看来这创业的学问可大了，就像自己的黑狗渊一样，深不见底！学习结束后，回到合作社，他立即组织召开了社员代表大会，会上老许介绍了学习的体会和他人农业创业的经验。并带领社员代表参观了部分参训学员的创业基地。老许的创业激情充分感染了大家，大家一致决定，在现有立体水产养殖的基础上，大力发展休闲一体化养殖模式。

谈到未来，老许介绍说，现在合作社建立了特种鱼孵化车间，有大型孵化桶 21 个，占地 210 平方米。计划把孵化车间改扩建到 650 平方米。而且准备建护坡工程，用循环微流水来养鱼。我不禁好奇地问到，为什么要用流水养鱼呢？老许说，流水养鱼产量高，鱼病少。流水养鱼是静水养鱼产量的 5～10 倍。因此，他们准备建人工抽水站，实行水塘内部流动。他们一致决定发展生态渔业工程，修建农家乐，实现休闲参观、垂钓一条龙服务，延伸产业链，带动农村剩余劳动力就业。

老许的介绍，为我们展示了一个现代化的淡水特种立体养殖模式的蓝图。回顾老许及其合作社的成功，我不禁感慨道，老许选择项目的成功完全靠过人的胆识，老许发展项目的成功完全靠科学技术的运用，老许挖掘深化项目的成功完全靠在创业培训班的学习进取。从老许的身上，我看到了我国新一代农业创业者的智慧和聪明才智，我看到了他们坚韧不拔的毅力和勇于探索的精神！荆州市圣源特种水产品养殖专业合作社就像一艘创业的帆船，老许正是那位不怕惊涛骇浪、镇定自如的船长，驾着淡水特种养殖的帆船，在创业的大海中勇往直前……

专家点评： 许德清创业成功了，他的成功看起来有很多偶然性，其实更多的是必然性。

首先，正确地选择创业项目是成功的基础。荆州是鱼米之乡，选择淡水养殖，总体上是正确的。加上许德清有水产学校学习的经历，懂水产养殖技术，所以创业项目选准了。

其次，真心地依靠科学技术是成功的关键。许德清不仅自己应用科学技术，还特意找到自己的老师，多方面请教，对老师推荐的水产专家也是充分依靠，这是他获得成功的关键。

再次，适时地组建起合作社是明智的选择。建立农民专业合作社是增强市场竞争力、扩大市场话语权的有效举措，老许选准时机成立了农民专业合作社，并及时注册了商标，符合品牌打造的规律。

最后，科学地打造产业链条是做强做大的根本。老许是一个敢于创业也善于创业的人，他敏感地觉察到了延长产业链的重要性，并适时作出规划，显示出了超人的创业能力。

科学组织创出农民专业合作社的新前景

——松滋市恒丰农盛种植专业合作社发展纪实

　　种地，是中国农村的传统行业，是整个农业行业中的基础环节。虽然农业的基础地位历来被抬得很高，被视为国民经济的基础。然而，由于农产品价格低廉，我国人多地少，家庭经营土地的面积非常有限，因此，种地难以形成规模效益。有鉴于此，种地历来被视为社会地位最低下的职业，种地也历来被视为经济效益最低下的行业。除了留守老人、妇女外，很少有人愿意涉足其中。可以说农村土地成了一块难啃的骨头。专心在家种地，因为不能产生规模效益难以有所作为；离家到城里打工，因为终究还是一个农村人，仍难以舍弃农村的土地。这正是中国农业现代化面临的难题，该如何破解呢？

　　专家学者们并没有闲着，他们提出了组建农民专业合作社、发展家庭农场、土地流转等多种方案，终因农村土地产权不明，流转困难而效果不佳。也有一些人克服重重困难，成立农民专业合作社，试图推行规模经营模式，虽然遭遇种种困难，也仍然有成功者。松滋，人们改革开放意识觉醒得早，是最早农民成批外出打工的地方之一，也是个因外出打工而全国闻名的地方之一。松滋注定是出能人的地方。在松滋市八宝镇东岳村有个中年人邓和川，靠种地做起了农业生产资料生意，谁曾想在人们纷纷通过城镇化而离开农村时，他已经小有成就却又带着资金回到土地，组建起了松滋市恒丰农盛种植专业合作社。经过短短一年的发展，合作社社员达到 3300 户，经营土地 18 600 亩。其中，常规种植水稻 1 万亩；种植杂交棉花 2000 亩，种植瓜套棉 6000 多亩；经营秋季反季西瓜 300 多亩，1000 多亩种植反季节水果玉米；50 多亩反季节四季豆。而且正在筹划水稻套养小龙虾种植模式。

　　一个规模化经营的农民专业合作社，在邓和川的策划下，基本成形。常年产值可以达到 5600 多万元，利润 3500 多万元。看来，只要科学组织，种田也可以创出新前景……

尝试大棚蔬菜　　探索科学养猪　　培养创业理念

　　邓和川原本是个农民的儿子，从小锻炼出了吃苦耐劳的精神。1991 年 7 月高中毕业，怀着报效家庭的理念回到了家。一回家便帮家里种起了农田，他每天起早贪黑到田里除棉花草、打农药，虽然辛苦，但心中充满了喜悦。到了秋季收获的季节，结果不仅没赚到钱，反而亏了本。这一事件激发了邓和川的反思，他想：种田这么辛苦，而且产量效益都很低下，农业的出路到底在哪里？经过思考和查阅资料，他动员家里拿出积蓄做起了大棚蔬菜，把家里承包的 30 多亩责任田部分改造成了大棚。由于大棚投资成本高，为了获得应有的回报，他决定种植大白菜、韭菜黄、辣椒等蔬菜，通过大棚蔬菜的时间差，争取抢个好价钱。由于大棚里气温高，一年四季都可以种植蔬菜，比起常规种植蔬菜上市早，果然抢到了好价钱，比起常规种植效益强了很多。经过一年的实践，邓和川收到了创新的效果，一年种大棚蔬菜赚了 2 万多元钱，但同时他也深深地感受到了种大棚蔬菜实在是太辛苦。不仅劳动强度大，而且并不像自己想象的那样赚钱。虽然左邻右舍向他投来了羡慕的目光，但邓和川仍然决定放弃大棚蔬菜，将大棚转让给了村里的邻居。那么，邓和川放弃了大棚蔬菜，他到底准备经营什么呢？

邓和川是个有心人，他与众不同的是学会了观察。在日常的人际交往中，他总是在收集经营信息。他姨父是个猪贩子，在和姨父的交往中，经常听他讲起养猪赚钱的事。邓和川听在耳里，记在心里。这次邓和川想起了姨父的话，便产生了养猪的想法。经过和姨父讨论，邓和川最后下定了养猪的决心。

1993 年 8 月，邓和川付诸行动，把大棚蔬菜赚的钱全部投入到养猪事业中。养猪对邓和川来说并不陌生，从小家里就养猪，只不过那是为了换取油盐钱，家里一年养那么一头两头猪。邓和川想养多养少都差不多，本质上并没有什么区别。为了慎重起见，他还是在姨父的带领下跑到松滋一个养猪场进行了参观，并详细询问了他人的经验，把别人成功的经验和做法默默地记在了心里。

回到家里，邓和川就开始了猪栏的修建，他把手头的积蓄全部投入其中，一共做了 13 个猪栏，作为培育肥猪用，另做了 2 个小栏作为养猪苗的猪舍。真正办养猪场还真不简单，猪粪的处理就是一个问题。邓和川经过资料查询，发现猪粪做沼气很好，于是，他请市沼气办公室做了个沼气池，既处理了猪粪，又解决了家里的照明和做饭，用不完的沼气他送给邻居家做饭、照明。经过几天的努力，猪栏和沼气池都建成了，该到哪里去购猪苗呢？

说起来这些事好像是小事，其实，创业的每一个环节都很重要，要靠自己去创真的很难。邓和川还是靠着做猪贩子的姨父，姨父告诉他，四川交通不便，那里猪苗价格便宜，而且山里的猪苗品种好，成品猪卖价高。于是，邓和川选择了一个秋高气爽的日子，起了个大早跟着姨父一块赶往四川奉节、云阳，他们坐车到宜昌，乘上了长江客轮。船到奉节，他们下了船走不多远，便来到了一个大型的生猪交易市场。那里人挤着人，有卖成品猪的，也有卖小猪苗的，黑色猪苗、白色猪苗应有尽有。邓和川就手上仅有的 5000 元，留足了路费和小猪的运输费，第一次购了 220 头小猪，每头猪 6 公斤左右，每头划 16 元左右，共花了 3500 多元钱。

他们带着购买的小猪苗从奉节上船，经过一天一夜的水上运输，在宜昌市轮船码头下了船，又转乘客车把小猪苗运回了家里，小猪依次放进猪舍。这成批的猪可不像散养的一头两头，每天得有大量的饲料喂养，到哪里去买猪饲料呢？

他找到一个有养猪经验的朋友打听猪饲养的事，朋友告诉他，市面上的猪饲料品牌很多，就质量、价格和方便而言，松滋云塔牌饲料最为适合，主要是质量好，饲料和出肉的比例高。听了朋友的话，邓和川决定购买松滋云塔牌饲料。于是，又找父母亲商量，从家里拿了5000元钱，乘车赶到了并不算远的松滋市老城镇，经过讨价还价，以每斤1.37元的价格购进了云塔牌饲料2吨，由厂家包送，这次花了5480元。

饲料运到家后，邓和川精心保管。为了防止霉变，他在家里搭了个阁楼，把饲料放到了自家的阁楼上。然后，按说明书的内容，搭配青饲料进行喂养。为了足够的青饲料喂养小猪，他又把2亩责任田改种了青饲料。在市面上购买了优质的甜菜品种，春季种甜菜，秋季种白菜、萝卜菜。家里的其他责任田全部种上了西瓜，他一边养猪一边种植西瓜。就这样，一个小型家庭养猪场就这样做起来了。饲料用完后，他又到松滋老城镇购了3吨饲料。猪的饲料算是解决了，可还有一个难题，就是猪的疾病防控问题，这还真是一个难题！

经过考虑，他找到了一个在邻村做兽医工作的远房叔父，请他帮助做猪栏消毒、生猪疾病预防、治疗工作。1994年春节临近了，邓和川饲养的猪也长大了，每头猪长到了210斤左右，看上去十分喜人。他在琢磨着，看来自己养猪的选择是正确的，但就要收获了，一定要卖个好价钱。该到哪里去卖猪呢？

邓和川仍然坚持做调查研究，经过调查打听，他有个远房亲戚，家住松滋老城镇，是个专门收猪的猪贩子，于是邓和川联系上了这个多年未有往来的远房亲戚。这个亲戚专门到家看了邓和川饲养的猪，禁不住啧啧称赞，邓和川饲养的猪不仅皮薄肉嫩，而且都是瘦肉型猪。于是，双方商定了一个价格，按照当时的市场定价，略微优惠，每头猪按不同的重量可以卖到450元左右不等，这次共卖了9.9万多元。邓和川算了下账，这一批猪除去饲料、防疫开支，足足赚了1.8万元左右。虽然没有想象的那样好，但也还算满意。猪卖了，猪栏不能空着呀，邓和川又上四川奉节去了……

这次他从奉节购买了180头小猪苗，按部就班地开始了饲养工作。一年可以出栏两批生猪，每批次可以出栏200头左右。就这样，一直养到1997年5月。由于生猪饲养市场变动太大，风险高，市场上已经出现了养猪亏本的问题。于是，邓和川在想，看来猪不能再养了，必须果断转行。他仔细算了下账，这4年养猪，赚了18万元左右。他把最后一批猪卖了，用赚来的钱在家做了栋两层的楼房，花了5万多元。那么，下一步该做什么呢？

由于西瓜市场销路好，周边有20多户人家种西瓜，西瓜种子销量很大。以前由于他主要专心于养猪，就在市场上贩子处购买西瓜种子。现在猪卖了，有了更多的精力研究西瓜种植。他想自己直接到育种地购买西瓜种子，也好学习下西瓜种植技术。经过打听，知道西瓜种子是荆州市农科院培育的，于是他又来到了荆州市农科院，找到了那里的西瓜种子培育专家，和专家们进行了西瓜种植经验的交流。在交流中，他又有了新的发现……

感受市场变化　　观察经商秘密　　投身生产资料

邓和川在和荆州农科院专家的交流中，发现西瓜种子批发价和零售价有 10 多元的差价。他想这不正好是个商机吗？而且他想到不仅是西瓜种子，就是别的农业生产资料也一样，不仅差价大，而且卖不出去的可以退换，保管的好也不会坏。于是一个新的创业项目在他的头脑里产生了，他决定做农业生产资料销售，利用批零差价，获取自己的利润。

邓和川说干就干，回到家就做起了准备工作。做农业生产资料生意需要解决交通工具，他花 7000 多元钱买了台嘉陵摩托车，利用摩托车进货送货，既省钱又方便快捷。家里的楼房面积也大，他把一楼腾出来做农资经营场所，就这样一个像样的农资经营店就在家里开起来了。

他进的第一批货是西瓜种子，根据已有的经验，他到荆州农科院进了 200 多袋荆州 204 花皮西瓜种子，进价 16 元一袋，回家每袋可以卖到 25 元，一袋就有 9 元的利润，很是可观。不到 10 天一下子就都很顺利地销出去了，一下赚了 1800 多元。邓和川想，周边的农民都买了西瓜种子，这种西瓜应当需要肥料、农药呀。于是，他又骑摩托车到荆州市小北门农资批发市场，批发了一批用于西瓜种植的肥料、农药。由于邓和川对自己的销售对象服务周全，农业生产资料销售越做越好，名气也越来越大，在种子经营行业也算有了点小名气。

有一天，经过朋友介绍，荆州市开元种业有限公司经理苏总找到了邓和川，提出希望合作做棉花种子业务。具体合作办法是由荆州市开元种业有限公司免费提供棉花杂交种子——恩杂棉 1 号，无偿提供配套用的农药、肥料，由邓和川负责做种植示范，待棉花生长到 9 月份召开一次观摩大会，每次观摩会给 3000 元承办费，参加观摩的是县市级种子销售代理商。为了做好试验示范种植，邓和川每天做天气情况登记，掌握本地的气候特点，每天观察棉花长势，记录当天的情况，包括棉花落花落蕾的情况。邓和川天生是个爱研究的人，他总是根据记载情况，查阅资料，分析原因等。为了掌握恩杂棉 1 号的种植规律，他采取不同施肥方法、不同施肥量几种组合进行比较试验，观察棉花生长的不同情况。经过试验，邓和川不仅完成了荆州市开元种业有限公司交办的种植示范任务，还掌握了一套棉花高产栽培的技术。为此，自己还特地编写了一套 5000 字的《棉花高产栽培方法》，提供给周边农民学习使用。

就这样，邓和川一边做着自己的农资生意，一边帮助荆州市开元种业有限公司做试验示范。经过几年的合作，开元种业有限公司的苏总和邓和川双方对合作事宜都很满意，特别是苏总对邓和川的棉花栽培技术很满意。2005 年 8 月份，苏总提出请邓和川做公司技术顾问，每月公司开 3000 元工资，邓和川负责做种子售后技术服务。服务范围涉及湖南、湖北、安徽三省。虽说工资不是特别高，但作为一个农民能得到公司的信任，被聘为技术顾问也算不容易。邓和川把公司的信任当作动力，尽心尽力地履行着自己的职责。

在做技术顾问的过程中，邓和川因为业务关系又认识了在江苏从事种子生意的杨总，杨总自己注册有湖北楚源种业有限公司，经营的种子品种很多。两人经过交谈，一拍即合，杨总热情地邀请邓和川加盟楚源种业公司。于是，邓和川以 20 万元入股楚源种业公司，公司注册资本 100 万元，加上自己的技术，邓和川占到了公司股份的 25%。

楚源种业公司位于荆州小北门农资大市场，有 3 个独立知识产权的品种，有自己的繁育基地，是一个不错的创业平台。由于邓和川敬业精神强，在公司分工负责种子加工、售后服务，自己家里的示范田成了公司的示范观摩田，对公司的业务工作起到了很好的作用。2007 年和 2008 年，湖北电视台垄上行频道两次采访了邓和川，他公开介绍了自己的棉花高产栽培技术，曾吸引棉农及经销商上万人参观。楚源种业公司的种子销量也迅速增长，湖南、湖北、安徽三个省的市场稳中有升，一年可以销售棉花种子 5 万袋左右，每年利润达到 50 万元；水稻 8 万袋，油菜 3 万袋，公司每年的利润达到 120 万元左右，自己每年也可以从中分得 30 万元利润。

当然，邓和川在做棉花种子生意的过程中，也遇到过困难。那是 2007 年，那一年干旱严重，棉花枯黄萎病大暴发，有些地方枯黄萎病感染 70%以上，各地经销商纷纷来电话询问，农民也不问缘由，只是希望种业公司负责赔偿损失。至此，出现了种业公司、经销商和农民相互扯皮的局面，其实农民就是希望公司赔钱。虽然人们也知道不是棉花种子有问题，但仍会提出质疑。对此，邓和川冷静对待，统一提出了技术措施，就是在田间深埋碳酸氢铵，辅之以叶面施肥，采取这些措施后，情况得到有效缓解，最终对棉花产量基本没有造成影响。经过这件事以后，邓和川在种业界的名气更响了……

2009 年，湖北省农业厅搞棉花高产创建，邓和川因为种植的棉花产量高，籽棉每亩达到 400 公斤，在松滋居高产棉花之首，被松滋市推选为棉花高产栽培的代表，参加了在荆州市华瑞丰大酒店召开的全省棉花高产栽培经验交流会，会上作了经验介绍。松滋市农业局主办的《松滋农业》还刊发了邓和川的《我的棉花高产经验》，并获得了松滋市农业局 5000 元的农药、肥料奖励。由于邓和川棉花高产栽培影响面广，松滋市、荆州市农业局还陪同湖北省农业厅棉麻处领导到邓和川的示范田进行了考察，对他的栽培技术给予了肯定，楚源种业公司的形象得到极大的提升，公司种子销售利润达到 200 万元左右。这件事给了邓和川极大的鼓励，他钻研农业技术的劲头更足了……

分析经济形势　学习创业知识　培育新型主体

2010 年 11 月，邓和川接到松滋市农业局的通知，长江大学正在办农业创业培训班，有一期种植班正报名。邓和川得知这一信息后，立即报名参加了培训班。在班上他认真学习每一门课程，把自己工作中的经验拿出来和大家分享，也把工作中的疑虑拿出来和老师们讨论。短短的 15 天培训，邓和川感觉像上了一次大学一样，自己的知识得到了整合和提升。这一次更加激发了他的学习激情，2011 年他报名参加成人高考，被长江大学农学专业专科录取。

2012 年，农业部有关领导在松滋市做调研，邀请了部分农民代表参加，邓和川正在被邀请之列。邓和川非常珍惜这次机会，在会上他作为农民代表发了言。他根据自己的理解，详细讲述了"农田、农作、农资、农技、农民" 5 者之间的相互关系，提出推广科学种田新技术，增收节支新肥料，优质高产新种子，低毒高效新农药的种植理念，受到各级领导的好评。这次会议又给了邓和川很大的鼓励，他决定回乡组织农民专业合作社，在农田上大干一把……

2012 年 9 月，邓和川初中同学 20 多人聚会，他向大家提出了成立农民专业合作社的想法，一下得到同学们的热烈响应，于是大家决定成立农民专业合作社，并推选邓和川作为合作社理事长。合作社对于邓和川而言是个全新的事物，到底该怎么组织和经营，他虽然在理论上懂那么一点点，但要实际操作起来，仍然是一头雾水。于是，他把松滋市经管局已经退休在家的董局长请到家里，汇报自己的想法，希望得到董局长的支持。董局长表示大力支持，但成立合作社必须要有社员参加，社员从哪里来呢？他们想到了松滋市南海镇三堰村党支部龚书记，他是市人大代表，在农民中有影响力，通过他合作社才有可能辐射到千家万户。于是，他和董局长一起找到了龚书记。龚书记听了他们的想法，表示积极参加，大力支持，可以动员村里的农民参加。邓和川和董局长一起依此办法，找了周边的 13 个村党支部书记，大家都表示愿意参加，这样合作社骨干成员就发展到了 15 人，通过各村党支部书记的宣传，希望加入合作社的成员达到 1500 人。于是，他们起草章程，讨论合作社的管理办法，在工商局办理了农民专业合作社注册手续，取名松滋市恒丰农盛种植专业合作社，注册资金 120 万元。经过筹备，2013 年 11 月 16 日在松滋市八宝镇东岳村举行了隆重的合作社挂牌仪式，荆州市农业局、长江大学农业创业培训中心有关领导参加了挂牌仪式。

为了把合作社办好，合作社理事会进行了充分的讨论。邓和川充分发挥在长江大学培训期间学到的知识，提出了合作社作用的三条主张：一是统一供应农业生产资料，保证质量好，价格比市场上低；二是统一注册商标创品牌；三是统一产品销售，增加市场话语权。邓和川的提议得到了理事会的积极响应，他们依此原则制定了一系列制度和办法。合作社对社员实行统一提供种子、肥料、农药。不仅提供的产品质量有保证，而且价格比同类产品低 5%～10%。为了方便社员生产，合作社对社员先提供产品，等一季结束后，再行结账。社员分户生产的产品由合作社统一对外销售，合作社与 2 家棉花加工企业和 2 家米厂签订了合同，每斤籽棉高于市场价 0.1 元，每斤稻谷高于市场收购价 2～5 分钱。这样，既方便企业避免一家一户谈价的麻烦，也提高了合作社社员的利益。同时，合作社还有部分社员种植了西瓜，合作社组织外地商贩到合作社统一收购，保证了西瓜的销售。合作社的这些举措，受到社员的好评，对农户产生了强大的吸引力，到 2013 年底，社员就发展到 3300 户，经营土地 18 600 亩。其中，水稻 1 万亩，实行常规种植；棉花 2000 亩，全部种植杂交棉，还有 6000 多亩尝试瓜套棉种植方式；为了获得市场竞争优势，合作社还种植了秋季反季西瓜 300 多亩，1000 多亩反季节水果玉米，50 多亩反季节四季豆。

那么，邓和川的这些想法都是怎么得来的呢？他说，得益于培训班的学习，开阔了视野。得益于广泛交流，获得了许多有用的信息。

2013 年 12 月，尝到了培训甜头的邓和川又参加了长江大学农业创业培训理事长班的学习，在这里他结识了许多有作为的农民老板。其中，认识了宜昌市火连坡甜玉米种植专业合作社邓新海理事长，两人都对农业情有独钟，一见如故。宜昌市火连坡甜玉米种植专业合作社是专门为稻花香酒业集团提供玉米浆原料的合作社，专门种植水果玉米，产品远销上海、南京、深圳、重庆等城市，不仅有成熟的技术，还有现成的销售网络。于是，邓和川萌发了种植甜玉米的念头，2014年 5 月邓和川邀请邓新海理事长到自己的合作社考察，商议甜玉米种植事宜。经过商议，达成初步协议。宜昌市火连坡甜玉米种植专业合作社提供甜玉米种子，技术指导，松滋市恒丰农盛种植专业合作社负责组织社员种植。经过几个月的筹备，合作协议基本成熟。2014 年 7 月，合作社的西瓜销售已经进入尾声，邓和川邀请宜昌市火连坡甜玉米种植专业合作社理事长邓新海到松滋合作社，签订合作的书面合同。合同约定，松滋恒丰农盛合作社生产的甜玉米，由宜昌市火连坡合作社保价收购，随行就市，保底价 1 公斤不低于 1.4 元。

合同签订后，邓和川不仅发动社员积极种植甜玉米，而且自己也带头扩大生产规模。邓和川所在的邻村红光村里正好在长江边有一块滩田荒芜着，邓和川认为那是一块种植甜玉米的好地方，于是，他找那村的村委会主任商量，以每亩每年 100 元的价格承包了 300 亩，全部种上了甜玉米，每亩种植 3800 株，据测算每亩可以收获 3500 斤，按市场行情，可以卖到 1.5 元一斤。这样，自己家种植的甜玉米就可以赚到 30 万元。他还种了 30 亩棉花和西瓜套种，可赚 10 万元左右。原来的种子公司每年可以分取红利 50 万元左右。这样，邓和川自己每年的利润就接近 100 万元。

在自己赚钱的同时，邓和川一直希望把合作社社员的经营搞上去。2014 年初，邓和川专程邀请长江大学几位教授到合作社考察，教授们看到合作社成片的水稻田，于是建议实行稻虾共生种植、养殖模式。邓和川接受了这一建议，由豆花湖村 40 多个社员共同联合试验了 1000 亩水稻田的稻虾共生套作，也基本取得成功。

在加强农业生产新模式探索的同时，邓和川非常重视提升合作社的市场竞争力，着力打造合作社品牌。2014 年 4 月，邓和川找到松滋市工商局申请了农产品商标注册，交了 2200 元注册费。松滋市工商局本着服务农业的精神，找专业人员帮忙设计了图案和文字的组合商标，图案是山水图案，体现绿色农业，文字本来是取合作社字号"农盛"，经查询和已有的注册商标重复了，后来在长江大学专业人士的建议下，以自己的名字"和川"命名，2014 年 5 月份国家商标局已经受理。

邓和川，一个地地道道的农民，满脑子充满了现代农业的知识，经过短短的两年筹备，已经建立起来一个具有现代农业气息的合作社，并且制定了一整套科学的组织制度，农业产业的效益不断提升，合作社的吸引力逐步增强，表现出强大的活力……

专家点评：邓和川是幸运的，他从一个高中毕业生到一个合作社理事长，经历了无数次的项目选择，但每一次他都选准了项目，获得了成功。那么，他为什么这么幸运呢？

一是相信科学，有一个科学的头脑。认真分析邓和川的每一次行业转换，都是依据科学的判断和分析，使自己的行为更加正确，更能适应市场经济的发展。

二是善于观察，抓住了经济的热点。选择创业项目是一项基本功，关键在于是否能抓住经济的热点，邓和川选择大棚蔬菜，正是种植大田作物效益低下的时期，而大棚蔬菜有比较优势。进而他又选择了养猪业，由于我国养猪业分散，猪肉价格和市场具有明显的周期性特点，邓和川无意间抓住了这一点，火了一把。但他很快发现了养猪业的高风险性和不稳定性，于是毅然转行。而农业生产资料虽然竞争也很激烈，但只要找到一个好的品种作代理，就可以做强做大。邓和川正是抓住了这一点，从一般的经销商做到公司股东。

三是善于学习，运用先进知识作指导。分析邓和川创业的经历，他的行动看似具有偶然性，其实都是在知识指导下的必然性选择。作为一个农民，文凭本身对他是没有作用的，但他毅然报名参加学习，他看重的并不是一纸文凭，而是其中的过程和知识。他两次参加创业培训学习，充分体现了他对知识的重视，也正是知识成就了他的事业。

金橘飘香润荆楚

——荆州市金橘岭家庭农场诞生发展纪实

荆州，曾诞生过无数的英雄豪杰，历来为兵家必争之地。在改革开放的大潮中，也有数不尽的故事，颂不完的赞歌。荆州因其地理位置重要而让军事家垂青，荆州因关羽大意而让世人抱憾。荆州注定是一个让人注意的地方。党的十八大，中央提出了培育新型农业经营主体的英明决策，荆州人凭着自己的敏锐率先开始了新型农业经营主体——家庭农场的探索。在荆州八岭山辽王古墓旁，一个崭新的农业经营主体——荆州金橘岭家庭农场诞生了。这个家庭农场的主体就是实行种植、养殖一体化的金橘园，整个橘园占地226亩，种植南丰蜜橘12000株，待橘园全面挂果时，可年产蜜橘100万公斤。橘园四周用丝网围起来，正在尝试散养当地有名的土鸡——九斤黄。2013年开始试养，放养了1500只，等到橘园的立体种植和养殖全部完成，可以散养15万只的土鸡，概算下来，一年毛收入可达550万元。

家庭农场是个全新的事物，不说项目选择的困惑，不说市场开拓的艰辛，仅就土地流转就不是一件容易的事！那么，这个荆州金橘岭家庭农场又是怎么克服这些困难而发展壮大起来的呢？

怀着对主人的钦佩，怀着对众多不解的好奇，在一个秋意正浓的上午，我们出发去探访那片神奇的地方——荆州金橘岭家庭农场。从荆州城区驱车出发，经过半小时车程，我们来到了一片空气清新的山地。正是初秋时节，放眼望去，绿油油的橘树布满了山坡，沉甸甸的蜜橘挂满了枝头，在秋风中摇曳生姿。这就是荆州金橘岭家庭农场。这个家庭农场地处荆州八岭山辽王古墓景区与八岭山公墓之间，距古城荆州约15公里。随着这个家庭农场的兴起，昔日荒凉的辽王古墓景区也变得热闹起来。没费多大劲，我们就找到了这个家庭农场的主人屈官平。一位看似平凡的中年男子，洋溢着成功者灿烂的微笑，热情地欢迎我们的到来。我们跟随着屈官平的脚步，闻着淡淡的橘香，踏进了充满着喜悦和希望的金橘园，一个家庭农场诞生的精彩故事在我们面前展开……

受托护场讲信用　遭遇民间陋习遇到难题　勇于负责催生南丰橘园

那是1996年的春天，荆州市林业局八岭山镇林场场长到屈官平家串门，两人闲聊中，林场场长突然产生了个想法，看到屈官平老父亲身体硬朗，又赋闲在家，便提出请他老父亲做林场护场员，帮助照看林场安全。起初屈官平和老父亲都不太愿意。在屈官平看来，老父亲操劳一辈子，应当在家颐养天年。而在屈老先生看来，护场虽然不是很累的事，但责任重大，出点差错大家面子上不好。而林场场长说没事，林场大部分地荒着，只有稀稀拉拉的一些灌木和野草，只要尽力帮着照看到就行。经不住林场场长的好说歹说，看在两人交情的份上，屈官平父子只好把这事给答应了下来。

老父亲秉承着中国人的优良传统，按照受人之托，忠人之事的原则，每天到林场去转转，遇见有到林场游玩的客人，耐心告诫不要在林场生火。一段时间下来，也平安无事。可来的人多了，也不可能人人都看得住。有一天最担心最不想看到的事却还是发生了。一批外地来的客人偷偷在林场生火野炊，不幸引发了火灾。虽然发现及时，火很快被扑灭了，林场场长也没说什么。可老人家心里总觉得出了这样的事，护林任务没完成好，心里总是放不下。好不容易一年过去了，老人家说什么都不再干了。

1997 年初，林场场长又找到屈官平做工作，可屈官平说老爷子不同意干了，他也没办法。说着说着，林场场长心里一亮，说："老屈，干脆把这林场承包给你来经营！"老屈说："行呀。"起先，屈官平以为场长是开玩笑，也没太认真。没想到林场场长倒认起真来。军人出身的屈官平也不得不认真起来，他对林场场长说，那我得认真掂量掂量。

屈官平随即找到已退休多年的原林场场长，认真请教起来。这林场是承包得还是承包不得，如果真要承包不来，栽种什么好呢？老场长告诉他，以前这里曾栽种过一种蜜橘，人称南丰蜜橘，其特点是皮很薄，味道特别香甜，而且吃在嘴里清新爽口无渣，目前市场上还没有这种蜜橘销售，只是这里过去是国营林场，管理不善，林场也就逐渐荒芜了。自己家房前屋后现在还栽有几株，要是能大面积栽种，应当有很好的市场前景。只是现在缺乏这种蜜橘的苗木。听完老场长的一番高见，屈官平心中有底了。他回家征求家里人的意见，没想到大家都不支持他。觉得承包林场风险太大，加上自己的资金也不够，还要向亲戚朋友借钱，一旦失败就是得不偿失。做点小事，过点安稳日子比什么都强。

作为军人出身的屈官平，有着自己倔犟的性格，自己看准了的事，九头牛也拉不回。家里人看他是铁了心，也就只好随了他。他找到林场场长，谈好了价格。为了慎重起见，双方签订了租赁承包合同，土地使用租期 30 年，租赁经营费 30万元一次交清。他找亲戚朋友借款，找银行贷款，多方筹措，总算交清了款项，正式把林场承包了下来。接着，屈官平一方面组织人力和机械开荒除杂草；一方面聘请专业人员培育了枸橘作砧木，从老场长家南丰蜜橘上截取接穗进行嫁接，开始育苗。此外，还从三峡请来挖掘机，一次性投入 20 多万元，用了一个多月的时间，把承包的 60 亩半荒的山地开挖出来。他看到这片土地黑黝黝的，肥力不错，心中虽然感觉压力很大，但也多了一分宽心。

面对 60 亩刚刚开垦出来的土地，屈官平在想，现在栽蜜橘暂时还没那么多苗木，是不是应当先种点见效快的作物来以短养长呢？经过市场调查，发现市场上花生比较紧俏，价格也还不错，于是他决定先种上花生，并逐步栽上南丰蜜橘。结果没想到，第一年种花生就获得了大丰收，收获花生 5 万公斤，以当年市场上每公斤 5 元的单价计算，获得了 25 万元的销售收入，一下子就收回了开荒的成本。这也让他信心倍增，于是他一方面继续种植花生，一方面加快了南丰蜜橘的嫁接繁殖工作。经过两年的努力，60 亩地都栽上了南丰蜜橘。一个不算小的南丰蜜橘园就这样诞生了。

求质量聘请专家　尊重知识打开销售市场　科学种植诞生现代橘园

1998 年，屈官平依然按照成功的模式，依然经历着打拼的艰辛，默默地继续开发着。他一边继续繁育移栽南丰蜜橘，一边大量种植着花生，就这样，一种就是 3 年。经过 3 年的努力，到 2001 年，蜜橘终于开始挂果了。第一次蜜橘的产量就达到了 1.5 万公斤。这么多蜜橘怎么销售呢？经过多方打听和寻访之后，他带着自家生产的南丰蜜橘，找到荆州市最大的水果批发市场——荆州市两湖绿谷新农产品批发市场。经过观察探访，他找到当时销售最火的荆州市昌盛果业批发店赵老板，两人就蜜橘销售攀谈上了。赵老板在试吃了他的蜜橘后，觉得味道特别香甜，口感很不错。当得知这么好吃的蜜橘竟然是屈官平自己的橘园出产的之后，赵老板决定帮他代销，每销售一斤收取 0.2 元的费用，并为他提供统一的塑料包装箱，装箱后对外销售。为了实现长期合作，赵老板决定跟随屈官平到他橘园看个究竟。当他亲眼目睹到老屈的橘园，感觉这个品种的蜜橘很有前景时，当即决定跟他签订销售合同。就这样，老屈生产的蜜橘销售窗口初步建立起来了。

经过一段时间的销售，赵老板反映，有些客商提出了问题，这种南丰蜜橘虽然口感好，特别甜，但有些蜜橘在外皮上长了很多锈皮色，外观和其味道实在不相匹配，影响到客商的购买欲望。希望屈官平能克服这个问题，争取有个好的卖价。老屈原本对蜜橘种植的专业知识知之甚少，所以一时也不知所措。这时赵老板看出了他的尴尬，建议他请一个蜜橘栽培专业技术员，提高蜜橘栽培质量和产量。赵老板是个热心肠的人，帮他从柑橘主产区宜都市红花套镇请来了蜜橘的专业技术员汪红珍。汪技术员初到屈官平的橘园就认真地进行了调查，她发现这个地方真是个栽培蜜橘的绝好地方。南丰蜜橘喜温暖，它不但要求热量丰富，而且喜欢湿润，并且南丰蜜橘系短日照果树，喜漫射光，较耐阴，荆州八岭山这个地方温度、水分、日照等气候特征和地理条件特别适宜栽培南丰蜜橘，而且这个地方特殊的气候决定了这里生产的蜜橘含糖量高，口感香甜。汪技术员的一番话，让屈官平更加充满了信心。

当即屈官平就和汪技术员签下了技术指导合同。汪红珍的老公赵洪湖也是蜜橘技术员，屈官平聘请汪技术员做橘园技术员，由他们夫妻俩轮流到橘园做技术指导，来去费用由老屈承担，另外每年付 0.5 万元指导费。经过专业技术人员的指导，蜜橘的种植技术提高了，蜜橘在保持特有香甜口感的同时，外观外形恢复了往日的光洁。蜜橘生产、销售也一路顺畅。不知不觉，转眼间时间到了 2004 年，屈官平的橘园全部进入盛果期，随着蜜橘的产量逐渐增加，技术任务也越来越繁重，他明显感觉到了技术力量的不足。于是他和汪红珍商量，希望聘请她做全职技术员。经过商量，屈官平向汪红珍、赵洪湖夫妻提出，希望以年薪 3 万元，包住房的条件聘请他们夫妇俩，作为橘园的专职技术员，负责橘园技术指导工作。汪红珍、赵洪湖夫妻在宜都还有一份工作，如果要过来做专职技术员，对他们损失就很大。对此，屈官平提出橘园空地由汪红珍夫妇套种其他作物，收入完全归他们自己所有，另外，还有一辆拉沼气的车由他们夫妻用，从相邻的荆州太湖农场拖沼气渣卖给附近的用户，收入也归他们所有。这样按照正常的年景，汪红珍、赵洪湖夫妻俩就能获得近 10 万元的收入。

经过科学的管理，2004 年屈官平的蜜橘品质稳定，产量突飞猛进地提高，年产量达到 25 万公斤，一下子荆州市场也吃不消了，必须开辟新的销售渠道。老屈生产的蜜橘一直畅销荆州市场，现在突然提升了这么多产量，到底该销到哪里去呢？老屈心中一时也没了底。老屈觉得汪红珍、赵洪湖夫妻俩知识面广，对蜜橘颇有研究，只好找他们商量，希望得到他们夫妻俩的帮助。

汪红珍、赵洪湖夫妻俩看着屈官平一双期待的眼神，加上经过几年的合作，觉得屈官平这人诚信实在，便决定帮他一把。汪红珍、赵洪湖夫妻深知大连人特别喜欢吃蜜橘，这种南丰蜜橘在大连应当有不错的销路。这样，他们夫妻俩便利用自己的人脉资源，介绍大连的蜜橘经销商到老屈的橘园来现场考察。果然，大连来的客户一到屈官平的橘园，就被他橘园的蜜橘吸引住了。这里出产的蜜橘不仅颜色鲜艳、个体形状大小均衡，而且味道特别香甜，于是大连客户便同意开展合作。经过协商，双方同意在大连市场上建立南丰蜜橘销售点，并签订了经销合同。这样，老屈凭着做人的诚信和蜜橘的优质，又建立起了蜜橘外销的网络。每年大约有 25 万公斤的蜜橘销往大连，占蜜橘总产量的 60%。从此，屈官平橘园生产、销售都走上了正轨，他脸上也展现出无比的幸福……

屈官平作为一个退伍军人，军营锻炼了他过硬的毅力，他天生就不是一个安于现状的人。2006 年，他看中了橘园周边的荒地，想扩大橘园规模。他找到林场场长商量，希望把橘园周边的一块荒地全部租赁过来。林场场长看到屈官平做事踏实，是个干事业的人，也想支持他干成一番事业。经过协商，很快签订了租赁承包合同。这样屈官平先后进行了第二期和第三期的开发，橘园面积达到了 226 亩。屈官平对橘园进行科学规划，并进行了大胆的投资。橘园资产总额达到 315 万元，固定资产投资 295 万元，其中，蜜橘树价值 240 万，流动资金 20 万元。为了促进橘园的健康发展，橘园聘请了 4 名管理人员。除赵洪湖、汪红珍夫妇俩负责技术工作外，还聘请了 2 名田间管理人员，每年到了采摘蜜橘的农忙时节，就请当地的农民过来帮忙。这样，橘园的发展步入了正常的轨道。

2007 年，农民专业合作社快速兴起，屈官平为了和周边一些有志于蜜橘栽培的农户共同发展，加入了"荆州市新农苗木果蔬产销专业合作社"。老屈联系了 5 家准备栽种南丰蜜橘的农户，并在自家橘园中建起了南丰蜜橘苗圃，以每株 2 元的成本价给社员提供橘苗，无偿向这些合作社成员提供蜜橘栽培技术，生产的蜜橘实行统一包装，统一融入老屈已经建立起来的销售渠道，这样不仅省去了合作社社员在蜜橘产、供、销上的一些麻烦，同时，扩大了南丰蜜橘的生产规模，有利于聚集效应的形成。时间到了 2010 年，老屈家的橘园枝繁叶茂，5 家社员栽种的南丰蜜橘也开始受益了，农户每年每亩地就可以获得上万元的毛收入。合作社实行统一品牌，统一包装，统一营销，南丰蜜橘在市场上的份额逐年增大，合作社 5 户栽培南丰蜜橘的社员收入也显著增加，屈官平在当地的名声也不断增大。周边一些农户也纷纷加入合作社，开始种植南丰蜜橘，种植户达到 18 户。自此，屈官平实现了育苗、生产、包装一条龙的运作。一个层次不算太高的现代化橘园就这样诞生了。

谋发展长远规划　立体农业展示无穷潜力　家庭农场揭示未来农业

时间不知不觉就到了 2011 年。屈官平在网上看到荆州市在长江大学举办农业创业培训班，他深深感到这几年虽然自己经过努力，橘园已粗具规模，但往往还是感觉到自己知识不够，管理上还是颇感吃力。于是他毅然报名参加了 2011 年长江大学开办的农业创业培训班。

培训班上，屈官平不仅结识了众多创业能人，也学到了许多创业知识，掌握了国家鼓励发展家庭农场和农民专业合作社的政策，一直只知道埋头种蜜橘，现在知道家庭农场还可通过工商局注册办理营业执照。在培训班上，屈官平像干燥的海绵掉进大海一样，深深地吸收着一系列新鲜的知识，多年来创业的感性认识提升到了理性认识。很快培训班就结束了，老屈依依不舍地找到培训班负责人，深有体会地说："我这次真是开阔了眼界，希望有机会长江大学的专家一定到我的橘园去帮助出谋划策"！屈官平带着深深的不舍，离开长江大学回到了自己的橘园，原本满足的心又开始变得活跃起来，总感觉到已经建起来的橘园才只是刚刚开始，还有太多太多的事情要去完成……

2012 年春节过后，刚刚开学，屈官平就来到长江大学，找到培训基地负责人，希望请几个专家到橘园帮助谋划一下。屈官平的想法得到了长江大学的大力支持，长江大学培训班负责人很快带领园林园艺、经济管理的专家来到了屈官平的南丰蜜橘园，大家在全面考察了橘园后，感觉橘园开发还有很大的潜力，应当充分依靠科学技术，做到在橘园建设上基础设施标准化，在橘园空间利用上栽培养殖一体化，在病虫防治上绿色环保综合化，在经营体制上依法守信主体化。专家的意见正说到屈官平的心坎上了，大家经过充分的讨论，利用物种相生相克的原理，制定了做好橘园防水设施，充分利用有限空间，在橘园散养当地土鸡——九斤黄的规划。这样一方面可以充分利用橘园的空间散养土鸡，增加收入；另一方面利用散养的土鸡啃掉橘园的杂草，消灭橘园的害虫，又可节约治虫和除草的开销，还可充分保证生产的蜜橘绿色环保。屈官平完全认可专家的建议，只是觉得做好这些事，需要大量的资金，个人贷款现在还是很难。专家建议屈官平申办注册一个家庭农场，可以以农场的名义去贷款，应当困难会小些。专家们的建议，屈官平牢牢地记在了心里。2012年屈官平按照专家的建议，在橘园建起了地下排水沟，并购回丝网将橘园围了起来，作好了养土鸡的准备。

2013年，屈官平到工商局办理家庭农场注册，很顺利地办理回了"荆州金橘岭家庭农场"的营业执照，也获得了一笔贷款。随后不久，便在橘园里试养了1500只土鸡。这些土鸡虽然数量不大，放在橘园中寥寥无几，但由于土鸡吃草灭虫积极，仍然节约了几万元除草灭虫的经费开支。按照这种科学的种养模式经营，2013年收获蜜橘50万公斤，获得收入近100万元。谈到这里我们都投去了羡慕的目光。屈官平看出了我们的心思，笑着说："你们别看我收入高，其实2013年投入也不小，因为在橘园前面建了四间房屋，在橘园又建排水系统，两项投入了50多万元。"他接着说："不过，预计三年之后，我的蜜橘产量可能达到100万公斤，加上土鸡的收入，可能成为一个小老板！"

屈官平说，现在家庭农场办起来了，他所在的合作社5个社员的蜜橘也到了盛产期，其余种植蜜橘的社员也在逐年开始挂果，这样大的蜜橘生产规模，仅靠几间门店销售恐怕难以抵御市场的风险，为了进一步拓宽销售渠道，他不仅巩固了两湖绿谷新农产品批发市场设立的销售门店，将大批蜜橘销往北京、大连等地，而且按照培训班学到的知识，与武商量贩荆州店、好邻居荆州店等大型超市建立了"农超对接"关系。

当谈到对未来的设想时，屈官平毫无保留地说，自2013年开始，他和《江汉商报》、"901电台"、"凤之旅旅行社"等单位联合，开展了农家旅游观光采摘活动，仅2013年刚开始，就接待游客1500多人，他的橘园已成为荆州市民休闲出游的一个好去处。他计划充分利用橘园的地理位置，在辽王墓和公墓之间修一条公路，在辽王墓和果园之间修停车场和餐厅，把橘园后面的荒地利用起来，开办农家乐餐馆，打造集采摘、餐饮、旅游于一体的一流景区。当人们扫墓累了或者玩累了，可以随时随地休息，享受美食，呼吸新鲜空气，充分享受与大自然的亲密接触。

屈官平的蜜橘远销北京、大连，畅销荆楚大地，滋润着亿万人民！屈官平的设想为我们展示了一幅家庭农场综合化发展的美好宏伟蓝图，是那样的秀美，是那样的诱人……

专家点评：屈官平创业的成功，虽有运气的成分，但更多的是因为他有敏锐的目光，抓住了创业的机遇，他的每一步发展都符合创业的规律。在创业中，土地流转是一个不小的困难，而他租赁承包的是国营林场，这就绕过了很多困难，省去了很多麻烦。能租赁到这种土地，主要靠的是做人的诚信和胆略。虽然他不知道该不该承包，但他并没有盲目下决心，而是请教了多年经营林场的退休老场长。老场长经过盘算认为完全可以承租，他才下定决心，签订了租赁承包合同。在这荒地上应该栽种什么的问题上，屈官平并没有靠主观臆断，也是听取了老场长的建议，选择了市场上不多见的南丰蜜橘，避开了和市场上已有蜜橘的竞争，符合商品市场上"人无我有"的规律。虽然他没有办橘园的经历，但他紧紧依靠原来的林场场长，虚心请教并充分听取意见，相当于由老场长帮他完成了创业实践的锻炼阶段。

在市场营销上，他找的是荆州最大的水果批发市场，这里销货量大，聚集了全国的客商。他经过耐心观察，选择了水果批发量最大的店铺合作，这样就奠定了他产品销路的基础。如果你指望一个生意并不好的经销商帮你开拓商品市场，你注定会失败。因为只有靠在大船上才能抗得住大风大浪。在蜜橘的栽培管理技术上，他舍得投本，充分相信并依靠了汪红珍、赵洪湖夫妻俩，通过技术入股分红的方式，调动起了技术员的积极性，有了栽培管理的技术保障。

在家庭农场的规划发展定位上，他充分尊重专家的意见，充分利用有限的空间，实现了绿色环保立体栽培种植、养殖模式，符合生物产业链的规律，既可节省投入，又可增加收入。在经营体制上，他及时注册家庭农场，加入农民专业合作社，既符合国家发展新型农业经营主体的政策，又代表了未来农村经营主体的发展方向。正是因为这一系列的正确决策和处置，他才获得了创业的成功。

后　记

本书是湖北省农业创业培训工作的成果之一，也是湖北省农业创业培训工作水平和成效的重要体现。农业创业培训是推动新型农业经营主体成长的重要举措，是突破农业现代化瓶颈的重要措施，是推动城乡一体化发展的关键政策。开展农业创业，应当如何选择创业项目，如何组建市场主体，如何打造品牌，如何开拓市场，是理论问题，更是实际问题。为了帮助有志农业创业的人员解决好这些问题，以满足创业的实际之需，我们撰写完成了《农业创业理论与实践研究》。希望通过对创业理论的分析，对成功创业的典型案例的解读，为广大有志农业创业的人员提供一本较为权威实用的指导用书。

随着农业创业培训工作的深化，投身农业创业的人员逐步增加，农业创业的水平也不断提升，成功创业的人员对农业创业的理论要求也逐步提高。准备创业的人员需要成功者翔实的创业经验来引导，需要从他人的经验、教训中获得启发。作为农业创业培训的骨干教师和组织者，我们深深感到自己身上的责任和担子。为此，我们采取分工合作的办法，完成了本书的撰写工作。全书由汪发元教授策划、统稿。分别由汪发元、罗昆、陈钧撰写完成。具体分工为：第一至七章和农业创业典型剖析由汪发元完成；第八至十章由罗昆完成；农业创业模式由陈钧完成。由于资料有限、创业经历不足，书中所涉内容难免会有疏漏和不足，还需要在创业培训实践中不断检验和完善，希望能够得到广大专家和读者的批评指正。

本书所分析的农业创业典型，全部来自于湖北省农业创业培训学员。在完成本书农业创业典型调查的过程中，得到了湖北省农业厅、荆州市农业局的大力支持和协助，在此表示诚挚的谢意！

编　者

2014 年 12 月